U0021737

奔向戰場

危險十字路口的台灣

丁守中、王信賢、王冠雄、左正東、李大中、何思慎、林祖嘉、帥化民
高長、張登及、黃介正、趙建民、魏艾、譚瑾瑜————著

財團法人兩岸發展研究基金會　丁守中————編著

作者簡介

丁守中

現職：財團法人兩岸發展研究基金會董事長、中美文化經濟協會理事長。

簡介：美國佛萊契爾外交法律研究院國際政治學博士；台大政治研究所副教授。二十四年七任立法委員、立法院國防委員會召集委員、立法院經濟委員會召集委員。

王信賢

現職：國立政治大學東亞研究所特聘教授兼所長、國際關係研究中心副主任。

簡介：國立政治大學東亞研究所博士。曾任美國加州柏克萊大學、日本東京大學、早稻田大學訪問學者。研究興趣為政治社會學、中國大陸國家社會關係、兩岸關係與亞太區域發展。

王冠雄

現職：國立臺灣師範大學政治學研究所教授

簡介：英國布里斯托大學（University of Bristol）法學院國際法哲學博士。中華民國國際法學會理事；中華民國國際關係學會理事；中華民國海洋事務與政策協會理事。研究領域為：國際公法、國際海洋法、國際關係、國際組織。

左正東

現職：臺灣大學政治學系教授

簡介：美國丹佛大學國際研究博士，曾任國民黨大陸事務部主任、海峽交流基金會董事、遠景基金會執行長、台灣公共治理研究中心主任。

李大中

現職：淡江大學國際事務與戰略研究所副教授、中華戰略前瞻協會理事長

簡介：美國塔夫茲大學佛萊契爾法律外交學院博士。曾任淡大戰略所所長、中國國民黨國際事務部主任、美國傅爾布萊特訪問學者、國政基金會國安組顧問。

何思慎

現職：天主教輔仁大學日文系特聘教授兼日本暨東亞研究中心主任、國立臺灣大學日文系兼任教授、大陸委員會諮詢委員。

簡介：國立政治大學東亞研究所博士，曾任兩岸交流遠景基金會董事及東京大學東洋文化 研究所客座研究員等職務。主要研究領域為東亞區域研究，範疇及集中於日本與兩岸之內政、外交兼及亞太區域國際關係。

林祖嘉

現職：國政基金會經濟財政組召集人、政治大學經濟系兼任教授。

簡介：美國洛杉磯加州大學經濟學博士，曾任政治大學經濟系教授暨系主任、中華民國住宅學會理事長、行政院政務委員、國家發展委員會主任委員、福建省省主席、行政院大陸委員會副主任委員。

帥化民

現職：國軍退役中將、前立法委員。

簡介：陸官 36 期，美國參大 78 年班，戰院兵學研究所。軍職生涯 37 年。重裝步兵師、特戰部隊、傘兵；聯勤總部署長；國防部處長；次長執行官；國防管理學院院長；創建美台國防部第二軌會議，處理 96 飛彈危機；編纂國防二法；智庫研究員；不分區立法委員兩屆。

高長

現職：東華大學公共行政學系榮譽教授、中國文化大學國家發展與中國大陸研究所兼任教授。

簡介：美國紐約州立大學（Binghamton）經濟學博士。曾任國家安全會議副秘書長；行政院大陸委員會副主任委員；中華經濟研究院第一（大陸經濟）研究所所長；東華大學人文社會科學學院院長。

張登及

現職：臺灣大學政治學系教授

簡介：英國雪菲爾大學政治學博士、國立政治大學東亞研究所博士。曾任中華民國國際關係學會財務長、理事、副會長、監事；中國政治學會秘書長、理事。現任台大人文社會高等研究院副院長、政治學系主任。

黃介正

現職：淡江大學國際事務與戰略研究所副教授

簡介：黃博士曾任陸委會副主任委員、駐美國代表處諮議，在淡江大學曾任國際事務與戰略研究所所長及美國研究所所長。黃博士擁有美國喬治華盛頓大學博士、喬治城大學碩士學位。他除教學研究

外，並經常主持政軍兵棋推演，及政府研究計畫，同時也是聯合報及中國時報專欄作家。

趙建民

現職：中國文化大學國家發展與中國大陸研究所講座教授兼社科院院長

簡介：美國南伊利諾大學政治學博士，曾任行政院大陸委會副主委、政大特聘教授兼國發所所長、美國喬治華盛頓大學資深傑出教授、美國威斯康辛大學客座講授教授，出版十三本專書，並曾獲得行政院出版獎以及中山學術著作獎。

魏艾

現職：政治大學兩岸政經研究中心主任、財團法人兩岸發展研究基金會副董事長。

簡介：政治大學東亞研究所博士、美國佛萊契爾外交法律研究院碩士。中華兩岸經貿投資文化教育協會秘書長；政治大學秘書室主任秘書、東亞研究所所長；史丹福大學胡佛研究所訪問學者。主要研究領域：中國大陸經濟發展理論與政策、中國對外經貿關係與全球經濟治理、中國大陸財政金融體制。

譚瑾瑜

現職：台灣經濟研究院研究九所研究員兼所長

簡介：中央大學經濟學博士，財團法人海峽交流基金會顧問及全國工業總會大陸事務委員會委員。主要研究專長為區域經濟、兩岸經濟、中國大陸經濟。

序言

財團法人兩岸發展研究基金會董事長、中美文化經濟協會理事長 **丁守中**

「奔向戰場：走在危險十字路口的台灣」，是我們一群學者對台灣當前處境的憂心與感受，也是我們決定用做書名的理由。我們認為在美中世紀霸權競爭大形勢下，政府採取一面倒的親美反中，只會造成兩岸風雲愈緊、危機日深，極有可能陷台灣成為霸權代理人戰爭的戰場。當全球媒體都擔心兩岸衝突及擦槍走火，但聽眾最多的台灣各新聞電視台卻仍只是充斥著社會新聞，使得國人鮮少國際觀，不關心也不了解國際大環境；更不瞭解當前台灣的處境與風險；民調顯示國人甚至還存有台海若有事，美、日會出兵援台的樂觀幻想。我們基金會會出這本書，結合這麼多各領域菁英學者，特別要感謝基金會副董事長，也是政治大學兩岸政經研究中心主任魏艾教授，感謝他在本書的各章節主題發想及教授聯繫。在此，也要特別感謝這麼多學界菁英教授的同意參與研究計劃及撰文。也感謝本基金會執行長賴映羽女士與教授間的一再協調聯繫與校稿。

筆者也參與了本書章節之一的研究計劃與撰寫，筆者原先也在學術界服務，擔任台大政治研究所副教授。在 34 歲那年當選立法委員之後，也一直在台大政治研究所兼課，始終跟學界保持密切關係，希冀自己藉由教學相長，並藉著保有學界身分，便於參與學術界各種討論會，以增益自己問政思考台灣重大政策與解決兩岸問題的能力。過去在政界這三十年，基於黨職、公職及自己的國際政治所學專業，也一直密切參與政黨外交與國會外交，實際感受台灣的外交處境。為了解並解決兩岸問題，筆者擔任董事長的財團法人兩

岸發展研究基金會，近三十年來，也經常組團跟大陸各大學台研學者、科協、文創協會、共青團全青聯及各省市台商團體常有互動訪問交流並舉辦論壇。

筆者在參與政黨外交、國會外交、及獲取國際對兩岸政策資訊時，還有一個利基，就是在美國佛萊契爾外交法律研究院唸碩、博士時來自各國的同班同學，畢業後仍有聯繫，大家感情依舊。而這些同學返回家鄉、返回工作崗位，各自努力也都各有所成。其中有後來出任希臘總理的卡拉曼里斯（Kostas Karamanlis）；也有後來出任泰國副總理，曾競選過聯合國秘書長，但敗給韓國潘基文的沙希拉柴（Surakiart Sathirathai）博士；有後來晉升美國四星上將，曾任北約盟軍總司令，軍職退伍後回母校佛來契外交法律研究院擔任院長的史特維利迪斯海軍上將（Adm. James Stavridis），還有眾多國家大使，知名國際學府教授及國際組織主管，老同學在校友會、國際政黨外交、國會外交場合也常有碰到，大家也捐款給母校培育下一代年輕學子。談到國際現勢，大家都擔心美中霸權競爭敵意螺旋升高一發不可收拾，更同情台灣夾在美中霸權競爭火線中的風險。史特維利迪斯上將以其對美國全盤戰略及軍事的深入瞭解，最近還寫了一本小說《2034 全面開戰〔第三次世界大戰實戰小說〕》，預警世人對美中霸權鬥爭的悲慘結果。當前國際間對台海普遍擔心，視台海為美中交鋒的風暴火藥庫，唯獨台灣社會對美中霸權競爭及台灣處在火線最前線的風險普遍無感。

筆者 2016 年春在哈佛大學費正清中國研究中心擔任訪問學者，下午在喝茶喝咖啡時間在休息室，經常與來自全世界各國政界、學界的訪問學者聊天，大家都認知台灣在民進黨勝選後積極鼓吹的台灣主體意識，也瞭解當前中國迅速崛起的國力與狂熱民族主義，均認為這兩股力量若不管控遲早必發生對撞，到時台灣必將受

害深重。筆者也曾與寫《日本第一》及《鄧小平改變中國》的哈佛榮譽教授傅高義先生（Ezra F. Vogel）在其距費正清中心不遠的家中，長談台海局勢與美國對華政策近三小時。傅高義教授當時就向筆者清楚表明，美國在當前民意普遍自掃門前雪的心態下，台海若有事，美國絕無可能出兵保護台灣。筆者過去在立法院，在參與政黨外交、國會外交眾多場合，在敦促各國政要希望他們支持與台灣簽訂自由貿易協定時，獲得的答覆經常是：「我們都支持台灣，但你們台灣自己要搞好中國關係，你們雙方如果都簽了服貿與貨貿協定，中國就沒有理由反對我們與台灣簽訂類似協定，關鍵還是在你們自己如何處理與中國的關係」。這充分說明各國在與台灣開展關係時，仍顧忌中國的反應。

各國對中國的顧忌還反映在一個具體實例上，十多年前筆者夫婦赴泰國曼谷去拜訪擔任泰國副總理的老同學沙希拉柴博士，他在家中接待並歡宴我們。原本我還想順便拉我們駐泰代表烏元彥大使一同前往，最後只有我們夫妻赴約，因為老同學說擔心引發中共強烈抗議而作罷。當時台灣還是占泰國外資第一名，但顯然經濟力量無法轉成政治力。今日兩岸關係更複雜依托在美中霸權競爭中，為了自己國家利益，連李顯龍都明白說，別期待各國在美中霸權鬥爭中選邊站。台灣與中國大陸同文同種同血緣，大陸更是我們台灣最大的貿易夥伴，最大貿易順差來源，也是台商最大投資地，台灣為何要選擇一面倒的親美反中，自曝自己在可能的經濟杯葛抵制與霸權鬥爭的烽火最前線呢？

本書由十四位分別代表老中青世代的學者，大家各自從自己專業領域，解析當前台灣面對的國際政經大局、區域經濟整合、一帶一路、地緣政治與戰略環境、美中鬥爭策略、及兩岸分合關係與風險，希望能有助讀者對時局的關心與討論。

目　錄

第1章　全球化下的國際政經格局與危機
　　——張登及（臺灣大學政治學系教授）

第2章　中國崛起及其政經影響
　　——左正東（臺灣大學政治學系教授）

第3章　中美博奕：冷戰再起

──李大中（淡江大學國際事務與戰略研究所副教授、
中華戰略前瞻協會理事長）

第4章　印太戰略，台灣想參一咖

──黃介正（淡江大學國際事務與戰略研究所副教授）

第5章　台海有事日本相挺乎

——何思慎（天主教輔仁大學日文系特聘教授兼日本暨東亞研究中心主任、國立臺灣大學日文系兼任教授、大陸委員會諮詢委員）

第6章　南海風雲緊：台灣如何自處

——王冠雄（國立臺灣師範大學政治學研究所教授）

第7章　亞太區域經濟整合與台灣

——譚瑾瑜（台灣經濟研究院研究九所研究員兼所長）

第8章　美中貿易戰爭對台灣經濟與兩岸經貿的影響

——林祖嘉（國政基金會經濟財政組召集人、政治大學經濟系兼任教授）

第9章 「一帶一路」倡議下台灣的地緣政治戰略

——魏艾（政治大學兩岸政經研究中心主任、
財團法人兩岸發展研究基金會副董事長）

第10章 兵凶戰危非兩岸之福

——帥化民（國軍退役中將、前立法委員）

第11章　兩岸經貿關係：合作或競爭

——高長（東華大學公共行政學系榮譽教授、
　　　中國文化大學國家發展與中國大陸研究所兼任教授）

第12章　全球新冠疫情下的疫苗政治與外交

——王信賢（國立政治大學東亞研究所特聘教授兼所長、
　　　國際關係研究中心副主任）

第13章　有可能和平台獨嗎？

——趙建民（中國文化大學國家發展與中國大陸研究所講座教授兼社科院院長）

第14章　兩岸政治如何整合：平等協商、共同締造

——丁守中（財團法人兩岸發展研究基金會董事長、中美文化經濟協會理事長）

第1章

全球化下的國際政經格局與危機

張登及（臺灣大學政治學系教授）

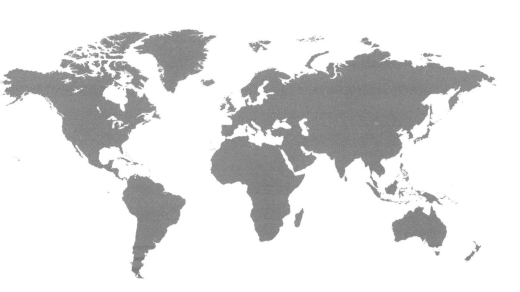

兩岸僵局是全球政經秩序陷入危機的切片

　　兩岸僵局由來已久，是第二次世界大戰未完全結束，遺留下眾多負面產物之一，甚至也可以說是二戰遺留的「未爆彈」。由於美、英、蘇三強對戰後歐洲與亞洲秩序雙重標準的處理釀成眾多衝突，從北方四島（蘇聯與俄國稱南千島群島）、兩韓、琉球（沖繩）、釣魚台、台灣、兩越（1976 年以越共勝利結束）以至南海問題、印尼與緬甸少數民族獨立問題、印巴與阿富汗問題，都是大國對峙下無意或惡意留下的懸案。兩韓只有「停戰協定」，兩岸未能「結束敵對狀態」，成為二戰只是技術上分出勝負方的勢力範圍、法理上沒有徹底清理完勝負方權利義務最醒目的象徵。

　　但是這些懸案只引發若干「區域衝突」（韓戰、越戰是大型衝突，八二三砲戰是「中小型」衝突），未再引爆大國總體戰（total war），則是「全球化」的貢獻。「全球化」運動延緩了二戰未爆彈的連鎖爆炸，則有兩個機制。第一是核能技術的「有限」全球化，使主要大國擁核後被迫保持克制，並推動「防核擴散體制全球化」[1]。第二是經濟與貿易的「全面」全球化，使主要大國和其他中小國家難以抗拒地先後加入世界「自由貿易」的洪流，遵循相關規則，分享科技與貿易的紅利，締造了今日「複雜相互依賴」的世界。

　　時至今日，全球化是否還能發揮上面兩個機制的作用，已經令人存疑。反而兩岸關係的變局與危機已不再只是 21 世紀的全球

---

[1]　代表作是聯合國體系的「國際原子能總署」與 1968 年美蘇領頭締結，至今超過 190 國簽署加入的「防擴散條約」。

焦點，更深深地嵌入到全球政治經濟發展的僵局之中。探求兩岸恩怨因果和找尋解局出路，既要從傳統的兩岸歷史與法理糾結繼續深入，也迫切需要從中美關係乃至全球化的政經結構病理出發，才能獲致更全面的解答。換句話說，兩岸僵局不僅是兩岸當局與民眾的政治主張與利益衝突所構成，它還是國際政經秩序和全球發展危機的一塊切片。沒有宏觀條件的配合，僅憑個人與個別團體良善的願望，難以長久、圓滿地使這二次大戰遺留的火藥桶轉危為安。兩岸危機所涉面向甚廣，有關中美關係、區域政經、貿易、抗疫、軍事等議題，後續各章將有專家帶領讀者詳細探究。本章將以簡明的綱要式分析，介紹危機背後的全球國際政經結構特點，本文稱這些特點構成了一個特定的「格局」。

當前全球政經「格局」構造的底層是「全球化」，其遭遇的危機當然就是全球化的危機。全球化基礎的上層分別是格局的兩大支柱：「行為者支柱」與「制度支柱」。全球化的「行為者支柱」眾多，舉凡主權國家與國際組織、跨國公司、恐怖主義行為者都是，但「大國政治」（great power politics）執當中的牛耳，無須諱言還是影響最大。全球化的「制度支柱」則是開拓「全球化」，目前仍主導國際交往規則的西方大國們念茲在茲的「自由國際秩序」（liberal international order）。「自由國際秩序」是西方集團贏得二戰與對蘇冷戰的成果，其內容稍後會詳細說明，讀者只需先記得它大約就是現在美、歐、中、俄紛爭中，西方領袖反覆訴求的「規則為基礎」的秩序，其「規則」的價值根基是「自由國際主義」（liberal internationalism）。[2]

2　本章部分內容改寫自作者 2019 年 2 月 21 日起於《中國時報》、《中時電子報》專欄發表的〈美國退群與戰後國際秩序的解組〉系列文章，感謝專欄編者的同意與支持。

全球化已到新的十字路口

工業化即西化即現代化、全球化？

　　全球化格局的兩大支柱都肇始於近代西方工業文明的興起。沒有西方工業文明就沒有全球化。西方工業文明以 15 世紀末的海盜－海商－海軍複合體為載體，藉著所謂「地理發現」，一波一波地向歐洲以外的世界大進軍。東亞在 16 至 17 世紀也陸續捲入，包括今人所稱的台灣「荷鄭時期」，到明治日本「脫亞入歐」後的「拓殖事業」皆是。全球化於是接連透過殖民主義、世界大戰不斷擴張，將歐洲文藝復興、理性主義、科學革命、資本主義、民族主義與主權制度等觀念與規範鋪向全世界。隨之改變世界各地生產與生活的工業化、城市化和後來的科技化、資訊化（總稱「現代化」，modernization），都帶有強烈的西方（20 世紀中期以前是歐洲，二戰後歐洲沒落，美國逐漸取代）色彩；「現代化」幾乎就是「西化」的同義字，或說現代化就是西化，也就是全球化。

　　工業化為前鋒的西化 ── 開始給世界的第一印象是「船堅炮利」，但後來也為全人類帶來了巨大的進步。它所到之處相當程度掃除了舊式專制與盲昧，帶來科學與民權，普及了教育與基建，改善了福利與公衛，延長了全球人類的壽命、提升了相當多數人的幸福。甚至包括主張革命的馬克思主義者也算是一種全球化樂觀派，他們都對全世界、全人類無止境、無疆界的啟蒙與進步充滿信心。冷戰結束，曾掀起革命狂潮的馬列派雖然挫敗，但福山（Francis Fukuyama）式樂觀派繼續堅持自由主義與自由國際秩序

將普惠全球，歷史還是會結束於和平與幸福之中。如果全球化樂觀派是對的，兩岸僵局當然可以順勢而解，因為中國大陸的改革開放一定無法回頭；全球自由民主與「華盛頓共識」（Washington Consensus）將使兩岸趨同，但中共沒有機會與能力強迫進行兩岸統一。

增長的極限：全球化步向危機

但是全球化不是只有樂觀的一面。從 70 年代西方部分專家成立的「羅馬俱樂部」提出「增長的極限」概念開始，全球化能否兼具「可持續性」就被廣泛質疑。西方工業文明本來就不會無條件帶動包括民主化在內的「全盤西化」；而「全球暖化」的證據越發突出，更藉由冷戰結束後的「京都議定書」（Kyoto Protocol）與氣候變化綱要公約的長期談判凸顯出來。「可持續性」問題已經不只是「增長的極限」，更是全球迫切的危機。無奈全球化的兩大支柱：行為者和制度對這樣的危機卻回應遲緩，甚至還出現川普（Donald Trump）式的「氣候懷疑論」與「疫情懷疑論」。這些懷疑論更透過資訊化 3.0 助長了民粹式的「懷疑論全球化」，實是全球化樂觀派最大的挫敗。[3]

其實更早的「後現代主義」（post-modernism）已在文學、社會學與藝術領域廣泛反省氾濫全球的「現代性」，認為表面上橫掃一切的西化 —— 現代化，其實蘊藏著將人類文明庸俗化、物化、異化的危機。上個世紀經濟蕭條、納粹主義與民粹主義的反覆興

3　計算機時代是資訊化 1.0，網際網路時代是 2.0，社群媒體時代是 3.0，人工智慧時代是 4.0。

起，只是現代性根源病灶反覆大發作的產物。所謂「全球在地化」，也只是全球工業生產與消費主義，戴著異國風情的文創偽裝而已。只是這些反省被消費和娛樂文化所麻痺，又被美國贏得冷戰的燈塔效應與「網際網路」的狂歡一時遮蔽。例如前美國政治學會會長杭廷頓（Samuel Huntington）90年代中期振臂提出的「文明衝突」，就是各種反樂觀派號角中響亮的一聲，九一一恐怖攻擊則是它的局部應驗，使美國陷入「大中東戰爭」，再引發多次金融海嘯與歐洲難民危機。最後是反全球化的保護主義和集團政治，在2010年後逐步取代自由國際秩序的全球化。原本試圖依靠全球化樂觀論與自由國際秩序的勝利，順勢緩解兩岸危機的機會，也逐漸消失。

百年大變局下的台海完美風暴？

此時，我們正目睹全球化的格局走到了十字路口，中共的領導人稱這是「百年大變局」，並不為過。約從2008年北京夏季奧運起連續超越法、英、德、日，成為全球第二大經濟體，「行為者支柱」的重大新變數當然是「中國崛起」。「制度支柱」的重大變化顯然是自由國際秩序從高峰步向危機。台灣社會多數只看到偏離「西化」的中國行為者崛起對制度支柱的損害，但法國總統馬克宏（Emmanuel Macron）作為2019年G7高峰會的東道主，有感於川普造成的首次無公報結局，會後向本國使節警告：「西方統治時代行將結束。」（We are living the end of Western hegemony.）路透社還引述他的談話解釋，世界的問題不是俄、中而是美國，把俄國推離歐洲、推向中國，是「巨大戰略錯誤」。而這些巨大變化不僅使全球非傳統危機如氣候暖化和疫情、能源、糧食短缺等問題難以治理，更使主要國家將治理不善問題卸責他國，以傳統的「軍事

同盟」與「集團政治」手段推卸創新不力、管治失敗的責任。台灣正處於這個秩序危機崩壞與治理失誤卸責的主要斷層線上，如何避免集「完美風暴」於一身的衝突從天而降，迫切需要各方理性思考、勇於面對。

自由國際秩序的危機（I）：領導者與制度

　　人們熟知的「自由國際秩序」，正是戰後秩序的代稱。它雖經歷蘇聯集團的競爭，卻創造史家稱道的「長期和平」（long peace），原因不外是民族獨立的主權國家、個人主義的市場經濟，以及自由多元的民主政治三大理念，在美國領導、歐日支持的「行為者支柱」之下，逐漸落實於聯合國和布林頓森林體系等支柱性制度規範中，最終透過「全球化」贏得勝利。在這漫長的競爭中，韓戰、越戰、阿富汗戰爭此起彼落，和平的關鍵是美蘇面對危機時能保持克制，壓抑軍事領域的危險競賽。冷戰結束，美國優勢明顯，各大國也還能透過 G8、G20 等新舊建制，勉力維持「大國一致」。戰後東亞新興工業國的經濟奇蹟、中國經改成功，甚至印度與東協崛起，莫不是這個秩序的受益者。但是秩序盛極而衰，如何既能維持與挑戰者的距離，無法僅依靠美元量化寬鬆與廣設中程飛彈，還要睿智地運作均勢，以及國內外條件的配合。

　　美國逐步撤出「大中東戰爭」、轉向以「印太」制衡中國為新的大戰略，自歐巴馬（Barack Obama）實施迄今已 12 年。當中經過川普「退群」與國會山之亂，到拜登（Joe Biden）重新加回巴黎氣候協定、透過 G7 收攏西方盟友，阿富汗跟蹌撤軍或許勉強算是

走完全程。伴隨這整個過程的，也是從歐巴馬時代就開始的美國社會的深刻對立。在這樣的大背景下，美國的主客觀條件都很難照舊支撐自由國際國際秩序運轉。喀布爾撤退雖不至於是重演 1975 年「西貢時刻」，但與 1956 年第二次以阿戰爭之後，英國漫長的「蘇伊士撤退」若合符節。美國企圖透過「政權改變」與自由化伊斯蘭世界掌握中東的構想必須放棄。[4]

美國的中國對手雖然不像滿手核彈的蘇聯，但美國政界和戰略界的共同想像是中國已成為美國的「生存威脅」。為了應對這樣的威脅，「大西方」與北約已經老邁，團結 G7、「五眼」、美日印澳「四方機制」也不夠，於是被稱為「共同記憶、共同價值、地表最強」的美英澳新三國同盟橫空出世。沒有國會批准的盟約，似乎空口無憑，新同盟第一個「具體」方案是協助澳洲新建核潛艦以取代法國先前提供的 12 艘柴電潛艦方案，拓展澳軍未來遠洋打擊中國的能力。美英澳合作抗中並非新鮮事。人們應該關心的，是這個比「四方機制」（QUAD，美日印澳）更像為美中戰爭準備的「準軍事同盟」，對「自由開放、規則為基礎」的全球自由國際秩序的意義。

首先，美國作為現狀秩序的霸主，維護優勢的顯性（北約、四方機制、美日與美韓同盟等）與隱性工具（石油美元、五眼、環球金融電信協會）應該足夠。為何甘冒疏離歐陸、東協與日韓印的風險，疊床架屋建造新軸心？只有舊制度與能力不足，才會想到「打虎親兄弟、上陣父子兵」，把力量集中在自己人手裡。而且新軸心不是依照「能力合格」與「理念相近」，且還有不可說的「更相近」

4　指 1956 年蘇伊士運河事件後，英國在蘇伊士運河以東不復保有獨立執行大型軍事行動的力量。此事件被認為是一戰之後，大英帝國海上霸業沒落的最終象徵。

的東西。否則人口稀少、軍備落後的澳洲，除了地理上可以作為美軍抗中最大的後勤轉運點與親切的前敵指揮所外，何以堪當一線主力？難道英國退歐之後，只能把所有海軍都送來「蘇伊士以東」，才能維持帝國在全球的光榮？其實透過三國同盟，美國坦白告訴全世界，「自由之家」成員也分優劣先後。

其次，要合理化在「自由開放、規則為基礎」的世界搞攻守同盟，威脅要夠大才能說服本國與盟國社會。但著名美國戰略學者史文（Michael Swine）2021 年 4 月曾撰文指出，要達到近乎以核生化等方式攻擊他國本土、殺滅人口才算構成「生存威脅」，華府是否濫用概念，令人擔憂。美國空軍部長近來呼籲建設「令中國恐懼的空軍」，但緣由為何？答案是美軍現在無法「自由飛行於中國沿岸 1,000 英里之內」。他推銷轟炸機 B-21 可以取得增進美軍安全，以恢復「全球到達、全球摧毀」目標。但此說若信實，美國早在阿富汗就能實行「全域摧毀」，國際領導地位何以衰落？

其實美國知名評論家札卡利亞（Fareed Zakaria）2020 年曾在《外交事務》撰寫一篇題為〈美國權力的自我崩壞〉（The Self-Destruction of American Power）的文章，指明歷史上沒有永遠的霸主。當今現狀國際秩序甚至不是始於 70 年前，而應從蘇聯解體起算，到小布希發動伊拉克戰爭，美國才登上秩序頂峰。美國登峰迄今不到 30 年，竟走到了「自我崩壞」的邊緣。札卡利亞的盛世危言，並沒有呼應「中共百年」之意，只是希望用言過其實，使國際秩序領導者從錯誤回頭，卻正好撞上了中國初步完成「富起來」的中共建黨百年。鑄造「軟權力」（soft power）理論的學者奈伊（Joseph Nye）承認，美國優勢受到考驗的主要「外部」因素之一，當然是中國崛起。但前所未見的內因，是國內社會的分裂，使自己走到川普主義，正好掉進了「反威爾遜時刻」（Anti-Wilson

Moment）。[5] 美國面對自己一手建立、領導、攪亂的霸權秩序，信念發生這樣大的裂隙，是二戰結束、70 餘年來僅見。

列寧曾經說過，「最堅強的堡壘，都是從內部攻破的。」美國全球信用的核心病症，絕非來自俄、中等列強的軍事、經濟挑戰或資訊戰。所謂「銳實力」、「認知戰」，更是推卸治理失敗、沒有學術嚴謹度，只是卸責、帶風向的膚淺概念。小布希的中東戰爭折損了霸主的威信、激起了極端主義、文明衝突為底色的國際恐怖主義；恐怖主義利用資訊科技反擊，不過就是回敬美歐百年來施加的「東方主義」（Orientalism，指西方對中東與亞洲的刻板印象）。

非裔當選的歐巴馬訴求團結進步，原本帶來「歐記中興」的一線曙光，也獲得從中東到亞洲普遍的歡迎，卻挑起美國自己內部宗教保守主義、白人至上論、失落的鐵鏽帶選民，與反全球化的失落中產者的群起反對。歐巴馬遂不得不揚棄「超黨派」主軸，直接訴諸東西岸、移民後裔、婦女、都會、年輕人等「進步」選票反制，形成眾多國內重大議題相持不下的 50 vs 50 的兩極對立。美國政治氣氛，也從「希望、改變、超黨派」，一步步走向「恐懼、憤怒與分裂」（fear, anger, divide）。這個趨勢 2020 年美國公廣集團（PBS）紀錄片《美國大分裂：從歐巴馬到川普》（America's Great Divide）中有深刻與細緻的探討，對美國外交與全球秩序產生深遠影響。

5　威爾遜（Woodrow Wilson）是帶領美國贏得一戰、創設「國際聯盟」（League of Nations）的總統，以提倡民族自決、自由主義、民主和平等觀念著稱。但其理念因遭遇美國「孤立主義」思潮興起與國會的反對，沒有獲得成功。

自由國際秩序的危機（II）：價值與共識

全球治理危機與「華盛頓共識」的興衰

　　「華盛頓共識」（Washington Consensus）是全球自由國際秩序理念在國際貿易與金融領域的制度表現。這個冷戰結束後出現的全球治理（global governance）概念，也隨著秩序的制度衰落而備受質疑。2021 年 G7 峰會公報在全球治理理念上，出現改革性的新觀點。正逢 30 年前提出「華盛頓共識」概念的英國學者、世界銀行專家威廉森（John Williamson）於 4 月 15 日病逝，有論者認為，英國保守黨政府協助組織各國幕僚，在 G7 峰會前準備的備忘錄用了「康沃爾共識」（Cornwall Consensus）為標題，即是企圖重整幾乎是聲名狼藉、對挽救西方主導的自由國際秩序幾無助益的「華盛頓共識」。後者是描述蘇聯瓦解後，華府向各國提倡、推廣全球化與私有化、市場化改革、商品與資本自由流動、金融開放、政府去管制化等政策的整套理念，也被稱為「新自由主義」政治經濟改革。約在「華盛頓共識」提出 15 年左右，又有高盛公司的專家拉莫（Joshua C. Ramo）提出了「北京共識」，大意是強調各國可自主適用包括威權體制在內的不同的發展道路，反對通用普適的改革。

　　當時中國在全球經濟大約排位第 7，還沒有清楚自覺到「中國道路」、「中國故事」可以像「中共十九屆六中全會公報」這樣自信，更不會擔心「中國規則」也可能強加於人。所以「北京共識」似乎一直受到部分發展中國家的歡迎，但並未對以「華盛頓共識」

為核心的自由國際秩序構成重大挑戰。畢竟「北京共識」並非一個邏輯一貫、成體系的經濟學與政治學觀點，採行者也未在自由國際秩序的制度性支柱（如布林頓森林體系建立的主要機構）外，另建新的對抗性體系。即便是中國帶頭建立的「亞投行」（亞洲基礎建設投資銀行）與「一帶一路」，也部分引用歐洲與印度的高管和制度，差別則在資方的組成，與國家的角色。

康沃爾共識 vs 中國模式？

「華盛頓共識」的問題，其實是它的自由競爭與去管制化政策，在西方世界內部造成的社會分裂。它也無法為最近 20 年陸續爆發的全球性危機如金融海嘯、氣候暖化與疫情，提供對策。於是 G7 的幕僚們如然要走出川普主義的陰影，擺脫各國民粹派抗拒多邊合作的糾纏，勢必要為西方繼續領導世界，提出具有新的時代精神的觀念。醞釀中的「康沃爾共識」於是改而提倡「包容」（inclusion，取代優勝劣敗）、「韌性」（resilience，取代效率至上）、「公私伙伴」（partnership，取代政企分離）與「外部性」（externalities，取代對定量模型的偏執）。當然，所有這些對「華盛頓共識」的「改進」，都帶著對抗「中國因素」的誘因。如果沒有中國競爭造成的緊迫壓力，西方集團反省「華盛頓共識」，不會有急迫性。

又是 15 年過去，哈佛現實主義學者瓦特（Stephen Walt）2021 年 5 月卻在美國《外交政策》雜誌提出警告：「世界也可能青睞中國規則」（The World Might Want China's Rules），華府不應自我感覺良好地認為，自己的價值天生比中國更有吸引力。瓦特說，美國的國際秩序在政策表現上既有兩面性（two-faced）的缺

失，又飽受民粹分裂社會的衝擊。反觀「中國價值」已不是毛時代的世界革命，反而是「集體利益優於個體權益」支撐的、復古的西伐利亞主權制度。短期裡，這種立場更能免疫於「偽善」指控；也能獲得大多數發展中國家比推動「政權改造」的美國更多的支持。這種秩序與理念的全球競爭將是漫長的，因為可預見的未來，美中由於規模龐大和地理距離遙遠，不可能徹底戰勝對方。美國要勝出，關鍵在於能否真正走出進步派與保守派惡鬥的惡性循環。

充滿不確定的 2040

　　瓦特版的美國「復興之路」與美國國家情報委員會 2021 年 3 月出版的《2040 全球趨勢報告》的長期預測相近。報告認為未來在美中更激烈競爭的大環境下，國際陣營也將不斷重組。資訊科技將使人們更加互聯，但全球各地的認同與價值恐將更加粉碎，致使世局更加動盪。多數國家因而寧願參加寬鬆、臨時性的安排，而非綁入冷戰式的陣營。

　　報告認為，全球化的動盪發展，將來有五種可能場景：（1）民主集團復興、中俄陷入中等收入陷阱；（2）北京兼併台灣卻無意領導大局的漂流世界（world adrift）；（3）美中競爭性共存（competitive co-existence），並抑制疫情與氣候危機；（4）自足的各區域大國割據（separate silos）；（5）與悲劇和流動──氣候急速惡化、全球都是失敗者。無論哪一種場景，該委員會認為，美國參戰都不應是優先考量。而 2040 年之前如果美中沒有發生衝突，中國沒有全面衰敗，則北京將相當接近其「第二個百年」的「全面現代化」國家目標。屆時台灣的全球位置如何，在一片「美國挺台」的短期表象外，中長期場景更值得人們深思。

接觸失敗，「薩拉耶佛」難免「勢必一戰」？

　　始自柯林頓（Bill Clinton）時代的對華「接觸論」到了川普執政後期，變成廣受批判的「接觸失敗論」（failure of engagement）。此論的核心是「接觸」未能導致中國「民主化」（實即中共潰敗、「和平演變」、中國崩潰等），反而被北京利用接觸獲得的資源實現和平崛起、熟悉全球化與國際制度領導權、甚至「富起來」，觸發體系權力移轉，造成今日西方似乎失控的全球政經新格局。據說接觸浪費的時間，正好被「中國發展戰略機遇期」所用，耽誤了美國的優勢，又是 20 年。

　　但從 1996 年白宮發布的《接觸與擴展的國家安全戰略》報告來看，「接觸戰略」原本的精神是通過「競爭性共存」維繫優勢。2000 年之後陸續出現的顏色革命，甚至後來的各地的「政權改造」，並不在接觸戰略的目標中。反而俄國前總統葉爾欽（Boris Yeltsin）末期的俄國一蹶不振，使小布希時代的美國更加自信，更常採用例外、單邊手段。可以說在錢尼（Dick Cheney）－倫斯斐（Donald Rumsfeld）路線下，「接觸戰略」早已壽終正寢，剩下的是「華盛頓共識」的全力擴張。直到歐巴馬上台，接觸戰略才有所恢復，但美國朝野分裂已經明確，世局也不復當年。可見接觸失敗論者假設 1990 年代接觸戰略就是要在大陸搞「顏色革命」，是移花接木的謬誤。該論又假定中國「被接觸」後理應歸順美國秩序，又是刻意簡化問題的謬誤。畢竟不僅中國從 19 世紀「被接觸」至今，從沒有全面接受西方價值，美國也多半也是「例外性適用」自己「基於規則」的秩序。其他「被接觸」後民主倒退、民粹興起的

東歐與亞、非、拉國家，現在愈來愈多。只突出接觸中國失敗，主因其實是中國不但未淪為「失敗國家」，還搖身一變，站穩了「一超之下首極」的位置。

接觸失敗論的謬誤，其實證明了原本戰略目標有節制的「接觸論」，反而有利美國在競爭性共存中維持主導。完全拋棄接觸，採行龐佩奧－班農式（Stephen Bannon）的超冷戰、推倒政權的對華競爭，不但很難削弱北京精煉百年的銳利體制，反而將真正終結「自由國際秩序」主導的全球政經格局。

中小國家夾處在激烈競爭的兩強中間，本來極為困難。如果兩強實力差距明顯，或者一方進攻用意明確，中小單元自然會選擇「一邊倒」。如果兩強實力接近中，但戰略意圖穩定，則中小單元仍有不使競爭波及自己的避險空間。若是兩強實力逐漸接近但戰略意圖缺乏共識，爭奪前線的需求和壓力便會大增，還會直接干涉小國的內部秩序。如果前線小國因為身分與認同的強烈偏向，缺乏策略選擇的彈性，更可能先面臨生存風險。當然美、中交易換取綏靖的「直觀棄台」可斷言幾乎不會發生。但從兩強長期競爭與未來全球格局的不確定來看，台灣對中、美則有「利益不對稱」的特徵：對北京是政權存亡的核心利益；反觀華府則就算參加護台，也有「打多大、打多遠、打多久」的選項。不夠久、不夠遠、不夠大，雖有道義，也等於是「廣義棄台」，又可換取中國掉入衰敗陷阱。

1914 年 6 月 28 日的前幾年，幾乎沒有人會相信，繁榮鼎盛的歐洲，會在短時間內陷入血腥的世界大戰。就是 6 月 28 日之後幾天看起來，衝突也將只限於「某個區域」，大國參戰顯得相當遙遠。薩拉耶佛的一個凶殺，彷彿僅是某地狂熱民族主義者偶然攪起的幻術，大國們會在最後通牒的壓力下，維持「競爭性共存」。當然，歷史告訴我們結局並非如此。幻術轉瞬間就變成了「八月砲火」，

大火還燒到太平洋西岸，最終竟藉由巴黎和會，揭開了「中共百年」的序幕。

　　結構與地理規定了必然，但歷史仍在必然中，讓偶然適度發揮，稍稍驅散陰鬱的宿命論。大西洋的「八月砲火」，在歐洲埋葬了三千萬軍民，在太平洋催生了美國百年霸業和中共的興起。現在砲火的幽靈來到太平洋上空盤旋，人們要擦亮眼睛，冷靜看清全球格局的構造，緩和秩序變動帶來的危機，或許能得到歷史偶然的庇護。

第 2 章

中國崛起及其政經影響

左正東（臺灣大學政治學系教授）

　　21 世紀初期，挺過亞洲金融風暴的中國大陸進入世界貿易組織後，長期穩定且高速的經濟成長，加上龐大的人口資源與生產能量，撼動原有的世界經濟格局。對於自身快速發展可能引起部分國家感到不安，甚至帶來新一波中國威脅論，中國大陸甚為警惕。早於 2003 年鄭必堅提出「和平崛起」論，即有安撫既有強權和周邊國家之意。不過，從經濟總量排名變化來看，2005-2007 年間中國大陸連續追趕法英德三個歐洲最大經濟體，接踵而來的金融海嘯，美國受到重創，中國大陸和美歐攜手穩定世界經濟。2010 年中國大陸經濟總量超過日本，成為與美國並立的兩大經濟體。至此，中國崛起對世界的衝擊益發顯著，對於中國崛起的討論益發熱烈，而中國大陸獨特的發展模式厥為各種關於中國崛起論述的核心議題。以下，本文先介紹中國模式的緣起與相關的討論，再以中國大陸和美國的競爭為框架，從經濟和政治兩個面向探討中國大陸崛起的意涵。接著評述因應中國大陸對外影響劇增所掀起關於中國因素的討論，最後從大陸各界近年暢談的百年變局說，反思我們該如何看待中國大陸的崛起。

中國崛起與中國模式

　　在中國模式成為熱門話題前，多數國家奉為圭臬的發展模式當屬「華盛頓共識」（Washington Consensus）及其所代表的新自由主義。「華盛頓共識」始自於 1980 年代初期中南美洲債務危機後，美國政府通過國際政府間金融機構對需要償債的中南美洲國家借貸，並於借貸時附帶條件，要求借貸國採取結構調整方案，以此推

動發展中國家經濟改革。「華盛頓共識」建議的經濟政策包括財政紀律、貿易自由化、外來投資自由化、私有化、解除管制等，與當時英美推動的新自由主義改革相互呼應，強調避免政府干預，由市場機制進行資源配置，被認為是實現經濟發展的最佳方案，亞洲四小龍則被認為是以市場機制實現長期成長的典範。「華盛頓共識」不僅用來要求陷於債務危機的中南美洲國家，也成為美國向亞洲國家推銷的經濟改革方案，帶來從亞洲四小龍、東南亞三小虎、乃至於社會主義轉型經濟體，幾乎全面的經濟自由化浪潮。

　　顯然，中國大陸的發展道路並非完全遵循「華盛頓共識」，但也和二次戰後東亞新興工業經濟體如日本、南韓、台灣有所不同。2004 年，旅居北京的時代周刊（Time）編輯雷默（John Cooper Ramo）發表題為「北京共識」（Beijing Consensus）的報告，認為中國大陸的發展經驗具有重視創新、強調可持續性和平等、和維持對外政策自主性三項元素。這是在既有的單極國際秩序下，一面尋求發展一面維持原有政治安排的嘗試，是一條與「華盛頓共識」不同的替代性道路。[6] 其後美國學者麥智滔（Christopher McNally）提出「中國式資本主義」（Sino-capitalism）的概念，認為在全球化下實現成長的中國大陸，是一套結合自由市場和國家資本主義的發展模式，其中包含關係網絡、國家主導、和全球化三項元素。對比「華盛頓共識」，中國大陸發展過程採取漸進改革、強調技術創新、和重視總體經濟穩定，都是相當不同的發展路徑。[7]

　　要深刻理解中國模式帶來的影響，必須先深思台灣、南韓、

6　John Cooper Ramo, The Beijing Consensus, UK: Foreign Policy Centre, 2004, pp. 3-4.

7　Christopher A. McNally. "Sino-capitalism: China's reemergence and the international political economy." World politics, 64(4), 2012, p. 750.

與日本的工業化路徑在 1990 年代所發生的變化。首先，這三個新興工業化經濟體可說是遵循雁型模式的成功範例，產業從日本開始萌芽茁壯，至成熟期遷徙到台灣和南韓，然後再遷徙到東南亞三小虎，1990 年代遷徙到中國大陸，日韓台相繼放棄勞力密集產業，全面邁向資本密集和技術密集產業。其次，台灣和南韓自 1980 年代末期起經歷快速的政治民主化和經濟自由化，特別是政治上打破長期的威權體制，為經濟自由化賦與告別「錯誤過去」的政治意義，從而對於美國所推動的新自由主義更能毫無保留的接受。1990 年代日本雖然沒有出現政治體制的劇烈變動，但由於在安全上仰賴美國保護，多數民眾對美國的主流價值接受度高，甚至於 1980 年代中期即仿效美國推動新自由主義改革。此外，1980 年代末期東歐蘇聯共產體制瓦解，東西陣營長年冷戰以美國和西方世界勝利收場，美國的志得意滿讓美國的政治經濟模式得到廣泛認可，當時福山所提的歷史終結與最後一人，認為民主政治和市場經濟終將為全球主流，正反映美國模式的大行其道。

　　然而，中國大陸崛起過程與此不同。雖然，中國大陸同樣通過承接來自四小龍的成熟製造業而進行資本積累，並由此逐級向上，增加其附加價值和技術複雜度。然而，受惠於龐大的海外科技移民和 1990 年代末期開始的海歸回巢，中國大陸建立起和美國的產業間直接的傳輸帶，新創產業拔地而起，實現蛙跳式成長，而能在產業發展上跳過東南亞，直追四小龍和日本。其次，自冷戰結束後，中國大陸和美國在區域安全上即有潛在的競爭關係，期間雖因反恐戰爭而合作，但安全競爭的基本格局沒有改變。而且，儘管經歷快速的工業化，大陸政治體制並未出現斷裂式的巨變，更多的是致力於延續既有的共黨體制。因此，社會主流看法對於美國的政治經濟模式本來即有所保留，工業化初期施行由政府主導的積累體制仍具

相當高的合法性。此外，2000 年以來美國經歷 911 攻擊、反恐戰爭的全球質疑、和金融海嘯的重創，全球和美國自己都出現對於美國未來的悲觀情緒，與 1990 年代的志得意滿迥然不同，這也讓美國模式難以暢銷於中國大陸。

　　對於中國模式的批評，大概圍繞於兩條軸線。一條軸線質疑其成功與否，一條軸線質疑其能否適用於其他國家。首先，對於中國模式是否成功的質疑，美國戰略與國際研究中心（Center for Strategic and International Studies）中國經濟研究計畫主任甘思德（Scott Kennedy）可為代表。他認為中國大陸表面上光鮮亮麗的成長其實隱含不少問題，無論是部分自主創新的失敗、貧富差距的拉大、和生態環境的破壞，這是讚揚中國模式者忽略的困境。[8]然而，隨著大陸成長速度於 2010 年代中期逐漸放緩，以及國有企業逆向成長，和中共當局改善生態環境的相關措施，對於中國模式是否成功的質疑反而日趨減少。取而代之的批評著重於中國大陸自主創新帶來的不公平競爭。也就是說，中國模式的問題不是沒有創新或致富，而是其創新與致富來自於特定科技業者的不正行為，且源自於中國大陸特殊的政治經濟體制。矯正中國大陸的政經體制，懲罰特定業者的不正行為，遂成為後來川普發動貿易戰最主要的論據。

　　對於中國模式特殊性的辯論，則可謂直指問題核心。誠如前面所說，雷默認為中國模式的核心在於維護原有的政治安排，而嘗試走出一條和「華盛頓共識」不同的發展道路，這與「中國模式不可複製性」的觀點相互呼應，此乃因中國大陸的巨型市場規模，既

8　Scott Kennedy. "The myth of the Beijing Consensus." Journal of Contemporary China, 19(65), 2010, pp. 468-470.

可減緩出口市場變化的衝擊，又能有效實行以市場換技術的策略，這是亞洲四小龍以及很多發展中國家所沒有的條件。然而，大陸學者姚洋則提供完全相反的觀點，認為中國模式的成功不是因為背離「華盛頓共識」，而是因為其政經制度可以激勵官員和防止政府被俘虜，因而能有效執行「華盛頓共識」。[9]這裡引發兩個極為有趣的議題，值得進一步探究。一是中國模式是一條獨立自主的發展道路嗎？改革開放以前，中國大陸標舉獨立自主的發展道路，而改革開放則是矯正獨立自主造成的技術孤立和緩慢成長。既然改革開放強調對外開放，又如何可能完全不受出口目的國對大陸各項要求的影響，從而維持其獨特的政治安排和發展路徑？由此延伸出第二個問題，也就是中國模式和「華盛頓共識」是否真的截然不同？還是彼此仍有相容相合之處？以下對於中國崛起政經影響的探討，或許可以部分回答這兩個問題。

中國崛起的政治經濟影響

誠如前述，2010 年後中國模式成為熱門議題，固然反映中國大陸對其特殊政治經濟模式的堅持，也受惠於全球對於新自由主義和全球化的反省。2008 年金融海嘯後，西方國家經歷成長停滯和債務膨脹，讓西方知識界重新反省 1980 年代以來的新自由主義革命，甚至美國都出現是否轉向社會主義的困惑。這股對於新自由主

9　Yang Yao. Beijing Consensus or Washington Consensus: What Explains China's Economic Success?. Development Outreach, 13(1), 2011, pp. 26-31.

義的反省，和對全球化的檢討密不可分。早於 1990 年代末期，西方世界已經出現對於全球化的反省。雖然當初的批評焦點在於 IMF 等國際政府間金融機構（International Financial Institutions, IFI）以借貸條件對於開發中國家的介入，導致開發中國家陷入經濟困難。金融海嘯之後，大規模失業和部分失業人口難以重返就業崗位，催生西方社會的反全球化民粹主義浪潮，將矛頭直指全面開放的經濟體制，認為造成政府無力矯正開放對國內社會衝擊。

　　然而，中國大陸的工業化與全球化發展歷程高度重疊，這和日本與亞洲四小龍的發展經驗大不相同。1950-1970 年代日本和亞洲四小龍興起時，全球化尚處於發軔之初，國際間對於資本跨國流動的控制相當嚴格，彼時各國政府有相當高的政策自主性，這是 1990 年代以後搭上高速發展列車的中國大陸所沒有的條件。正因如此，中國大陸既要避免西方社會蔓延的反全球化浪潮，阻擋其繼續運用全球化實現經濟發展，又要抵抗全球化帶來要求改變其政經體制的壓力，正是當前中共面對全球化變局的根本難題。

　　中國大陸的快速崛起，對於區域和全球帶來深刻影響。從經濟結構來說，中國大陸憑藉龐大優質的勞動力，20 年間超過多數發展中國家，吸引鉅額外資和港台資金，建立龐大的生產基地，在亞洲金融風暴後，融入東亞的跨國生產鏈，成為東亞中間財的目的地和最終財的出口地。復又於金融海嘯後，從世界工廠蛻變為世界市場，扮演區域經濟成長最重要的發動機。因此，中國大陸的經濟脈動對於區域和全球都有連動效應。包括大量製造品流向世界，固然有助於壓抑通膨，也成為部分人士擔心的通貨緊縮源頭之一。又如中國大陸長年的基礎建設熱潮，吸收全球主要原物料的出口，和其他新興市場經濟體的強勁成長，被認為是 2007 年全球原物料和石油飛漲的原因，而中國大陸快速成長後向外輸出的金融資本，則被

看作美國私人債務得以快速膨脹的主要來源。凡此可看出，中國崛起固然改變世界經濟版圖，但其政治影響還在於西方社會菁英如何理解與詮釋中國崛起的衝擊。這自然受中國大陸和美國間的安全競爭所形塑，但又要放在中國大陸與周邊國家互動的情境中去理解。

　　2008 年金融海嘯之前，大陸崛起普受肯定，並藉著有效運用的軟實力，成功塑造大陸的正面形象。大陸的經濟外交影響，在周邊國家之間尤為顯著。以經濟層面來看，1997 金融風暴時大陸維持人民幣不貶值，避免亞洲貨幣再競相貶值。2002 年大陸入世後，率先和東南亞國家國協簽署自由貿易協定，創造亞洲發展中國家經濟整合的先例，並通過早期收穫計畫，向東南亞國家農產品開放市場，成功化解東南亞國家對中國大陸入世的憂慮。以外交層面來看，2002 年大陸與東協國家簽署「南海行為準則宣言」，隨後於 2005 年和菲律賓、越南簽署「聯合海洋地震工作協議」（Joint Maritime Seismic Understanding, JMSU），三方同意通過各自石油公司，共同開發南海部分海域。相對而言，美國在全球推進反恐戰爭，引發東南亞穆斯林群眾疑慮，而小布希政府的單邊主義和兩次缺席東南亞高峰會，更造成東南亞諸國的疏離感。當時中國大陸的「微笑攻勢」和美國「非友即敵」形成強烈對比。

　　金融海嘯期間，中國大陸和美歐攜手合作，一方面抗擊保護主義，一方面推動巨型紓困方案，霎時間躍升為與美國並立的 G2。中國大陸的權力陡升，引發美國對於亞太地區權力重組的憂慮。歐巴馬總統就任後，宣示重返亞洲，並於金融海嘯過後，宣布參加跨太平洋夥伴協議，納入 4 個東協國家。東協則以東協和 6 個區域外國家的自由貿易協定為基礎，推動區域全面經濟夥伴協議（RCEP）。兩個巨型貿易協定不僅競爭成員國市場，也競爭規則制定權。看似兩個貿易集團相爭，實則激化美國和中國大陸競爭。

在外交層面，中國大陸與南海沿岸國家因南海主權聲索日趨緊張，特別是越南和菲律賓，從 2011 到 2014 年頻繁發生船艦對峙事件，造成連串外交危機。菲律賓於 2013 年向常設仲裁法院提請仲裁，中國大陸則在其控制島礁建立軍事設施，引發周邊國家憂慮。

2012 年起，美國提出再平衡政策，宣示要將軍事部署重心移到亞太地區。2015 年起，美軍在南海展開航行自由行動，數度貼近大陸控制島礁的 12 海里範圍。2013 年中共總書記習近平訪問哈薩克與印尼期間，宣示將推動「絲綢之路經濟帶」和「海上絲綢之路」，2015 年正式展開「一帶一路」計畫，要提供龐大融資，協助沿線國家推動基礎建設、經濟開發、和產業合作。然而，一帶一路的推進並未緩解美國和中國大陸之間日趨緊張的競爭關係，反而加深美國對中國大陸建立勢力範圍的疑慮。川普就任美國總統後，除將歐巴馬的亞太再平衡擴充為印太戰略，宣示要打造自由開放的印太地區。2018 年起更發起貿易戰，對來自中國大陸的龐大進口商品加徵關稅，並對華為和其他大陸高科技企業的技術來源嚴加限制，至此雙方逐步走向全面對抗。

中國崛起與中國因素[10]

誠然，中國大陸向外投射影響力所引發的緊張關係，和美國與中國大陸間日趨激烈的競爭關係密不可分。同樣的，西方世界對中

---

10 本節主要內容曾以「誰的中國故事」為題刊登於中國時報時論廣場，2019 年 9 月 26 日。

國大陸的定位，也影響周邊國家對中國大陸影響力的看法。對此，2010 年前後興起關於「威權擴散」的辯論，算是負面解讀中國模式的先聲。面對中國大陸快速的經濟成長，當各界稱道「中國模式」的成功之際，「威權擴散」論者提出質疑，認為中國大陸的成功可能鼓勵其他國家仿效其政治體制。這樣的仿效可能是因為中國大陸有效解決治理難題，成功實現發展，提升其在他國統治者心中的合法性，從而主動採取仿效。[11] 不過，肯定中國大陸經濟發展的成功，和仿效其政治結構兩者相差甚遠。各國政治結構的持續或突變，主要還是受到各國政治經濟環境及其所面臨的挑戰而決定。「威權擴散」論者更進一步擔憂，威權政體可能通過對外投射其影響力，在其周邊創造更多的威權政體。循此思路，中國大陸可能運用一帶一路的融資計畫，向沿線國家推銷中國模式和政治體制，進而逆轉全球民主化浪潮。不過，「威權擴散」論的質疑者則提醒，中國大陸的對外關係向來強調不干涉內政，也要求其他國家尊重其內政，上述的擔憂與中國大陸過去的外交實踐並不相符。而從一帶一路的計畫施行來看，也不存在任何以經濟援助改變受援國政治體制的行動。[12]

　　承接「威權擴散」論對中國崛起的質疑，2017 年以來對於「中國因素」和「銳實力」的探討，同樣從中共政權特質檢討中國大陸對外投射影響力的政經後果。「中國因素」論的出現和台灣研究中國大陸的典範變遷密不可分。近十年來，台灣對中國大陸的研究呈

11　Thomas Ambrosio. "Constructing a framework of authoritarian diffusion: concepts, dynamics, and future research." International Studies Perspectives, 11 (4), 2010. pp. 379-384.

12　Julia Bader. Propping up dictators? Economic cooperation from China and its impact on authoritarian persistence in party and non party regimes. European Journal of Political Research, 54(4), 2015, pp. 656 – 660.

現兩條軸線的辯論，第一條軸線探索中國崛起後的國際秩序，展望非西方中心的美好新世界。第二條軸線關注大陸政經體制的脆弱性和國家社會緊張關係，警告台灣不要誤信其繁榮假象。儘管第一軸線的讚聲性故事在金融海嘯前後，贏得海內外的廣泛回響，但隨著兩岸通航，中共黨政要員和商業巨賈絡繹來訪，成為民眾繪聲繪影中共介入台灣的象徵，第二軸線的警示性故事後來居上，成為大陸研究的新寵。2017 年 4 月出版的《吊燈上的巨蟒：中國因素作用與反作用力》，堪稱警示性中國故事的集大成之作。

　　這本由吳介民、蔡宏政和鄭祖邦三位教授主編的專著，將中國大陸與台灣的經濟合作看作中共以商業模式進行統戰，結合市場和政治兩個元素，雜揉市場的誘惑和政治的威脅，通過政經權術（economic statecraft）塑造跨海峽政商關係網絡，再通過跨海峽政商關係網絡培育在地協力者。當中共企圖影響台灣政治行為與決策時，在地協力者即可擔當中介者的角色。如此的施加影響力模式，來自於中國大陸政體結合列寧主義黨國體制和國家資本主義。在此政體下，政治權力和經濟權力高度鑲嵌，要區分純粹的資本行為和純粹的政治行為非常困難，因而形成政治行為和經濟行為的共構。[13]

　　該書寫作前後，美國國家民主基金會也四處座談探討威權國家如何影響脆弱的民主國家，其成果報告於 2017 年 12 月出版，並提出相當吸睛的概念——「銳實力」（sharp power），強調威權國家穿透民主國家的資訊環境以影響後者決策，該報告同步獲得經濟學人專文報導，一時聲名大噪。2018 年 3 月，澳洲學者克

13　吳介民，「中國因素作用與反作用力」，吳介民、蔡宏政、鄭祖邦主編，《吊燈裡的巨蟒》，台北：左岸文化，2017 年，頁 35-38。

萊夫・漢密爾頓（Clive Hamilton）出版《無聲的入侵》（Silent Invasion: China's Influence in Australia），10 月亞洲協會和胡佛研究所 33 名學者專家發表「中國影響力和美國利益」（Chinese Influence and American Interest）報告，「力圖改變民主而且無所不在的中國影響力」，儼然成為西方媒體主流的中國故事。

　　然而，無論是台灣學界提出的「中國因素」，還是西方智庫所稱的「銳實力」，其在媒體上的面貌，往往是單一的故事線搭配尖銳的控訴，多少反映此一研究範式和特定政治議程間緊密的「鑲嵌」關係。如此難免有損社會科學標榜的價值中立，甚至成為政治行動者濫用自由民主制度失靈的工具。具體而言，當前全球貧富差距急遽擴大，而民主制度又無力解決，譁眾表演和仇恨言論已成為民主國家難以治癒的痼疾。若政治行動者不解決貧富差距，反將此歸咎自由貿易和中國商品，形同鼓勵仇外情緒，為埋葬自由經濟和民主體制點燃熊熊烈火。同樣的，西方的媒體與大學和大陸機關學校合作，也是因為各國政府撥款困難和金融市場困頓，非營利機構尋求自救使然。當然，合作都本該透明且守法，但根本的病灶，則是資本主義下大學與媒體喪失其公共性。

　　其實，國際關係理論的批判學派也承認，理論總是有目的，無法價值中立。若持此觀點，則應同時參考批判學派另一主張，即現存政經體制總是存在結構改變可能，理論工作者應挖掘並擴大此可能性，從而實現具有解放性的結構改變。有機知識分子不當只是建構文化霸權的工具，更要對任何的文化霸權勇於解構。更進一步說，中國崛起是否真的會徹底改變既有的全球結構，如何評價這個改變的可能性，近年大陸興起的百年變局之說，提供相當豐富的線索，值得深入探討。

從百年變局到命運共同體

　　自 2020 年新冠肺炎疫情向全球蔓延，最初只為緊急應對的封城措施，因為疫情持續升高而曠日持久，過去視為生活日常的跨境往來幾近凍結。隨之而來的，還有民族主義高漲，不少國家族群關係空前緊張，再加上疫情反覆，美國疾病管制中心主任瓦倫斯基（Rochelle Walensky）直言擔心世界末日恐將來到。世界，儼然走到巨變的前夕。的確，百年變局正是近年大陸各界對世界格局的主要論述。簡而言之，大陸民間對百年變局的探討，從 2014 年討論世界大戰會否重演，到 2015 年紀念聯合國成立 70 周年，充滿對新世界秩序的翹首期盼。大陸官方談論百年變局的時間更早，2012 年習近平談到國際局勢變化時，就用過百年變局的概念，正式的演說則見於 2017 年 12 月駐外使節工作會議和 2018 年 6 月外事工作會議。

　　大陸的百年變局論述範疇相當廣泛，涵蓋物質、結構和制度三大面向。物質層次談的是科技變遷和產業革命，考驗現有生產模式的調適力，也催生圍繞新科技相關議題的新全球治理。結構層次談的是國際權力格局變化，中國大陸和新興經濟體群體崛起，對照美國不穩和西方分裂，東升西降的大趨勢蔚然成形。制度層次談的則是多邊主義單邊主義相互競爭，以及體系層次的世界政治框架，從一次大戰後的凡爾賽體系，到二次大戰後的雅爾達體系，再到後冷戰時期的體系變遷。作為世界政治框架的國際體系，固然可以是強權間的權力安排，但若回溯到西伐利亞體系，並關照當前世界各國民意高漲現象，則不只是權力分配問題，還涉及國際成員身分界定的根本規則問題，並帶出百年變局所蘊含全球結構性變遷的可能

性。

　　新冠疫情以來，中國大陸官方對國際局勢的論述，有兩項重要主張既延續百年變局論的大國期許，又展現對於新形勢的細微應變。首先是高舉多邊主義旗幟，呼籲建立人類命運共同體，並提出對話協商、共建共享、合作共贏、交流互鑒和綠色低碳五大策略，以建立持久和平、普遍安全、共同繁榮、開放包容和美麗清潔的世界。很明顯地，多邊主義是要用聯合國憲章的宗旨和精神應對川普政府的單邊主義和脫鉤政策。因此，共商是關鍵。共商是以主權國家為主體，要大家商量出辦法來解決全球問題。在實踐上即是貫徹國際關係民主化，讓國家不分大小平等參與決策享受權利履行義務，讓更多新興市場國家和發展中國家參與多邊規則制定，以完善全球治理。

　　其次是重申堅持對外開放，而且，對外開放的闡述和多邊主義的闡述兩者密不可分。對此，鄭永年所撰的「中國的第三次開放」提供豐富的論證。他認為美國採取保護措施將中國大陸經濟和美國脫鉤，可能導致大陸落入封閉的險境。因此，大陸不但要持續推動雙邊和多邊開放，還要考慮單邊開放，避免在技術市場的封閉從而導致落後，更可藉此創造其他國家對大陸市場的依賴，從而形塑對大陸有利的多極世界格局。同時，大陸也應該積極參與國際規則制定，保護中國大陸的商業利益，關鍵是用對外開放換取規則制定權，通過改變規則來打破被西方孤立的危局。[14]

　　清末李鴻章將歐洲國家闖入中國，清朝被迫對外開放，各國勢力雲集中國稱為「三千餘年一大變局」。如今談百年變局，強調東

---

14 鄭永年，「中國的第三次開放」，IPP 評論網，2021 年 4 月 24 日，https://www.gushiciku.cn/dl/1gbY0/zh-tw

升西降，力陳中國道路取代西方道路，正可相互對照，說明百年前的西升東降如今已全面翻轉。然而，2018 年起，川普政府將中國大陸標籤為修正主義強權，以此合理化其對大陸的極限施壓策略。新冠疫情爆發後，諸多歐美國家出現排外情緒和隨之而來的反中情結。凡此，皆促使大陸必須採取積極作為，避免新一波中國威脅論成為主流思潮。因此，儘管大陸民間對於百年變局的樂觀情緒依然普遍，但避免過於樂觀的提醒已悄然出現。以此來看，此刻重申建立人類命運共同體，強調多邊主義和對外開放，頗有複製 2005 年和平崛起的跡象，一方面說明自己不是修正主義，改革開放不變，融入國際社會不改，還會延續二戰後美國所建立的諸項建制。一方面又回應奈伊（Joseph Nye）所憂慮的金德伯格陷阱（Kindleberger Trap），提出大規模疫苗援助計畫，展現中國大陸承擔領導責任的意願。習近平於 2021 年 9 月聯合國大會上，對於中國大陸的國際角色，更首度提出中國是公共產品的提供者。

不可否認，今天的世界格局和二戰結束時不盡相同。冷戰時代的兩極格局下，公共財分別由美蘇兩強提供。同理，未來若世界邁向多極體系，公共財自有可能由數個主要強權同時提供。若主要強權間無法達成共識，極有可能重演冷戰時各立陣營的情況，國際公共財由各陣營對內自行公共財，各陣營間則互不流通。若由聯合國會員國集體決定，則有兩種途徑，一是採共識決，但共識決容易讓少數成員輕易杯葛，常常成為集體行動的障礙。向來奉行共識決的東南亞國家國協即飽受共識決之苦，以至於近來有部分東協意見領袖提出改革倡議，將共識決改為多數決。二是採多數決，但多數決則會面臨公共財提供者被公共財享受者決定的窘境，可能因此阻卻有能者提供公共財的意願，還可能因為決策過程的透明度和參與度不足，形成民主赤字的信任危機，甚至在提供國內被推翻。

因此，要避免陣營對立又要能有效提供公共財，還是要通過大國間協調。但這又回到中國大陸和西方世界的根本矛盾，也就是雙方能否克服彼此的價值差異，共同承擔公共財提供的責任。疫情後多邊主義和開放包容論述所想像的路徑，應該是對於各國內部尊重彼此差異，對於各國間互動則延續西方世界所建立的遊戲規則。然而，誠如羅德里克（Dani Rodrik）提出的「世界經濟的政治三難問題」，超級全球化的推進只能在民族國家和民主政治間擇一。[15] 若是維持民族國家作為全球決策基礎又要同步推進超級全球化，恐難化解各國內部對全球化的不滿，還有可能為已經蔓延各國的仇恨情緒和極化政治添加柴火。更進一步說，中國大陸的歷史性崛起，如果不能根本改變西方社會打造的主權國家和資本主義兩項制度，而只是滿足於接受既有規則，或成為一個內部結構和西方不同，外部行為與西方一樣的新強權，恐怕辜負百年不遇的良機。即便如此能讓西方世界的憂慮稍得緩解，但能否馴化已勢如燎原的反全球化力量，能否滿足百年變局論所揭櫫的使命，大概很難有太高的期待。

---

15 丹尼・羅德里克著、陳信宏譯，《全球化矛盾：民主與世界經濟的未來》（The Globalization Paradox: Democracy and the Future of the World Economy），台北：衛城出版，2016 年，頁 236。

第 3 章

中美博奕：冷戰再起

李大中（淡江大學國際事務與戰略研究所副教授、
中華戰略前瞻協會理事長）

美中是否已邁入新冷戰？眾說紛紜，答案見仁見智，這幾年更成為國際社會關注的焦點，相關的辯論不是只具有學術上的意義而已，對於華府擬定對中政策的背後思維邏輯，乃至於美中關係的未來走向，都有千絲萬縷的關係，台灣對此無法置身事外，應有深入的認識，方能為掌穩船舵，標定平穩航道，在瞬息萬變的大國競逐中趨吉避凶，尋求最佳的安身立命之道。本章在內容安排上，將針對當前美中是否已邁入新冷戰的問題，分就兩種截然不同的視角切入，再帶入可能更貼近事實的折衷觀點，接著則聚焦於影響美中關係發展的核心關鍵——也就是探討冷戰結束以來華府所採取的交往政策是否已步入歷史，最後在本章小結中，則將深入剖析在有效控管下的「美中共存」以及台灣因應之道。

美中邁入新冷戰？兩種截然不同的觀點

米爾斯海默（John Mearsheimer）20 年前所出版的《大國政治的悲劇》（The Tragedy of Great Power Politics）膾炙人口，在各地擁有可觀的讀者。[16] 近日他於《外交事務》期刊中所發表的〈無法避免的對抗：美中與大國政治的悲劇〉（The Inevitable Rivalry: America, China, and the Tragedy of Great-Power Politics）最新專文中，仍不改其論點，直指時空環境雖然有別，但當前美中無疑已邁入新冷戰的狀態，所持理由有下列幾點，頗具有參考價值。

16　參見 John Mearsheimer, The Tragedy of Great Power Politics（New York, NY: W. W. Norton & Company, 2001）

　　首先、北京比莫斯科更難對付，無論從總體經濟、軍事、科技或人口等指標觀之，中國大陸都遠比冷戰時期的蘇聯更為強大，重要之處在於，即便蘇聯在冷戰高峰期間，仍在自二戰的慘烈創傷中進行經濟復原，且其資源與軍力，都過度伸展至集團內的其他東歐衛星國家，導致莫斯科當年備多力分，無法專心一意應對美國的挑戰；但北京的狀況則不然，自 1979 年之後，中國大陸並未深陷任何對外戰爭的泥沼中，全力拚經濟，在外交上奉行「結伴不結盟」政策，並不需要為維護聯盟體系與捍衛小老弟的安全利益而操勞分神，因此北京在外交場域的迴旋空間要比過去蘇聯更為寬廣。其次、米爾斯海默也提醒意識形態美蘇與美中競逐中所扮演的角色，遠不如外界想像般重要，冷戰期間，美國與蘇聯相互將對方貼上「意識形態敵人」的標籤，但當時蘇聯對美國構成的威脅，並非在於共產主義與西方價值觀的不相容，而是雙方實力的對比狀況，如今美中間的形勢非常類似，即便華府領導者近年來多方暗示與明示，美國對北京採取強硬政策的深層理由，在於雙方在體制與價值觀（民主與專制）的分歧加深，也不時突顯美國身為民主世界燈塔的地位，並批評俄羅斯、中國大陸以及其他威權主義政權的愈加專制傾向，但當前美中互動陷入緊張，其實與雙方在意識形態上的矛盾的關聯其實有限，關鍵在於兩大強權在綜合國力的逼近與消長。換言之，國際體系中的權力分布狀況出現變化才是重點，結構因素才是影響國家行為的主因，儘管北京不斷強調其所奉行的具有中國式特色的社會主義，但米爾斯海默卻認為中國大陸的本質，其實是權力集中的政治體制再加上西方資本主義的結合體，如果有任何一種「主義」是美國需要擔心的，那絕非是共產主義，因為它並無法造就強大的中國經濟實力，倒是需要留意中國大陸內部日益高漲的民族主義，當然其具有深層緣由（百年恥辱的集體歷史記憶），此

外，相較於當年的蘇聯，如今的中國大陸更具改變現狀的積極企圖，在對外政策上也更具有修正主義傾向。[17]

再者、米爾斯海默相信美中新冷戰會比美蘇的舊冷戰更為險峻，美中爆發衝突機率與風險，遠較美蘇對峙的年代為高，理由是在舊冷戰的漫長歲月中，美蘇都充分意識到彼此為旗鼓相當的核子強權，以後見之明而言，嚇阻的確發揮功能，當時美蘇的地緣競爭重心（雙方重兵布署）集中於歐陸，華府與莫斯科深知對手的成本效益估算，彼此也都明瞭一旦爆發大戰的嚴重後果，但如今印太地區的遼闊場域，雖然成為美中戰略抗衡前緣地帶，卻並無冷戰期間在歐陸明確的人為分界線，各國利益犬牙交錯，包括台海、東海與南海都可能成為潛在的引爆點，故發生衝突的可能性，遠比當年北約組織與華沙集團間大規模衝突更高。第四、米爾斯海默認為在自由主義錯誤假設的指引下，自冷戰結束以來，橫跨共和與民主兩黨的四位美國總統，從老布希（George H. W. Bush）、柯林頓（Bill Clinton）、小布希（George W. Bush）到歐巴馬（Barack Obama），都在一定程度上，採取對中交往政策，接受背後的隱含思維（藉由接觸能夠逐漸改變北京），但此浪漫的試驗已證明徹底破產，反倒是現實主義的邏輯，準確預測北京與華府的作為，一方面，北京分庭抗禮，積極競逐區域主導權；另一方面，華府深刻體會對手的企圖，故想方設法制衡後者的崛起，但因結構因素使然，導致大國衝突的悲劇無可避免。但回顧冷戰結束後的近 30 年歷史，身為守成霸權的美國，對於挑戰者（中國大陸）採取交往政策卻是極為不智的抉擇，即便歷經 1989-91 年的突發的東歐變局，昔日的

---

17 John Mearsheimer, "The Inevitable Rivalry: America, China, and the Tragedy of Great-Power Politics," Foreign Affairs, Vol .100, No. 6 (November/December 2021), https://www.foreignaffairs.com/articles/china/2021-10-19/inevitable-rivalry-cold-war.

對手蘇聯垮台，東西對峙局面不再，但華府領導者與其國安團隊，仍然抱殘守缺，維持昔日聯中制蘇的過時心態，誤以為若能將北京更緊密的鑲嵌於國際體系，期待北京肩負更建設性的區域責任，並藉由傳遞開放市場與民主人權等價值，隨著時間推進，在潛移默化的影響下，就有可能誘導中國大陸發生質變，如此順利達成此宏遠的戰略目標，不僅能促進全球繁榮與穩定，有利於美國領導的自由主義國際秩序，更符合美國的長程戰略利益。但無奈結果卻恰恰相反，中國大陸享有進入全球經貿與金融體系的好處，但在內部政治改革進程方面卻紋風不動，反而出現倒退與緊縮的跡象，美國對於與國際形勢與中國大陸一廂情願的錯誤認知，結果是提早終結美國主導的單極體系，也造就對手在經濟與軍事實力上的日益強大，如今北京正在複製當初美國獲取世界霸權地位的舊有道路，此現象威脅美國的領導地位，故問題的癥結在於美中實力對比出現消長與變化，在國際無政府狀態下，無論對於守成霸權或挑戰者而言，由於對彼此的意圖無法判斷，對手實力的增長是唯一的衡量標準，因此追求權力與利益的極大化，成為唯一的生存法則。簡言之，政策能夠發揮的作用有限，無法扭轉大局，充其量能緩解、卻無法避免守成霸權與崛起中強權間的衝突，體系層級的結構因素才是王道。[18]

　　最後，米爾斯海默指出，目前就美國而言，恐已時不我予，因為錯過最佳的出手時機，在 1980 與 1990 年代，當時在華府手中尚握有絕佳王牌與槓桿，如果能妥善運用最惠國待遇、投資與經濟等工具，將可在一定程度上制約挑戰者，保持自身更長時間的領先優勢；但美國最後選擇鬆手，決定給予中國大陸永久最惠國待遇，而北京也如願進入世界貿易組織，美國如果現在能夠依循現實主義

18　同前註。

的邏輯思考，放棄交往的思維，仍可能制約中國大陸的崛起速度，延遲對方能與自己並駕齊驅的時間。[19]

但另一方面，反對美中進入新冷戰的人士仍不在少數，其主要論點冷戰結束於 1989-91 年間，歷經 30 餘年歲月，全球形勢早已出現重大變化，現今的美中競爭與當年美蘇對抗存在重大差異，兩者間差距不可以道里計，中國大陸並非昔日的蘇聯，美國也不是冷戰時期的美國，時空環境有別，歷史更無法複製，如果以冷戰的舊有理解框架，套用到今日世局，必然無法精確掌握複雜動態的美中關係。舉例而言，奈伊（Joseph S. Nye, Jr）即認為即便拜登（Joe Biden）政府的對中政策與思維，可能或多或少受到冷戰的影響，但拜登反對新冷戰的概念，卻無疑是正確的決定，當年美蘇間的對抗，本質是意識形態的對立，外在則突出在軍事（政治）領域，北約與華沙在歐陸的對峙就是冷戰赤裸裸的縮影，雙方不像這些年來美中於各個領域出現你「泥中有我、我泥中有你」的現象，對美國自身利益而言，華府如果執意採行「脫鉤」（decoupling）戰略，後果就是「傷敵一千、自損八百」，因為根本難以做到精準的無痛切割。舊冷戰的本質其實是「冷和平」（cold peace），因為身為兩個全球數一數二的核子強權的美蘇兩國，當年未曾爆發熱戰，只在世界各角落出現零星代理人衝突，雙方都理解各自的政治勢力範圍，也因為當年美蘇兩大超級強權在經濟與社會層面的聯繫十分有限，因此具備堅壁清野的條件，在此情況下，美國當時所採取的圍堵策略是有道理與可欲的。[20]

---

19 同前註。

20 Joseph S. Nye, Jr, "What Is Going on with China Is Not A 'Cold War,'" The New York Times, November 3, 2021, https://www.nytimes.com/2021/11/02/opinion/biden-china-cold-war.html

　　但如今則不然，美中的競爭則呈現在軍事（政治）、經濟與社會等不同面向，奈伊認為，觀察大棋盤上雙方的權力對比與分布態勢，不能只顧軍事這一條線，必須同時檢視多重面向。如果繼續依賴過往的傳統偏重於軍事力量，就會誤以為美國仍可憑藉固有的軍事與科技優勢，有效壓制對手，美國將因誤判而自陷困境而不自覺；如果執著於冷戰時期的過時思維，寄望於透過冷戰時期的圍堵政策因應對手，這不僅是無效的策略，且低估北京所帶來的全方位挑戰。中國大陸並非當年蘇聯，如今美中在經貿領域緊密依存，利益交織且盤根錯節，至於在社會文化等其他層面亦復如此，兩國民間交流頻繁，即便在川普（Donald Trump）時期，部分美國人士大張旗鼓鼓吹美中應進行脫鉤，但在現實上根本難以做到。奈伊提出以下的具體建議（政策解方），首先是在軍事（政治）面向上，美國除應確保科技優勢外，更應朝向橫向連結努力，真正落實重拾全球領導威信、強化盟國體系與拉攏新興夥伴等目標。其次在經濟面向上，當初美國退出《跨太平洋夥伴協議》（Trans-Pacific Partnership, TPP）的決定，導致在區域整合中喪失重要拼圖，美國至今仍無法端出有效的新區域整合替代戰略。[21] 至於在跨國事務

21　在拜登政府確定美國不會重返《跨太平洋夥伴全面進步協議》（Comprehensive and Progressive Agreement for Trans-Pacific Partnership, CPTPP）之後，針對各界質疑在拜登版本的印太戰略中，獨缺美國與印太區域經濟聯繫的相關規劃，拜登於 2021 年 10 月參加東亞視訊峰會時，首度提出美國將推出《印太經濟架構》（Indo-Pacific Economic Framework）的訊息。參見 The White House, "Readout of President Biden's Participation in the East Asia Summit," October 27, 2021, https://www.whitehouse.gov/briefing-room/statements-releases/2021/10/27/readout-of-president-bidens-participation-in-the-east-asia-summit/；Congressional Research Service, "Insight: Biden Administration Signals Plans for an Indo-Pacific Economic Framework," December 2, 2021. https://crsreports.congress.gov/product/pdf/IN/IN11814

（經濟與社會）方面，諸如氣候變遷、環保、科技、公衛與防疫等議題，全球則明顯更呈現權力分散的多極趨勢，也就是沒有任何單一國家握有主導權，可自行拍板定案、當家作主說話算數，尤其是各式各樣非國家行為者的角色日趨關鍵；因此美國不僅應增進和他國的協調與合作，更迫切需要支持與參與相關國際多邊機制，快速擺脫外界認為美國對於國際與區域組織若即若離的標籤，才能突顯自身貢獻，鞏固自身的霸權領導地位。簡言之，美國應該在軍事（外交）、經濟與社會等三重場域中，尋求一種能夠同時實現既可有效競爭、又能合作的大戰略。[22]

美中正站在衝突的山腳下：更貼近真實的解讀

除前述的新冷戰與反對新冷戰兩派陣營外，另外也存在第三種解讀，筆者認為，此觀點其實更貼近當前美中關係的真實面貌，沒有過度悲觀，也非盲目樂觀，我們可以據此務實地判斷當前的美中兩大強權的互動本質，此折衷意見的基本論據在於，無論如何定義所謂的「新冷戰」，美中關係的現狀都還不到萬劫不復地步。但假使將擺在美中雙方面前的所有議題構面，都一律視為衝突的根源，或是彼此都放任讓競爭持續惡化，不願思考設置安全閥的必要性，沒有任何防範最糟情境的念頭，結果就另當別論。換言之，美中兩

---

22 Joseph S. Nye, Jr, "What Is Going on with China Is Not A 'Cold War,'" The New York Times, November 3, 2021, https://www.nytimes.com/2021/11/02/opinion/biden-china-cold-war.html

國正處於關鍵時刻，每一步都是十字路口前的選擇，攸關重要。

　　舉例而言，布蘭茲（Hal Brands）與蓋迪斯（John Lewis Gaddi）兩位學者在〈新冷戰：美中與歷史的回響〉（The New Cold War: America, China and the Echoes of History）專文中，面對目前世界是否進入新冷戰的問題，他們提供的答案為「是，卻也不是」，所持的理由為，如果冷戰指的是兩大強權間的長期競爭（無論是否結果可能導致熱戰），那答案是肯定的；但如果指涉的專有名詞的「冷戰」，則是特定的指涉，意即專門是形容發生於 1945-47 年到 1989-1991 年間的美蘇對抗，其中包含軍備競賽，意識型態交鋒以及權力平衡等特徵，儘管當今美中關係存在若干可類比之處，但必須注意兩者間的差異仍大，且脈絡與背景有別，因此答案也是否定的。[23]

　　布蘭茲與蓋迪斯指出。對於美國而言，中國大陸向來為陸權國家，但當習近平推動「一帶一路」大戰略，華府很快就判定，北京的動機在於謀取海洋與陸權的雙重霸權（hybrid hegemony）地位，此為上世紀的納粹德國與共產蘇聯未曾實現的目標，自然引起既有霸權國的高度警覺，亟欲尋求應對之道。如果從歷史經驗中尋求蛛絲馬跡，觀察當前的美中關係，可發現仍存在一些不確定性，其中最大的困惑在於，假設美中步入新冷戰狀態，能否複製美蘇間的冷和平？在回答此問題之前，必須探究舊冷戰並未爆發戰爭的原因，可能的解釋有三：第一是美蘇對於戰勝對方均無時間上的急迫性（華府認為圍堵需要時間才能奏效、而莫斯科相信爆發資本階級革命並非是一朝一夕的事）；其二為美蘇領導者對於二戰的歷史記憶

23　Hal Brands and John Lewis Gaddi, "The New Cold War: America, China and the Echoes of History," Foreign Affairs, Foreign Affairs, Vol .100, No. 6 (November/December 2021), https://www.foreignaffairs.com/articles/united-states/2021-10-19/new-cold-war

猶新；第三則是核子嚇阻的效用。然而，過往這些因素是否能適用當前的美中關係卻不無疑問，舉例而言，二戰對於美中兩國領導者（當時互為盟友）而言已是 70 多年前的事情，美中現今的核子攻擊實力存在可觀差距，但華府是否願意以核武嚇阻北京對台灣的可能進犯，則不無疑問，面對此問題，北京同樣也可能產生誤判（例如一廂情願相信美國不至於動用核武確保台灣安全）。[24]

此外，季辛吉（Henry Kissinger）也可被視為折衷聲音的代表，季辛吉重視權力平衡在國際關係的作用，當年主張聯中制蘇，成為促成華府與北京建交的背後推手，此後也被北京視為是「中國人民的老朋友」。長期以來，季辛吉對於美中關係的發展抱持較為審慎樂觀的態度，不贊成類似米爾斯海默「守成霸權與崛起強權注定一戰」的結構決定論，理由是如果雙方都對此說法深信不疑，最終就可能成為「自我實現式的預言」。季辛吉認為大國衝突並非必然，我們的確可以借鏡過去經驗，在歷史中尋找蛛絲馬跡，但人類的歷史卻難以機械化複製，故美中關係的未來，很大程度仍是取決於華府與北京的政策選擇，也就是存乎於兩國領導者的一念之間，而未必是任何理論假設所引導。[25]

但即便是對美中關係抱持較正面判斷的季辛吉，面對兩國關係於 2018 年春天之後，因貿易戰、香港抗爭與南海等爭議所引發的一連串螺旋式下探，他也較過去悲觀，甚至提出預警，他認為美中已走到衝突的山腳下，如果彼此再往前跨步，只要越過臨界點，就可能邁向戰爭，形勢類似於一戰爆發前的歐陸，充滿不確定性與

---

24 同前註。

25 Henry A. Kissinger, "The Future of U.S.-Chinese Relations Conflict Is a Choice, Not a Necessity," Foreign Affairs (March/April 2012), https://www.foreignaffairs.com/articles/china/2012-03-01/future-us-chinese-relations

凶險，隨時可能因為突發危機而擦槍走火，產生無法控制的連鎖效應，最後引燃戰爭的引信，萬一不幸發生，各國將難以置身事外，不免會被迫被捲入兵凶戰危的漩渦當中，在不同程度上受到波及。季辛吉對此開出的政策解方是，美中應該趕緊設立明確紅線與遊戲規則，建立起雙方互動的防護欄。[26]

　　川普政府時期，副總統潘斯（Mike Pence）於 2019 年 10 月在華府保守派智庫哈德遜研究所（Hudson Institute）發表對中政策的演說，嚴詞批判中國大陸運用各種可動員的資源與工具，鋪天蓋地向美國施壓與滲透，並洋洋灑灑羅列相關事證，指控北京的目標對象，從美國工商界、好萊塢與媒體，從大學與各州，不一而足。[27]當時此篇演講被外界詮釋為華府的慷慨激昂檄文，甚至被視為美國正式向中國大陸吹響發動冷戰的號角。但令人困惑之處在於，川普政府任內陸續出爐的多份戰略報告當中，的確將中國大陸與俄羅斯，視為戰略競爭者與修正主義強權，但自 2018 年春季祭

26　同前註。

27　彭斯在通篇演講中，毫不避諱將攻擊矛頭鎖定中國大陸，除直指北京當局利用債務外交達成其戰略目標（一帶一路倡議）外，對中共批判的面向除涵蓋美中間的不公平貿易條件、竊取商業機密與智慧財產權、補貼國營企業以及強迫美企技術移轉之外，也聚焦中共在南海的作為，包括島礁的軍事化、妨礙各國自由航行權與自由飛越權、公海上挑釁與危險舉措以及軍事意圖不透明等廣泛議題。至於在中共內政方面，彭斯則指控北京當局進行大規模的境內監控與輿論箝制，迫害少數民族、壓抑政治結社、宗教信仰言論自由彭斯也嚴詞批判北京當局干預美國的民主運作，故意引導美國輿論的走向以影響期中選舉結果，企圖讓川普在下次的總統大選中落敗，且意挑撥美國聯邦政府與州政府間矛盾，強迫中國大陸境內的美方企業展開自我審查，並指控北京當局正傾全國之力，運用各式管道與資源影響美國的政界、演藝圈、學界以及媒體對於中國大陸的態度。彭斯誓言美國將增強軍備，運用武力、外交與經濟等各式手段，結合盟友與夥伴，以確保國家利益不被侵害，並將盡全力維繫印太區的繁榮、和平與穩定。參見 U.S. White House, "Remarks by Vice President Pence on the Administration's Policy toward China," October 4, 2018, https://www.whitehouse.gov/briefings-statements/remarks-vice-president-pence-administrations-policy-toward-china/.

出對中貿易戰與科技戰之後，甚至到美中關係看似最為劍拔弩張的 2020 年（總統大選年），華府官員在所有公開談話與文件中，仍非常審慎地拿捏分寸，否認採取所謂的脫鉤戰略，也避免使用新冷戰此一敏感稱謂。

美中關係走向的關鍵：交往政策是否已死？

誠如前述，與川普時期相較，拜登上任迄今美國對中政策的內涵與取向，其中有延續亦有變遷之處。但有關拜登的整體戰略，是否有可能將美中進一步推向新冷戰，卻是一個不易回答的問題，主因是華府偶爾釋放相互矛盾的訊息，讓外界困惑，甚至出現各取所需的詮釋。一方面，拜登政府多次反對使用新冷戰與脫鉤的概念，包括拜登自己早於總統競選期間，就曾多次闡明此立場，拜登政府高層官員亦不乏類似的表態，[28] 印太事務總監坎貝爾（Kurt M. Campbell）於 2021 年 7 月對亞洲協會（Asia Society）演說時就曾指出，如果將美中關係比擬為以往的美蘇關係，只會導致問題更加棘手，無助於有效應對中國大陸所構成的挑戰。[29] 至於拜登對於新冷戰的表態，其實是與中國大陸長久以來的主張契合，習近平當

---

28 David E. Sange, "Washington Hears Echoes of the '50s and Worries: Is This a Cold War With China?" The New York Times, October 17, 2021, https://www.nytimes.com/2021/10/17/us/politics/china-new-cold-war.html

29 Asia Society, "Kurt Campbell: U.S. and China Can Co-Exist Peacefully -- White House Coordinator for the Indo-Pacific Also Warns of "Periods of Uncertainty" in Candid Discussion at Asia Society," July 6, 2021, https://asiasociety.org/policy-institute/kurt-campbell-us-and-china-can-co-exist-peacefully.

局多次表達此立場。但即便拜登政府官員口口聲聲揚棄新冷戰，但從華府強化美日印澳四方合作機制（QUAD），到 2021 年 9 月提出美英澳三邊夥伴機制（AUKUS）的設立，在在讓北京難以卸除心中疑慮。

　　另一方面，拜登就任後在若干公開的談話中，除重申美中正處於長期的戰略競爭，並明確將中國大陸定視為美國最嚴峻的戰略競爭對手外，也曾暗示美中關係矛盾的深層緣由，在於雙方在意識形態上的分歧，並將美國與世界面臨最重大的挑戰，界定為民主與專制體制間之對抗，而中國大陸與俄羅斯正是拜登政府所指涉的首要標的。但順著此描繪，外界很容易就嗅出背後呼之欲出的潛台詞──「如果這不是冷戰？那什麼才是冷戰？」

　　另一個核心問題在於，如果拜登政府將華府與北京以及華府與莫斯科之間的關係，簡化為民主自由與專制獨裁之爭，並以此視角衡量目前的美中關係，就非常容易令人聯想到當年美蘇「集團 v.s. 集團」的敘事脈絡，予人自我複製東西兩大勢力壁壘分明之冷戰記憶，此不僅帶有濃厚體制競爭意味，更隱含美國期待迎來最終勝利之假設，亦即美國的意識形態對手有朝一日必定落敗的想像。且拜登的此番論調，仍與華府的主流意見大相逕庭，如本章先前內容所提及，因為近年美國政治與社會菁英逐漸形成的普遍認知在於，無論在政治改革與對外作為，北京採取自己的道路為既成事實。[30] 但以往美國透過交往促成中國大陸改變，包括可能出現的民主與政治改革議程，或期待中國大陸更深入融入國際體系與規範，以及其能夠肩負更大責任等主觀期待，對於現階段的美國而言，無論是政治

30　Sam Roggeveen, "Democracy vs Autocracy: Biden's "Inflection Point" If This Really is a New Cold War, It's off to A Slow Start," February 23, 2021, https://www.lowyinstitute.org/the-interpreter/democracy-vs-autocracy-biden-inflection-point

圈、學界或大眾輿論市場中，在相當程度上，其支持力道都已大幅流失，換言之，交往政策以及其後面隱藏的邏輯與假設，顯然不再是好推銷的商品。

　　上述關於冷戰的定義相關辯論，無論是學術或政策層面，都在一定程度上影響拜登政府的對中政策走向，甚至攸關未來美中關係基本格局，但我們必須先判別的正是美國針對於交往（促變）政策的真正態度為何。眾所皆知，在川普四年總統任內，如同前述米爾斯海默所持之觀點，華府將對中政策的失敗（中國大陸絲毫沒有改變，並未朝著西方所期待的方向前進），歸因於先前美國政府所採取的交往政策，儘管印太事務總監坎貝爾曾於出席前述亞洲協會視訊論壇時表示，美中兩國可「和平共存」（co-exist peacefully）[31]，但直到國家安全顧問蘇利文（Jake Sullivan）於 2021 年 11 月上旬接受 CNN 專訪之前，拜登政府官員未曾就相關議題有任何清晰的表態，蘇利文藉由此場合向外界釋放重要訊號，他語出驚人表示，美國並無尋求透過政策改變中國大陸體制的意圖，他特別澄清，華府的政策目標並非讓北京瓦解，而是能與其「共存」（co-exist），只是此共存的關係需要符合美國的利益與價值觀。[32]事實上，這並非蘇利文首次提出類似看法，早在 2019 年 9 月，在蘇利文與坎貝爾（歐巴馬時期曾任亞太助卿、現為拜登政府的國安會印太事務總監）於《外交事務》期刊共同撰寫之〈無災難的美中競爭：美國如何能夠同時

31　Asia Society, "Kurt Campbell: U.S. and China Can Co-Exist Peacefully-White House Coordinator for the Indo-Pacific Also Warns of "Periods of Uncertainty" in Candid Discussion at Asia Society," July 6, 2021, https://asiasociety.org/policy-institute/kurt-campbell-us-and-china-can-co-exist-peacefully.

32　CNN, "Transcript: Interview with National Security Adviser Jake Sullivan," November 7, 2021, https://transcripts.cnn.com/show/fzgps/date/2021-11-07/segment/01

挑戰與中國共存〉（Competition without Catastrophe: How America Can Both Challenge and Coexist with China ？）的專文中，就曾勾勒對於美中關係之基本看法，他們認為中國大陸並非冷戰時期的蘇聯，當前的北京遠比當年的莫斯科更為難纏，因此冷戰期間的圍堵路線並不可行，因此批判川普採行的政策魯莽躁進，缺乏歷史宏觀思考，誤認為可藉由對抗迫使北京投降，進而迫使其體制瓦解，坎貝爾與蘇利文指出這些都是不正確的假設。[33] 如今蘇利文則是以拜登政府重要官員的身分，確認「美中共存」為華府的正式看法，而透露此訊息的時機點，正好在蘇利文於瑞士會晤楊潔篪之際，也就是2021 年 11 月 16 日舉行拜習視訊會談之前，而在峰會後北京方面對外釋出的文字版本中，可發現上述的共存內容赫然列入其中。[34]

　　然而，不尋求改變中國大陸的另外一層弦外之音，正代表美國也不再追求交往（促變）政策。換言之，此符合美國近年來逐步形成的主流意見，無論是源自內部動能或外界誘因，中國大陸現狀都難以扭轉，美中之間似乎剩下共存的選項才是正辦，至於美國是否寄盼中國大陸在意識形態與體制競爭中落敗（如同當年美蘇冷戰），或是美國是否尋求透過政策改變中國大陸的對內體質與對外作為（如同以往所採取的交往政策），這些都已非華府的關切重點。

33　Kurt M. Campbell and Jake Sullivan "Competition without Catastrophe: How America Can Both Challenge and Coexist with China?" Foreign Affairs, September/October 2019, https://www.foreignaffairs.com/articles/china/competition-with-china-without-catastrophe

34　參 見 The White House, "Readout of President Biden's Virtual Meeting with President Xi Jinping of the People's Republic of China," November 16, 2021, https://www.whitehouse.gov/briefing-room/statements-releases/2021/11/16/readout-of-president-bidens-virtual-meeting-with-president-xi-jinping-of-the-peoples-republic-of-china/；《新華網》，〈習近平同美國總統拜登舉行視頻會晤〉，2021 年 11 月 16 日，http://www.news.cn/2021-11/16/c_1128069671.htm

有效控管下的美中「共存」與台灣因應之道

　　亦有學者認為，美國政策正在經歷之微妙與寧靜的調整，此新浮現路線的關鍵字是聚焦於所謂的「共存」。事實上，「和平共存」（Peaceful Coexistence）的概念本身即帶有舊冷戰的色彩，此字眼出於冷戰期間蘇聯領導人赫魯雪夫（Nikita Khrushchev）的口中。[35]但如今在拜登版本的美中「共存」中，其主要內涵則是追求在「有效控管下的大國競爭」，底線是必須極力「避免此激烈競爭演變為衝突」。從表面觀之，拜登的對中政策換軌到更為務實的中間路線，而此趨勢也正中北京下懷，因為自東歐劇變與蘇聯瓦解迄今，中國大陸時時刻刻警惕與提防的便是和平演變，並視此為西方國家包藏禍心的圖謀。

　　但「和平共存」的另一深層的意義在於，對於美國而言，滋養過去交往（促變）政策的沃土向來有兩大因素，一是美國對於自身霸權地位、安全係數、制度優勢與經濟繁榮的戰略自信，另一是對於中國大陸懷抱正面期待與相對友善心態（當然反對者會將此解讀為不切實際的天真浪漫想像），但如今此兩種支柱的基礎均已大幅流失，一方面交往政策（美中仍然繼續打交道、雙方經貿與社會構聯一如以往般的緊密、只是華府不存在改變對手的企圖）已無以為繼；另一方面，儘管華府可能仍偶爾提及民主與專制對峙等冷戰式語言，但在現實上，華府無暇與無力將美中間的較量視為雙方的體

35　David E. Sange, "Washington Hears Echoes of the '50s and Worries: Is This a Cold War With China?" The New York Times, October 17, 2021, https://www.nytimes.com/2021/10/17/us/politics/china-new-cold-war.html

制與意識形態之爭，因為意識形態與體制競逐（孰優孰劣，孰勝孰敗）需要時間的試煉方能分曉，這顯然並非美國的當務之急，目前華府首要之務是確保美國在此激烈競爭中，能夠維繫自身優勢與領導地位。但與以往的交往政策相較，在上述的整套邏輯脈絡中，昔日美國菁英與民意對於中國大陸的相對同理心與善意，看似已不復存在，對中交往派在華府的力量式微，聲音被壓制，短期內不易成為主流力量，這是觀察華府提出「共存」相關概念時，最容易被忽略，但日後卻可能深遠最為影響的地方。

2021 年 11 月 16 日舉行的拜登與習近平視訊峰會具有指標性意義，此為拜登上任以來，拜習在 2 月與 9 月兩度通電後，首度率領各自政府與國安團隊的會談。整體觀之，拜習視訊峰會的象徵意義仍大於實質意義，但對於此時此刻的美中關係而言，此次會面如同及時雨，因為雙方均有來自內部的政治需求。至於拜習會的成果評估，則取決於雙方設定的目標，自美中高層阿拉斯加安克拉治會談以降，華府與北京對於類似場合，事前均不約而同刻意降低預期，避免外界產生過度期待，此次亦然。美中領導人峰會本就不可能解決兩國的深層分岐及矛盾，但此次視訊峰會在相當程度上，仍有助於緩和拜登上任以來美中互動瀰漫的負面氛圍，以此標準視之，避免雙邊關係進一步螺旋式下探，就是拜習會獲致的最大成果。[36] 換個角度思考，任何元首峰會都需要一定條件的積累，假使歷經先前雙方領導人拍板、高層折衝、前置作業以及氣氛鋪陳，最後仍功敗垂成，就代表現今美中關係已陷入無法處理的大麻煩。

拜習會召開之前，華府與北京對於彼此在重大議題上的看法與

36　《聯合報》，〈聯合報社論：拜習峰會成就有限，但至少打破美中僵局〉，2021 年 11 月 18 日，https://udn.com/news/story/7338/5898552

立場，其實早已了然於胸，主要目的是藉由此場合，對於各自的原則與底線再確認。對北京而言，台灣議題自然是重中之重，但在美中雙方會後公布的文字表述上，仍是各取所需，也就是各自表述所希望突顯的峰會共識，例如白宮提到美國堅持以與《台灣關係法》（Taiwan Relations Act）、美中間的三項聯合公報以及六項保證為指導的一中政策，堅決反對片面改變現狀與破壞台海和平穩定之作為，而此本為拜登於 2021 年 1 月就任以來，美方官員在各場合中所反覆強調的立場。至於在北京方面，除重申一中原則、反獨與和平統一等一貫立場之外，如同外界事前預期，口吻更為直接且嚴厲，包括出現「倚美謀獨」、「以台制華」及「玩火自焚」等字眼。[37]

中國大陸外交部在拜習會後的例行記者會中則是以「一、二、三、四」詮釋北京版本的拜習會共識，所謂「一個重要問題」正是台灣，北京對此劃設清晰底線。至於「兩點共識」，一是美中關係的重要性超越雙邊關係的範疇，對於全球而言舉足輕重，故必須妥善處理；二是雙方都表明反對冷戰，也都體認到區域各國不願意選邊站的現實。而「三點原則」包括相互尊重、和平共處、合作雙贏。至於「四個優先」，一是美中雙方應積極發揮大國責任，在氣候變遷、公衛健康、能源、供應鏈安全等議題扮演引領者角色；二是雙方在各領域的交往與溝通至為關鍵；三是必須建設性控管分歧，避免美中關係脫軌與失控；四是強化兩國在重要區域問題方面的協調與合作。[38]

在川普時期，華府陸續出爐的官方文件，均明確將中國大陸與俄羅斯定位為戰略競爭者與修正主義強權。拜登政府官員將中國

---

37 同前註。
38 中華人民共和國外交部，〈趙立堅主持例行記者會〉，2021 年 11 月 16 日，https://www.fmprc.gov.cn/web/fyrbt_673021/t1919247.shtml

大陸形容為美國最嚴峻的競爭者，誓言嚴肅因應中國崛起所構成的挑戰，若將拜登與川普比較，兩者主要不同之處在於，儘管拜登政府在人權、民主等價值議題及美中間的其他戰略競逐等領域上，立場堅定，但在處理錯綜複雜與雙邊關係的實際作為上，更注重多邊主義與得道多助的重要性，也就是強調美國不再單打獨鬥，而是希望借助於盟友、夥伴與國際組織等力量，以利於美國整體戰略目標的實現，故其外交路線與對中政策較為沉穩務實。此外，拜登從 2021 年今上半年強調的「該競爭的時候競爭、可合作的時候合作、該對抗的時候對抗」之三分法，[39] 到近幾個月來口徑放緩，轉變為「競爭與合作並存」的二分法，且更加強調風險控管（設置防護欄）的必要性，以避免激烈的競爭演變為衝突，強調反對新冷戰或脫鉤等政策概念，再加上華府近來所強調的「美中共存」，這些概念成為拜習會後華府與北京間的重要共識。[40]

　　但不可諱言，美中長期戰略競逐態勢仍難以逆轉，且競爭的面向遠較過去更為尖銳顯著，而保有合作與協調潛力的領域則日漸萎縮，嚴格而言，目前仍聚焦在氣候變遷、防疫、軍備管制以及若干區域議題（諸如朝鮮半島、伊朗與阿富汗）等有限議題面向。誠如前述，美中關係正處於歷史關鍵點，就現階段而言，激烈競爭為常

---

39 Anthony J. Blinken, "Speech: A Foreign Policy for the American People," U.S. Department of State, March 3, 2021, https://www.state.gov/a-foreign-policy-for-the-american-people/

40 The White House, "Remarks by President Biden and President Xi of the People's Republic of China Before Virtual Meeting," November 15, 2021, https://www.whitehouse.gov/briefing-room/statements-releases/2021/11/15/remarks-by-president-biden-and-president-xi-of-the-peoples-republic-of-china-before-virtual-meeting/; Cheng Li, "Report: Biden's China Strategy: Coalition-driven Competition or Cold War-style Confrontation?" Brookings, May 2021, https://www.brookings.edu/wp-content/uploads/2021/05/Bidens-China-strategy.pdf

態，但還不至於淪為全方位對抗或零合的程度，如果拜習會後，建設性控管分歧的共識能夠落實且奏效，雙方的矛盾便不至於擴大，但假使摩擦越演越烈，防護欄外交失敗，美中關係無法獲得有效緩解，就有可能將朝惡性循環的方向邁進，目前兩國如同處於衝突的山腳下，未來的每一步都牽一髮而動全身。

面對此重大變局，我方應以周延、全面與審慎的心態評估拜習會後的美中關係發展，尤其是執政者切莫躁進與誤判，應放棄政治意識形態掛帥，以負責任與務實的心態處理好兩岸關係、外交事務與對美工作。誠如前述，即便在美中關係看似最為劍拔弩張的川普執政後期，印太區域內的多數國家仍謹慎以對，莫不以爭取最大利益與自主性為優先考量，希冀以避險策略趨吉避凶，台灣亦應如此，尤應避免以美中對抗前緣的角色自居，甚至沾沾自滿，對當前的台海與區域形勢報喜不報憂，因為如此將使社會陷入安全的幻覺而不自知，甚至讓民意相信無論在任何情況下，一旦台海爆發衝突，包括美國與日本等國際社會一定會義無反顧，選擇出手相救，以軍事行動馳援台灣。

美台關係的重要性無庸置疑，無論在安全、政治、經貿、科技、社會以及人民與人民間的互動等面向上，均是如此，這是長期以來台灣內部的既有共識。但與此同時，謀求兩岸關係和平與穩定，具有無與倫比的必要性，執政者不能視若無睹，更不應將台灣視為大國博弈中的棋子或籌碼，或將台灣的利益依託在美中的激烈對撞之上。天助自助者，唯有審時度勢、為所當為，才是台灣的唯一出路。

第4章

印太戰略，台灣想參一咖

黃介正（淡江大學國際事務與戰略研究所副教授）

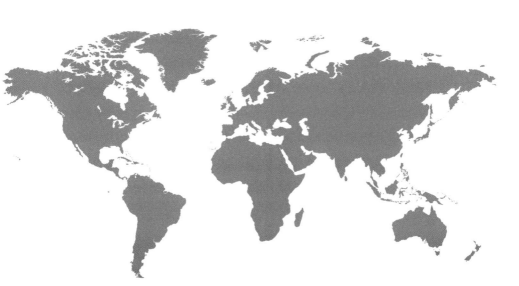

　　印太概念其實早已存在，針對亞太概念，印度戰略學者最早將太平洋與印度洋連結，並使用該名詞。近年始於美國國務卿提勒森2017年在CSIS的主題演講，國防部（DOD）與統一作戰司令部（Unified Combatant Command）相繼進行組織調整。

　　然而，自由與開放的印太：（1）並沒有確切的範圍定義，（2）仍然以軍事安全為主要面向。各國不同的倡議與期待，即使有美國、日本、印度與澳大利亞四國（QUAD）領銜，進展仍屬牛步。及至美國、英國、澳大利亞三盟國再組成安全聯盟（AUKUS），印太區域戰略發展，更形複雜詭譎。

　　我國原處西太平洋第一島鏈之中央位置，然印太區域地理中心則為我鞭長莫及的南海，復由於我國在南海主權爭議之尷尬處境，預期角色難以發揮實質作用。

印太區域概念怎麼來的？

　　從印度孟買到美國夏威夷的「印度－太平洋」，連成一個地理的、海洋的、多邊外交、經濟貿易與軍事安全的區域，是多維想像的概念。美國國防部前助理部長傅立民（Chas Freeman）在2012年出版《Interesting Times》書中，描述此一「亞洲之弧」的區域，軍備採購總額超越歐洲、是21世紀經濟活動的重心、而且逐漸以中國為中心。

　　在接任美國在臺協會主席之前，莫健（James F. Moriarty）在2015年3月接受「Think Tech Hawaii」電視專訪，即表明在「亞太地區」與「印太地區」兩個名詞概念之間，他個人比較偏好後者，

因為泛亞事務不可能止於麻六甲海峽以東，除了印度的人口、經濟潛力、地緣位置以及強權關係，美國也重視連接印度次大陸的緬甸與孟加拉關係，在亞洲的整體利益當然包括印度洋。

其實早在 19 世紀中葉，印尼就被稱為「印太島民」。2005 年美國國防部委託 Booz Allen Hamilton 顧問公司研究報告中，「印太」（Indo-Pacific）的名詞，已有曾被廣泛討論引用，將中國發展在本身沿海的海軍基地以西向印度洋延伸，從緬甸、孟加拉、斯里蘭卡，以至巴基斯坦投資建設港口設施，形成「珍珠鏈」（string of pearls）戰略概念的提法。

印度學者 Gurpreet S. Khurana 在 2007 年《戰略研析》（Strategic Analysis）期刊發表〈海線安全：印度與日本合作前景〉（Security of Sea Lines: Prospects for India-Japan Cooperation）一文，闡述戰略及地緣政治的「印太」概念，則是首度以學術論文方式出現。在過去 10 餘年的戰略研討會中，印度的國防安全專家即已大量使用「印太」，強調印度與亞太地區的連結。今日國際社會探討的印太概念，具體源自於日本前首相安倍晉三的倡議。安倍在首次出任日本首相時，即於 2007 年在印度國會闡述「自由與開放的印太」概念，並在 2012 年再度於媒體發表「亞洲的民主安全鑽石」（Asia's Democratic Security Diamond）文章，指稱美國夏威夷、日本、印度、澳大利亞連成鑽石形狀，且有共享價值的四國（QUAD）。

其後，2016 年 8 月安倍首相在肯亞首都奈洛比召開的第 6 屆非洲開發會議上，發表主旨演講時提出了較完整的「印太構想」，其主要內容是連接亞洲和非洲的印度洋太平洋地區，推進法律的支配地位、航行自由以及經濟合作。此一構想在 2019 年舉行的第 7 屆非洲開發會議通過了《橫濱宣言》，至此日方提倡的「自由開放

的印度太平洋」（Free and Open Indo-Pacific, FOIP）構想首次以文件形式出現。

日本倡議的「自由開放的印度太平洋」在時程上，與美國歐巴馬總統以降的「轉向亞洲」（pivot to Asia），以及後來改稱的「亞洲再平衡」（Asia rebalance），其實相互呼應。

「印太區域」概念與「亞洲再平衡」

2009 年 11 月，歐巴馬總統第一次亞洲行，即在首站日本演說中，自稱是美國歷史上的「第一位太平洋總統」。的確，夏威夷出生並且曾在印尼就讀小學的歐巴馬，確實具有更貼近亞洲的因緣；但其總統任內的美國亞洲政策，更因於國際局勢、大國關係、戰略部署以及經貿需求的現實考量。

歐巴馬總統就任初始，美國已遭逢前所未有的次貸風暴與金融危機，深陷於中東戰事的美軍部隊持續消耗美國的國庫，而中國在亞太地區經濟與軍事影響力的強勁快速崛起，形塑了美國「轉向亞洲」的戰略需要。

「亞洲再平衡」是歐巴馬政府亞洲整體戰略布局的核心，具體內涵經過相當時日的醞釀，而在歐巴馬總統 2011 年 11 月 17 日對澳大利亞國會發表的演說中完整闡明，強調美國將在亞洲地區投入更多的外交、經貿及軍事資源與關注，透過友盟合作、區域機制、軍力部署，確保美國在此地區的領導地位。

2011 年 12 月 7 日，基督教科學箴言報揭露，五角大廈該年進行的「世界末日兵棋推演」將巴基斯坦崩解、中國軍事擴張、北

韓政權垮台列為三大想定，更坐實了美國劍指亞洲的戰略思維。此外，美國也強固與亞洲國家的軍事安全合作，除了固有軍事同盟，也加強與印度的軍事後勤合作，甚至解除對冷戰時期死敵越南的武器禁運，在西太平洋的第一島鏈以及中國周邊，企圖形塑以美國為中央基準伍的「看齊意識」。

「亞洲再平衡」有如美國針對亞太地區的「三叉戟戰略」（strategic trident），以積極參與多邊外交以及亞太軍力重新部署為兩大側翼，而其主力則為經貿，試圖借重亞洲的經貿活力，一方面為美國經濟復甦尋找依託，二方面競逐亞洲廣大的市場，三方面則制衡中國大陸逐漸擴張的經濟影響力，而「跨太平洋夥伴協議」（Trans-Pacific Partnership, TPP）則是美國經貿戰略中的核心支柱。

「印太」概念到了川普繼任美國總統之後，隨即有了更大的發展動力。2017 年 10 月 8 日川普政府的首任國務卿提勒森在美國智庫 CSIS 的演說中，19 次提到「印太地區」；川普總統 2017 年 11 月的首次亞洲之行中，也重複使用這種提法，一時之間為新聞界及政策圈廣泛引用。美國後來居上，在陸續發表 2017 年 12 月的《美國國家安全戰略》與 2018 年元月的《美國國防戰略》均正式將「印太」列為美國地緣戰略要項；而且國防部長馬提斯更在 2018 年「香格里拉對話」的演講中，直接闡明「美國印太戰略」的內涵。

美國防部長馬提斯在 2018 年 5 月 31 日在夏威夷美軍「太平洋司令部」（PACOM）指揮權移轉典禮上致詞時表示，鑑於印度洋及太平洋與日漸增的連結，即日起更名為美軍「印太司令部」（INDOPACOM）。其實當日交出指揮權，並將在參議院任命聽證會通過後，出任美國駐大韓民國大使的哈里斯上將，早就以「從好萊塢（Hollywood）到寶萊塢（Bollywood），從北極

熊（polar bear）到企鵝（penguin）」來形容這個統一作戰司令部（unified combatant command）的責任區（Area Of Responsibility, AOR），亦即本來就包含了印太兩洋。

成立於 1947 年的美軍「太平洋司令部」之責任區，曾依國際及區域安全情勢歷經多次調整，在 1983 年將中國、北韓、蒙古囊括在內之前，早在 1972 年責任區就已納入印度洋和南亞地區。所以此次「太平洋司令部」更名為美軍「印太司令部」，在沒有擴大責任區範圍，兵力、武裝與預算還沒有明顯增加的情況下，目前很難判定司令部更名的實質意義。

相較於中國大陸「一帶一路」之跨越亞歐、海陸並舉的對外經略總布局，「印太地區」在涵蓋版圖範圍上不及一半；且在戰略棋盤上，雖有適度延展之形，但仍類似過往歐巴馬政府「亞洲再平衡」只及於海洋周邊之「外線」，相對於橫越歐亞大陸「絲綢之路經濟帶」之「內線」，仍有獨鍾海權與以海制陸之意涵。尤其近 10 年來，中俄關係始終要比美俄關係為好的情況下，中俄兩國與中亞各國所組成的集群，相對牢固，合作亦多。因此欲建立新的印太戰略部署，對於相關國家之實際意義為何，仍待仔細推敲，充實論述。

美國國家安全會議在國安顧問之下，亞洲事務資深主任管轄之地理區域，一直涵蓋東北亞、東南亞以及南亞（印度）地區，美軍太平洋司令部的作戰責任區，則向來就是從美國阿拉斯加州延伸到印度。然就美國國務院組織的地域業管分工而言，「印太地區」則由「亞洲暨太平洋局」與「南亞暨中亞局」分管。

提勒森所稱「印太地區」之重心是以美國與日本、澳大利亞、印度三個區域內「民主國家」的雙邊關係為基本組成軸線。美日安保同盟幾十年來一直是美國亞洲安全戰略的基石，無論交流互動之

頻密度、演習訓練以及基地駐軍，都遠較美國與澳大利亞的同盟關係為深。

澳大利亞《2017 外交政策白皮書》以地理概念定義「印太」，認為是「連接印度、東南亞、北亞與美國，從東印度洋至太平洋的區域」。並且認定澳大利亞面對「印太」的中心是美澳同盟關係，沒有美國政治經濟與安全的強力參與，印太地區之權力移轉將會更快，且不符澳大利亞利益。

印度自脫離英國獨立以來，一向奉行與強權交往卻不結盟的外交政策原則。今年 APEC 高峰會期間，四國的外交官員已經進行首度四方會談，但美國面對日澳印，一鐵盟、一遠盟、一不盟的不對稱四邊形，真否能組成鑽石聯盟，言之過早。

「印太概念」之有機緣以新的包裝與可能內涵，出現於川普政府決策高層之戰略構思，主要還是源於中國大陸即將從「富起來」轉成「強起來」，且快要「走近世界舞台的中心」。從印度洋與西太平洋及其周邊國家的廣大區域，能否在四個利害關係不同、政經軍事能力差距亦大的「民主國家」牽頭下，高舉「自由」、「開放」、「規範為基礎」等尚未清晰界定的口號，進而形成對中國大陸施展集體制約力，甚難預期。老實說，中國大陸挾「21 世紀海上絲綢之路」之雙邊與多邊關係運用，也有足夠實力攪亂「印太地區」的前景。

「印太地區」成為一個新的區域戰略，目前仍是個憧憬，或至少是想像中的願景。我們的算計權衡，亦須順勢而進，不可操之過急。

自由與開放的印太

　　美國於 2019 年在 6 月 1 日由國防部正式發表《印太戰略報告》，在區域各國對於「自由與開放的印太」仍存在不同定義解讀之際，率先完整地將美國觀點公諸於世。

　　與此同時，具指標意義的國際防務「香格里拉對話」恰在新加坡舉行第 18 屆年會。應邀出席的美國代理國防部長夏納漢，以及中國大陸國防部長魏鳳和，除了藉機舉行雙邊會談，也先後發表主題演講。尤其是在美中貿易大戰，劍拔弩張之時，兩位部長演講的針鋒相對，公開叫板，格外令人側目。

　　美國自 2017 年 10 月開始凸顯「印太地區」說法，12 月公布之川普總統《國家安全戰略》中，不但將中國大陸與俄羅斯列為「修正主義強權」，並將印太地區列為美國區域利益之首要。隨後在 2018 年 1 月五角大廈發表《國防戰略》，5 月底將美軍「太平洋司令部」更名為「印太司令部」，6 月在「香格里拉對話」由前國防部長馬提斯闡述印太主張；加上 2019 年 1 月及 5 月，國防部發表兩份《中國軍力報告》，美國的印太戰略逐漸成形，中國大陸愈發明顯成為該戰略之標的。

　　在冷戰即將告終，西方民主陣營逐漸邁向勝利之際，美國國內出現削減駐外美軍，降低國防開支而轉用於社會福利等主張。此種「和平紅利」的聲浪，使得仍然面對諸多共黨國家的亞洲盟邦格外擔心。美國前國防部國際安全事務助理部長李潔明曾與我分享：當時若干五角大廈官員們與支持亞洲的國會議員想出了個巧門，由國會通過決議案，要求國防部提交《東亞戰略報告》，國防部則「順應」國會要求，闡述美國在東亞維持 10 萬駐軍實有必要。

美國國防部在 1990、1992、1995、1998 四度提交《東亞戰略報告》（EASR）之後，因小布希政府國防部長倫斯斐認為美國利益涵蓋全球，無須專為特定區域提出戰略報告而叫停。美國防部時隔 21 年捲土重來，在 2019 年出版《印太戰略報告》（IPSR），背後邏輯頗值推敲。

印度總理莫迪，2018 年在「香格里拉對話」演講稱「印度不認為印太應該是個戰略」。倡議美日印澳「民主與安全鑽石」的日本首相安倍，近來也因欲改善對中關係，不使用戰略而稱「印太構想」。對於在美國官方版報告出爐前，早就已經廣泛使用「印太戰略」一詞的我國，恐怕真要花點工夫，思考對台灣的意義。

「香格里拉對話」不但是國際觀察美國對亞太安全政策的指北針，也是中國大陸對區域情勢態度的晴雨計。自從 2011 年梁光烈之後，中國大陸有 8 年沒有派遣國防部長，2016 年孫建國之後，2 年沒有上將軍銜參與「香格里拉對話」。此次國務委員兼國防部長再度出席，與其說大陸恢復對該國際防務會議的重視，不如視為美中競逐白熱化的體現。

幾年前，孫建國在「香格里拉對話」講，中國人民解放軍「服理不服霸，信理不信邪」，今年魏鳳和講「中國軍隊不惹事，但也不怕事，如果有人鋌而走險、突破我們的底線，中國軍隊必將斷然出手，打敗一切來犯之敵。」軍人說話直白不兜圈子，可以理解，但印太周邊鄰居聽來卻很不自在。

相較於夾在諸葛亮與周公瑾之間往返奔波的魯子敬，新加坡總理李顯龍處境似更艱難。既像長輩的諄諄教誨，又像好友的循循勸誘，連出席的解放軍何雷中將都讚賞「小國大思路」。李顯龍在 2019 年「香格里拉對話」開幕的 41 分鐘主題演講，實際代表了廣大印太地區國家的心聲：既不願見美中迎頭對撞的新冷戰，也不願

被迫在兩強競逐對抗中選邊站。

姑不論台灣會不會有如新加坡一樣的政治地緣機遇，李顯龍一樣的智慧語言能力，台灣在美中針鋒相對的處境，較之新加坡何止艱難千百倍，他的主題演講等於代替台灣說了真心話，甚至比美中兩位國防部長的演講還更值得仔細傾聽，擷取論述要點。

美中兩強全面邁向非典新型的冷戰，是超級「灰犀牛」，怎能視而不見；我國及美國即將到來又極不確定的總統選情，是超級「黑天鵝」，實在難以逆料。台灣選民此時更要頭腦冷靜，擦亮眼睛。

四邊對話（QUAD）

美國與印度在兩度推遲之後，終於敲定於 2018 年 9 月在新德里舉行首次的兩國外長與防長「2+2 對話」，填補印太地區概念中的戰略安全意涵，美日澳印四國之間的六組雙邊「2+2 對話」，終於推向完整的拼圖。

美國國防部主管亞太安全事務助理部長薛瑞福應華府智庫「卡內基國際和平基金會」邀請，於 8 月 30 日以專家對談形式，就美印首度「2+2 對話」的相關議題進行說明。薛瑞福在華府政策圈本即活躍，復對業管政策熟稔，在謹守分際卻順暢的對談與詢答中，足可令各界蠡測川普政府（現階段）關於「美國的印太戰略」之構想，亦可管窺（當前）美國區域政策團隊之運作實況。

綜觀薛瑞福在一個半小時的對談，值得關注並應深入分析之處包括：川普政府也視此區域為優先重點，未全然否定歐巴馬政

府的「亞洲再平衡」；甚少使用「印太戰略」，而多稱「自由開放的印太」（Free & Open Indo-Pacific）；對於日本極盡努力的美日澳印「四邊對話」（QSD 或 Quad），態度相對保守；在美印對話廣泛議題中，如何理解中國乃為首要；美期待與印度達成一系列「賦能協議」（enabling agreements），使雙邊合作，尤其軍售與科技移轉等安全援助有所依據；以及美印在部長級之後，將增加司局長級的「2+2 對話」。

美印首次「2+2 對話」前夕，由國防部資深官員藉智庫場合對外進行說明，固可歸因在川普任期幾近一半時，國務院亞太助理國務卿依然懸缺；然而五角大廈在 2017 年《美國國家安全戰略》之後，今年立即推出《國家防衛戰略》，更名「印太司令部」，加上即將問世的《國家軍事戰略》，亦可有國防部在印太區域事務居於主導地位之想像。

以美日澳印四國之間的外交部長與國防部長「2+2 對話」為例，始於雷根總統時期，美澳自 1985 年至今有 27 次；熱衷與多國「2+2 對話」的日本，自 2000 年已與美國舉行 13 次；而美印兩國遲至 2018 年才首次舉行。

美日澳印 2007 年首次「四邊對話」不久，因陸克文出任澳大利亞首相，為避免得罪北京而退出，隨即夭折；直到 2017 年菲律賓 APEC 會議期間才重啟司長級對話，今年 6 月在新加坡的二度會談，亦無重要共識進展。薛瑞福在答詢時稱，早在 2004 年 12 月 26 日南亞大海嘯，美日澳印即已開始共同人道救援合作。由是觀之，美國當前對於「四邊對話」的態度是「實際行動先於機制概念」（reality before concept），必須要顧慮到各方均感到合適的進展速度，方能繼續推進。

薛瑞福理解印度總理莫迪 2018 年 6 月「香格里拉防務對話」

上，表明「印太不是戰略」也不應針對任何一國，明顯與美國國防部馬提斯部長看法不一致，同時認知印度與中國及俄羅斯各有特殊歷史關係，以及在巴基斯坦、阿富汗與伊朗等諸多政策立場之差異。因此從薛瑞福有關美印關係相對審慎保守的論述觀之，日本安倍首相所稱，以四國為首的「民主安全鑽石」本非對稱，倘要融合成同步體系，仍需時日。

我國政府高層曾經多次公開宣示，希望台灣被納入美國印太戰略之一環。從客觀條件看，位居西太平洋中央位置的台灣，對於美國也確有顯著的戰略價值。然而美國的印太戰略仍處「現在進行式」，與其坐待美日澳印「四邊對話」緩慢發展，不如積極有所作為。

緣於 1995-96 年台海飛彈危機之因應與檢討，我國與美國之間從國安高層的會談、國安相關部會的「蒙特瑞對話」（Monterey Talks），以至國防部的「台美國防安全會議」（Defense Review Talks）已建構不同層級且行之有年的戰略對話模式。

如今在兩岸對峙漸露危機、美國友台意識提升、五角大廈率先主導印太戰略等因素下，台美之間以務實態度再進一步，擘劃雙邊外交與國防部門的「司局級 2+2 對話」，絕非緣木求魚。

戰略模糊 vs 戰略清晰

在中美戰略對抗之勢確立之際，爭議已近三十年的老議題：美國對台政策應該維持「戰略模糊」，或是改為「戰略清晰」，再度成為美國政學界辯論的焦點。不僅在美國國內，美中台三方的專家

在各自的雙邊會議中，也都是熱議話題。

　　探討此議題之前，我們必須理解兩個基本面。首先，模糊或清晰只是政策立場的選擇，而真正的基準仍然是美國的戰略利益，真正的目的在於「嚇阻」北京對台採取非和平手段，以解決兩岸政治分歧。其次，戰略模糊或清晰主要聚焦在對應台海軍事議題，簡言之，就是在台海發生危機時，美國是否軍事介入。

　　嚇阻之所以產生作用，在於有無能力使對方遭受不可承受之後果，以及決心使用能力的可信度。準此，戰略模糊就是不明確讓中共知曉美國可能採取的行動，使北京因疑慮而被嚇阻。戰略清晰就是挑明美國必然出兵干預台海，使中共因忌憚而被嚇阻。

　　戰略模糊的支持者認為，可以保持美國使用武力介入台海的彈性，在事先沒有明確決策立場的情況下，台灣不敢貿然走向法理台獨，北京不敢貿然動武，就可用「雙重嚇阻」維繫台海和平。

　　戰略清晰的支持者認為，當今中共以軍事能力之強與對台政策之霸，模糊之策已不足以達到嚇阻之效，必須清晰地讓北京認知美軍將會介入，並藉此支撐台灣擁有足夠的意願與自信來捍衛國家。

　　25 年前台海飛彈危機時，擔任柯林頓總統國安副顧問，也是拜登總統四月中旬派遣特使團訪台成員的史坦柏格，在與台灣學者會面時表示，當時所稱「在台灣沒有挑釁，卻遭到軍事攻擊，美國將做出反應」的論述，仍不失為最佳的政策立場，只是誰來定義挑釁，美國將做出何種反應，則難以確定。這到底是模糊還是清晰？

　　如果美國台海政策確定轉為戰略清晰，台美都要有付出代價的心理準備。除了要評估中共對「越過紅線」的反擊力道與後續效應，還要探索兩國在無邦交，無條約，美國一中政策的制約下，如何在台海有事之時，確保華府屆時的政治氛圍不會有變，以及兩軍的指揮管制不會引來更大的危險。

　　戰略清晰，直覺上好像可以給台灣打一劑強心針。台灣會因對台海安全更有自信，而依照美國所設想，積極提高國防預算，年輕人更願意被募兵，後備軍人更樂意參加教育召集？抑或是反過來期待將台灣防衛交由美軍負責，政客更有反中嗆聲的底氣，民眾會有不需要花大錢對美軍購的要求，年輕世代更容易產生「搬椅子看秀」的心態？美國和台灣的答案，極可能不一樣。

　　美國軍隊不應為「不願為自己而戰」的軍隊而犧牲，拜登總統話說得很明，美國政府不支持台獨，紅線守的也很緊。這種清晰代表美軍必來馳援嗎？

　　台灣民眾在親眼見識到美國背棄阿富汗政府，美軍丟盔棄甲倉皇撤離之後，可能對於戰略模糊或清晰，縱使嘴巴不明講，內心當也會有深刻的感想。

兩強印太對局，台灣有角色嗎？

　　美中強權爭霸即將進入盤整階段，雖然對抗結構有可能持續數十年，但在兩強均面臨內外情勢壓力下，彼此都有策略性調節步伐之動因，進而影響台灣處境，朝野藍綠皆應有所警惕，早思因應。

　　美國拜登總統就任的前半年，並未如外界預測而修正川普政府對中的強硬政策。雖然國安團隊口徑一致地將「合作、競爭、敵對」列為三合一對中政策原則，但是在阿拉斯加以及天津兩度與中共高層交鋒之後，顯然已經認知北京紋風不動，雙邊關係「重開機」的密碼，始終定錨在美國必須針對所謂的「糾錯清單」予以改正回應，再談其他。

　　美中兩強交手的第一回合，並未緩解雙方的競爭敵對狀態，而各自內部也都有大事要辦。拜登的國內戰場充滿挑戰：民主黨在國會的些微領先，時刻面臨共和黨的攻略掣肘；經濟與財政的困境，使得政策工具難有施展的餘裕；國會山莊遭民眾襲擊以及阿富汗撤軍的荒腔走板，使得軍文關係不佳浮上公眾版面。

　　黨管一切下的中國大陸，相對容易做到令行禁止，然而 2022 年中共「廿大」人事安排的前置部署，電商及社群媒體平台、補教產業、演藝圈以及電玩遊戲的「治理整頓」，高耗能地區及產業的「拉閘限電」，年輕世代普遍心累的「內捲躺平」，也足以讓「十個指頭彈鋼琴」。

　　綜合中美內外情勢，兩強戰略競爭的圖像，截至目前尚未完全顯影，但已可以看出大致輪廓：（1）美國改善雙邊僵局之期盼，較中共急切也相對主動；（2）美中在地緣戰略與尖端科技上不會輕言退讓；（3）雙方在氣候減排、貿易關稅等方面，可能會有進展；（4）美國「拉夥」的軸線偏重軍事與安全，而中共「加群」的標的偏向經濟與貿易。

　　美國八月底完成自阿富汗撤軍，拜登於九月九日主動致電習近平，交談九十分鐘。雙方事後的各別新聞發布，並無法窺探談話的全貌，但看之後：美英澳結成軍事安全夥伴，中共遞件申請加入 CPTPP，以及孟晚舟與兩名加拿大人同步獲釋的「三個突然」，印證了上述戰略圖像。

　　投射到台灣海峽，我們看到的是：（1）美國不會改變在台海的戰略模糊；（2）美國謹守「柯林頓三不」與對台非官方關係；（3）美國挺台但不會降低雙邊自由貿易協定條件；（4）美國強力要求台灣提升自我防衛能力；（5）美國維持對台承諾，但鼓勵兩岸對話。

　　拜登政府持續美中對抗，係出於強權爭霸之結構，但以「安內」為施政重心，以「多邊」為外交原則的拜登總統，不會三不五時的打「台灣牌」刺激中共，也不會希望兩岸敵意成為美國的負擔。此外，美國對於盟邦，尤其印太地區國家承擔更大自我防衛以及區域和平責任的總要求，也不會忘記將台灣算上一份。

　　台灣在整體印太地區，理論上該有相當的角色與貢獻。然而，台海軍事威脅不斷增加，兩岸僵局一籌莫展，在強大低氣壓的籠罩下，台灣的能動性受到強力的制約。因此，台灣未來在印太地區有高度利害，卻只能在美國主導的倡議中，亦步亦趨地向前探索。

第 5 章

台海有事日本相挺乎

何思慎（天主教輔仁大學日文系特聘教授兼日本暨東亞研究中心主任、國立臺灣大學日文系兼任教授、大陸委員會諮詢委員）

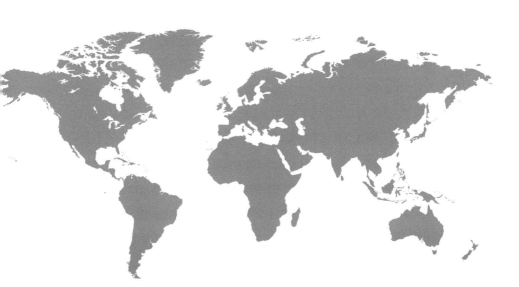

在美日峰會的《共同聲明》對台海和平表達關切後，日本內閣成員接二連三對「台灣問題」發言，除以「國家」指稱台灣外，亦對台海有事時，日本自衛隊介入或「保護台灣」的可能性直言不諱。日本右派或許道出心裡話，但日本政府仍不會輕舉妄動，右派主張不必然化約成內閣政策或法案。日本關切台灣有事無疑著眼於自身的南面安全，台灣獨派切莫見獵心喜，將渠等所言視為日本未來「一中政策」的鬆動亦或對台獨的贊聲。

中山副防相試探「一中政策」底限

日本防衛副大臣（時任）中山泰秀 2021 年 6 月 28 日接受美國智庫哈德遜研究所視訊專訪提到「台灣問題」時表示，對於北京向台灣的施壓，各界須「覺醒」，以保護台灣這個「民主國家」，日本與台灣相鄰，若台灣出事，將影響日本沖繩，此不但是日本國民與日本自衛隊的事，亦關係到駐日美軍及其家屬的安全。中山質疑美、日自 1970 年代以來採行的「一中政策」能否經得起時間考驗。

中山在「台灣問題」上所持的論調遠較於與台灣關係良好的防衛大臣岸信夫的「日台友好」露骨，令外界好奇其發言是否代表日本政府對台海有事時的應對方式表態。中山的「保護台灣」說不僅挑戰日本承認北京政府時的「一中政策」，更逾越日本和平憲法下的「專守防衛」原則，日本自衛隊難以介入一場不是日本的戰爭。

中山泰秀說的過頭，日本內閣官房長官（時任）加藤勝信連忙澄清指出，有關言論只是中山個人想法，而岸信夫亦明確表示，中

山的說法不代表日本政府立場，日本不將台灣視為「國家」，「一個中國」的立場從未改變。但中山對「保護台灣」直言不諱雖非日本政府當前的政策，但亦非空穴來風。

據《金融時報》報導，美、日外交官正在研究聯合軍事行動的法律問題並展開兵棋推演，項目包括基地准入，以及美、中爆發衝突時，日本可能提供的後勤支援。此外，美國新任駐日代理大使谷立言在卸任美國在台協會（AIT）台北辦事處副處長前直言，台美關係發生根本改變，美國不再將台灣視為美中關係中的「問題」。谷立言道出美國或許逐漸不受中、美建交時設定的「一中」框架發展對台關係，中山泰秀應是嗅出台美關係的空氣，試探美國「一中政策」底限。

日本右派焦慮南面有事

日本副首相兼財務大臣（時任）麻生太郎 2021 年 7 月 5 日在東京演說時表示，大陸若犯台，內閣將認定屬安全保障相關法制所定義的「存亡危機事態」，將可能行使「有限集體自衛權」，美、日須共同保衛台灣。麻生的發言與中山泰秀的「保護台灣」論調相近。在加藤勝信及防衛大臣岸信夫先後澄清中山的發言不代表日本政府立場後，麻生再從「集體自衛權」行使的角度，認為大陸犯台即構成日本行使武力的要件。

誠然，麻生的發言不在內閣會議中，更不是內閣決議，與中山的「保護台灣」論類似，無法將之理所當然的視為內閣之見解或既定立場，但麻生曾任首相，更是一路從安倍晉三至菅義偉兩任首相

的副手，在自民黨與內閣中的影響力不亞於菅首相，其發言動見觀瞻。

其實，麻生的發言立即引起北京的外交抗議，認為此言論極其錯誤且危險，嚴重違反「中日四個政治文件」原則，損害中日關係政治基礎。為免中日關係節外生枝，循例由加藤勝信代表內閣澄清指出，判斷事態是否是「存亡危機事態」，需要根據個別事態的性質而定，綜合各種資訊進行客觀、合理的判斷，難以一概而論。

麻生立場偏右，且快人快語，其以「集體自衛權」的名義，興師保衛台灣之議不僅存在違憲之虞，更直接挑戰日本在外交上不承認台灣是「國家」的立場，缺乏深思熟慮。日本政府規範如何動用「集體自衛權」的「武力行使新三要件」開宗明義即指出，武力攻擊事態須針對日本或與日本有密切關係的「他國」。因此，日本要「保衛台灣」須先確定台灣為日本基於國際法承認的「國家」，否則於法無據。

此外，日本政府更發表《有關集體自衛權的釋疑》，強調即使解禁「集體自衛權」，亦須在憲法第九條的制約下，不變更「海外派兵」條款，禁止以行使武力為目的，向他國境內派遣武裝部隊；不參加在聯合國決議下對個別國家的武裝制裁行動；不到他國的領土及領海上支援其他國家，武力行使仍須被動的，亦即遭受武力攻擊以後的還擊手段。

在層層限制下，日本無法以台灣攸關日本西南群島安全，即援引「集體自衛權」在中共武力犯台時軍事介入「保台」。何況日本在軍備上存在客觀的限制，自衛隊平均年齡達 36 歲，總兵力僅 25 萬 5 千餘人，且指參系統異於常規軍隊，軍法及憲兵更付之闕如，更重要的是戰後的日本不存在《國家總動員法》，即使自衛隊裝備先進，人員訓練精實，亦難藉此武裝力量加入大國競爭，尋求與中

國硬碰硬。

　　然而，相對於日本過去對中外交的謹言慎行，菅內閣對涉台敏感議題的直白是否有意挑事，力挺台灣對抗大陸，不顧中日關係惡化，或為美國敲邊鼓，以壯美國總統拜登「抗中」聲勢，此令人玩味。麻生副首相的「護台」說反映日本對兩岸緊張升高，日本南面有事的安全焦慮，用意應不在對台海安全從戰略模糊走向「建設性的戰略清晰」，而在於對堅守戰略模糊的拜登政府投石問路。

日本右派難左右美、中戰略定力

　　美日同盟具兩面性，在美國對日本承諾安全互助的同時，存在抑制日本軍備及自主採取軍事行動的「瓶蓋」作用，1954 年成軍的自衛隊在「美日同盟」下始終是美軍的補充，若台海生波，日本防衛上如何應處，端視美國所採取的決斷而定，日本難以「尾巴搖狗」。白宮印太事務協調官康貝爾直言，美國挺台灣尊嚴不支持「台獨」，此無疑給中、日、台三方明確訊號。

　　況且日本民意恐難贊同執政的自民黨因台海戰事將日本人民再度帶向戰爭，此從共同社、時事通信社、《朝日新聞》、《每日新聞》及《日本經濟新聞》等媒體對「集體自衛權」行使的民調結果即可得知，菅內閣心知肚明半數以上國民對此態度保留，「和平主義」仍為日本社會堅持的價值，民意是「憲法第九條」堅強後盾。據今年憲法紀念日進行的民調，日本贊同修改「憲法第九條」者仍僅止於 28%，與 2020 年相較，民意紋風不動，「正常國家」如「台獨」一般，「做不到就是做不到」。

《防衛白皮書》將台灣問題置於印太安全

2021 年 7 月 13 日，日本政府正式發行 2021 年版《防衛白皮書》，並由岸信夫在內閣會議上彙報主要內容，引人關注的焦點仍在美、中的軍事對抗及對印太區域安全的影響。今年的白皮書中首度言及台灣局勢的穩定指出，對於日本安全保障及國際社會的穩定而言，台灣局勢的穩定相當重要，為此，日本將進一步保持警惕，密切關注台灣局勢。

此外，在白皮書對台灣的相關章節編排上異於往年，不再將「台灣」置於「中國」的章節內，而是在「各國防衛政策」該章中，新增「美國及中國關係」一節，將台灣安全相關內容置於該節的「印太地區美中軍事重向」項下。此外，在描繪大陸「五大戰區」的中國軍隊部署圖中，亦將台灣與大陸以外的區域共同以灰色標示。台灣部分媒體將之解讀為「將台灣劃離中國大陸，獨立成國」亦或是「台灣與中國脫勾」。

然而，白皮書中未將「台灣」單獨成為「各國防衛政策」中的一節，應是避免具政府政策文書性質的《防衛白皮書》逾越分際，與日本外交的「一中政策」相左，防衛省極為技巧性處理相關內容，避免外界將之解讀為將台灣視為「國家」。但今年白皮書的編排變化仍具意義，其呈現日本將「台灣問題」及「台海和平與穩定」置於印太區域安全中的視角，其為美、中競爭及美國印太戰略的重要環節，而非北京所定位的「中國內政問題」。

岸信夫在內閣會議會的記者會中表示，「在中國軍力迅速強化下，兩岸的軍事平衡朝向對中國有利之方向變化。其間，須客觀分析中國反對美國明確支持台灣的狀況，對台灣的情勢須戒慎恐懼持

續關注」。台灣攸關日本南面安全，此為近代以來日本抱持的安全觀，日本對兩岸局勢的變動難以置身事外，但日本囿於和平憲法，無法如副首相麻生太郎所言，站上第一線挺身「保衛台灣」，如何在美日同盟下，操作外交槓桿，以防日本周邊有事始為確保日本安全利益的上策。

在美國拜登政府明確不支持「台獨」，在台海政策上維持一貫「戰略模糊」的現實下，麻生副首相亦難以清楚界定「存立危機」所指為何。日本的對中政策仍未見本質上改變，僅能重申台海和平穩定的重要性，呼籲兩岸對話，和平解決歧見。

美、日越挺台，北京統一力道越強

北京應不難察覺美、日在「一中政策」上的模糊與挪移，無疑使「台灣問題」國際化，台美關係成為美國印太戰略中的一環。大陸國家主席習近平在中共建黨百年談話中言及台灣議題，指出「任何人都不要低估中國人民捍衛國家主權和領土完整的堅強決心、堅定意志、強大能力」，此言不對台灣，而是向國際宣誓立場，亦即美、日等國家支持台灣的動作越大，北京謀求兩岸統一的力道即越強。

美國前資深官員及學界對此感到不安，若美國長期堅持的「一中政策」出現極端改變，勢必升高台海緊張局勢，增加美、中衝突的可能性，因放棄「一中政策」將把北京逼到只能對台動武的牆角。「一個中國」不僅是兩岸交流、對話的基礎，更是台海和平得以維繫之所在，且亦為美、日與台灣發展實質關係的外交「護

欄」。在美、中競爭中，衝撞此「護欄」，雖使台灣人燃起美國在背後支持的希望，但同時加劇中國人擔心美國利用台灣作為「抗中」槓桿的恐懼，終將導致台海現狀的打破，無助於日本周邊的安全。

然而，中國的崛起對日本構成地緣政治下的安全壓力為不爭事實，釣島爭端更激化中、日在東海的戰略矛盾，使雙方的信心建立措施（CBMs）始終止於紙上談兵，形成中日關係在良窳之間的跌宕起伏。

自民黨對台主張不等於內閣政策

民進黨與日本執政的自民黨 2021 年 8 月 27 日舉行「台、日外交‧防衛政策意見交流會」，有別於國際間常見的「2+2 會談」，此次會議由民進黨國際部主任、立法委員羅致政及民進黨立法院外交及國防委員會立委蔡適應與日方的自民黨外交部會會長、「國防族」參議員佐藤正久及自民黨國防部會會長、眾議員大塚拓對口。

羅致政向《法新社》表示：「這是日方發起的首次此類對話，我們將討論外交、防務和地區安全問題。」據此會談目標，兩黨對話在海巡議題上達成共識，繼台、美《設立海巡工作小組瞭解備忘錄》，推動台、日的海洋巡護合作，共同對抗大陸海警。

蔡政府若欲推進台、日在東亞海域的非傳統安全合作，應在兩黨的高層對話中，為台灣漁民挺身而出，言所當言，但民進黨在台、日海巡合作上忽略雙方存在的重疊海域劃界及沖之鳥礁海域漁業權爭端，若日本未能尊重台灣漁民在前述海域的作業權益，

台、日共同「護漁」將僅止於紙上談兵，難以為漁民帶來實質的助益。

民進黨定位此次會談為「準官方」的「一軌對話」，視為「台日關係的歷史性突破」，但台、日雙方的與會者僅具國會議員身分，未見外交及防務部門閣員，與其將之形容為所謂的「2+2」對話，不如說是台、日執政黨國會議員會談較符合實際的對話性質，以名符其實。

事實上，台、日執政黨之間的安全對話早已存在於「七二年體制」下的台日關係，只是相較於國民黨執政的鴨子划水，隱而不揚，民進黨喜於出口轉內銷，在國內政治上將之宣傳為台日關係提升，但具主權意涵的外交與安保合作在台日關係中極為敏感，日本向來謹小慎微，避免在兩岸間顧此失彼，損及中日關係。

佐藤正久坦言，台、日未建立外交關係，因此目前不能進行官式交流，只能從事政黨間對話。佐藤對英國《金融時報》表示，會談是必要的，因為台灣的未來將對日本產生「嚴重影響」。自民黨外交部會 2021 年 2 月間成立以台灣安保問題為主軸的「台灣政策討論項目組」（台灣 PT）即由佐藤正久領軍，於同年 6 月向自民黨總裁菅義偉提出政策建言，做為菅內閣施政參考。台、日執政黨間的「2+2」會談即為該小組所建議，並付諸實踐。

日本雖為內閣制國家，但執政之自民黨的政策意見不必然排上菅內閣的施政或立法推動議程，理所當然的成為自民黨的對台政策，何況自民黨內不乏主張對中交往的有力人士或共同執政的公明黨，「台灣 PT」的報告書並非黨內及執政聯盟一致的政策立場，在外交上決意揚棄「一中政策」框架，構築台、日的軍事合作或推動的日本版《台灣關係法》立法，解構「七二年體制」。

然而，北京認為，台日關係存在從量變到質變的疑慮，美、日

在台灣議題上的戰略協作，嚴重衝擊到中日關係的底線，成為「空前嚴重的事態」，在「台海有事」時，藉美日同盟進行大規模「聯合武裝干涉」，正逐漸成為日本的基本國策。換言之，美、日的「一中政策」有空洞化之虞，雙方聯手意圖阻斷兩岸統一的進程。

熱衷台日關係的佐藤正久出身日本自衛隊，嫻熟日本安保事務，曾任防衛省政務官、外務省副大臣，保守色彩鮮明，其認為「台灣有事」勢將波及日本，形成「日本有事」，台、日在安保上禍福與共，須喚起日本國民認識「台灣有事」。佐藤正久在會中表示，中國片面改變區域現狀，不僅影響台海安全，更牽動日本安全；自民黨眾議員大塚拓亦認為，台、日是命運共同體，為穩定區域安全，日本政府增加相關防衛經費，希望藉此嚇阻中國。

台灣需要周邊國家的支持，國人樂見台、日執政黨推動對話。但戰後以來，台灣始終與美、日友好，此外交基調藍、綠別無二致，其差別在於國民黨執政時期，強化台日關係不以「抗中」為目的，亦無意干涉日本與北京發展關係，以期建構與中日關係平行提升的台日關係，而要求日本不應以犧牲台灣換取對中關係上的利益。

對照以往，民進黨主政下的台日關係，看似升溫，究其原因乃日本忌憚中國崛起，為「反中」而「挺台」，台灣儼然成為日本對中外交在美日同盟之外的一張牌，如此台、日的安保合作，滿足的是日本片面的安全需求，使台灣成為日本對抗中國的前沿與南面的安全屏障，而難以有效擴大台灣自身的外交及戰略安全利益，更令位處美、中對抗「戰略斷層線」的台灣只能被迫選邊，無法緩解兩岸關係緊張，維繫台海穩定。此結果應不利於日本的周邊安全，亦無助於「多元亞洲」的實現。

日本「護台論」的「本音」與「建前」

　　習近平在中共建黨百年談話中強調，「中華民族的血液中沒有侵略他人、稱王稱霸的基因」，但日本仍疑慮中國對國際秩序的挑戰，時任內閣官房長官加藤勝信對百年歷史的中共呼籲，「中國作為大國，有責任參與地區及國際社會的課題。重要的是繼續遵循國際社會規則，負起責任、不辜負期待」。習近平雖說中國沒有「稱霸基因」，但難以拂去日本對中國重回東亞中心位置的惴惴不安。

　　日本認為習近平主政後，展現強人作風，使中國內外政策失去改革開放的柔軟與彈性，對內在社會廣泛領域強化「共產黨優先」的領導，以經濟等為後盾竭盡所能擴大在世界的影響力，並加強海上活動。在中共百年黨慶上，約 7 萬黨員摘掉口罩向內外展現克服新冠疫情的成就及中共體制的優越性與自信，但日本解讀其背後是「習近平一強」的獨角戲，將自身比肩毛澤東，終結鄧小平建立的集體領導體制。

　　日本的媒體對中共百年黨慶的負評與自民黨及立憲民主黨對中共的祝賀反差鮮明，折射出日本對中外交的「本音」（內心話）與「建前」（場面話）。近 9 成的日本人對習近平時代的中國印象負面，此非日本社會獨有，美國、加拿大、德國、南韓及澳洲亦有超過 7 成國民持相同意向。

　　日本雖存在右派想激化中、美對抗，遲滯中國崛起，並藉中、美衝突，尋求突破和平憲法的契機，但「對中融和論」依然在日本根深蒂固。普卸任的日本前首相菅義偉任內表示，日本無意構建「對中包圍網」，自民黨右派論調不代表內閣政策，因中、日經貿關係緊密，若與中國敵對，即使美日同盟穩固，亦會為日本造成巨大風

險。日本國民對現今中國印象負面雖為事實，但不意味想重蹈歷史覆轍，與中國兵戎相見，因戰爭帶給人民巨大痛苦的記憶猶新。

2021 年 10 月 8 日，日本新任首相岸田文雄與習近平舉行電話會談，當天岸田首相亦在日本眾議院發表上任後首次的施政報告。在自民黨總裁選舉中，岸田為競爭細田、麻生及竹下等三大派閥的支持，展現對中強硬的姿態，以滿足黨內保守派的期待，但選舉語言不等於治國的對中政策，中國不因岸田的「抗中保台」言論升高日、中對抗，在日本國會指名岸田為首相後，習近平與李克強旋即致賀電，展現對中日關係的高度期待。

習近平在賀電中呼籲「對話」，李克強則強調「交流合作」，此顯示未來北京在對日外交上「對抗」將不是主旋律，「對話」與「交流」始為中日關係的關鍵字，但中日關係的主要障礙在「台灣問題」，習近平重申「雙方應該恪守中日四個政治文件確立的各項原則」，其核心內涵即為「一中原則」。

北京不容許岸田內閣藉口日本南面有事，介入「台灣問題」，在台日關係上突破「七二年體制」的框架，與台灣發展具主權意涵的安保合作。岸田首相雖留任對中立場強硬的防衛大臣岸信夫，但直言不諱「台灣有事就是日本有事」的中山泰秀去職，由眾議員鬼木誠接任防衛副大臣，應是避免岸田內閣出現有違日本政府「一中政策」的出格言論，使中日關係橫生枝節。

10 月底，岸田文雄率自民黨投入眾議院大選，不但出乎意外獲得穩定多數席次，與安倍晉三及麻生太郎組成「3A 連線」的甘利明也意外落選，隨即辭任幹事長，遺缺由竹下派的外相茂木敏充接任，「3A 連線」解組，岸田因而可以擺脫細田及麻生兩大派閥的掣肘，展現不同於安倍與菅義偉的「宏池會」國政色彩。

岸田再任首相後，任命與中國交好的林芳正出任外相，將有助

於推動「岸田外交」，在美、中對抗格局下，展現有別於安倍的外交路數。未來岸田仍將透過美日同盟及多邊合作，與美協調共同應對中國，但為避免中日關係持續惡化，力求與中國保持對話，且在必要時扮演調人的角色，台海衝突絕非日本所欲見，須藉一切外交手段，維繫日本周邊安全。

林芳正為「日中友好議員聯盟」會長，此跨黨派國會議員聯盟旨在促進中、日友好合作。林亦是岸田領導的岸田派（宏池會）2號人物，「宏池會」以往被視為自民黨內鴿派，重視日本與中、韓等東亞周邊國家關係，韓國更將林芳正視為「知韓派」。林芳正繼任外相，將有助於岸田緩解與中、韓的對立，為催生「中日韓自由貿易區」創造條件。林芳正掌外交，可窺見「宏池會」歸位日本政治後，經濟優先於軍事，岸田將著眼於外交，因應美、中對抗與台海緊張局勢。

有別於「安倍外交」，岸田首相在延續安倍強化自我防衛能力外，在對中外交上雖言所當言，但與美、英、澳及歐盟相較，在台海議題上將採取相對克制的態度，避免招至擴軍競賽的惡性循環。岸田亦如安倍，為熟稔外交事務之首相，但其「宏池會」的背景，在強化美日同盟的同時，更將透過對話穩定中日關係，並打開因歷史問題陷入僵局的日韓關係，對立、對抗與衝突應非「岸田外交」的字眼，此為「宏池會」一貫的鴿派形象。

台海安全須靠自己

2021 年 8 月，日本國家安保局長秋葉剛男上任後首度訪美，

不僅拜會美國國務卿布林肯及白宮國家安全顧問蘇利文，亦與國防部長奧斯汀會談，確認美日同盟對維繫包容且自由開放之印太地區的重要性，美、日重申反對片面改變東海現狀企圖，及破壞穩定或威脅以規則為基礎的國際秩序行為。

菅內閣似乎對美國總統拜登「美國回來了」的宣誓深具信心，在「抗中」上與美國亦步亦趨。美國對盟國的再保證，使日本對東亞海域問題底氣十足，與中國針鋒相對，甚至對「台海有事」時協防台灣投石問路。中山泰秀露骨的表示，台灣不僅是日本的朋友，更是日本的兄弟、家人，面對中國威脅，日本須予以保護。

綠營人士認為，年來大陸軍機擾台，中山的「台日一家人」較「兩岸一家親」倍感窩心，更能促動台灣人的內心，拉近台日關係，而不思改善兩岸關係。但美日同盟是否真為台灣安全的戰略依托與保證，無須透過對話建構台海和平機制，以緩解兩岸的「惡意螺旋」？

新加坡總理李顯龍在美國阿斯彭安全論壇（Aspen Security Forum）線上會議中示警，「台灣海峽上確實發生誤判和錯判的危險」，儘管李顯龍意識到台灣問題的敏感性，但對台海的誤判風險仍樂觀以對，認為美國劃定「紅線」，不容「台獨」造次，只要蔡政府不踩「紅線」不要硬闖，北京將克制採取武力犯台的舉動，因為輕舉妄動風險極高，即便成功，亦將付出巨大代價。

李顯龍同意「九二共識」是兩岸維持關係與展開合作的可行方法，但蔡政府已表態不接受「九二共識」，制定替代表述又非常困難。馬政府時期的兩岸對話不復存在，此應為兩岸及中、美在台海問題上的誤判風險所在。中美關係的一中政策「護欄」不足以保證台海的和平，若北京認為以和平手段無法達成統一的目標，即可能對台動武，無任期限制的習近平在未來無法坐視台灣問題「久拖不

決」。

　　北京不僅將台灣及南海等領土主權問題視為核心利益，一般人忽略經濟發展亦屬核心利益，此見 2011 年「中國和平發展」白皮書，為習近平所側重，並置入中美關係的框架之中，使雙方的戰略競爭陷入零和，難見外交應有的靈活性。

　　因此，在中、美對抗全面化、長期化下，台灣若參與美國為主的西方國家戰略圍堵中國的政治或軍事聯盟，使台灣被美國用於嚇阻中國，成為遏制中國的一張牌，消耗中國外交資源，遲滯中國經濟發展，亦可能促使北京使用武力的手段，解決台灣問題，藉此與美國達成新的平衡。當然，武統仍非北京的現實選項，對中國而言，和平的手段仍有可為，不會輕言武統，但台灣不能低估衝突的可能。

　　日本對台海存在戰爭的風險了然於心，此即日本心繫的「周邊有事」，菅內閣關注台海和平穩定意在沖繩。菅義偉首相接受美國《新聞週刊》訪問表示，若美、中因台灣發生衝突，「必須保衛靠近中國與台灣的沖繩」。為此，日本決定 2022 年開始在沖繩石垣島部署防空和反艦飛彈部隊，日本防衛大臣岸信夫 4 月視察最鄰近台灣的與那國島，拍板電子作戰部隊駐防該島。台海衝突，日本洞若觀火，但僅能堅壁清野，防衛沖繩在內的西南群島是日本的因應之道，「保衛台灣」非日本所能，日本國民無意再次捲入一場戰爭。

　　應對台海的可能衝突，日本須預劃國土不遭戰火波及的良方，而非向中國叫陣，主動介入「台灣問題」，日本「挺台」不意味在外交上放棄對中交往，決心與中交惡，應對 96 年台海危機的橋本龍太郎首相曾言，「以高八度的聲音來批評中國並非上策，莫凸顯日本批評中國的角色」。中、日政府高層互動雖處於半停滯的狀態，但地方層級交流仍十分熱絡，日本駐北京大使垂秀夫積極推動

「地方外交」，建構民間友好基礎，為明年中、日邦交正常化50週年暖場。「挺台」與「對中交往」對日本不是「二擇一」的外交選項，兩者皆為日本國家利益所需，須並行不悖。

新任首相岸田應知以軍事對應中國崛起對日本所帶來的安全戰略壓力，並非上策，此徒使日本在與中國競爭中，陷入不利的位置。中日關係若急凍，不僅將損及雙邊經貿，且日本須承受更大的周邊戰略風險，安全與經濟利益兩頭落空。此與新加坡的對中戰略思維類似，新加坡國防部長黃永宏直言，「中國則在過去1、20年來，成為驅動亞洲經濟發展的引擎，新加坡和其他東南亞國家都得益於中國和美國在這個區域的影響力，因此各國都不希望選邊站。因為既然大家都從中美兩國身上受益，為什麼要選？」

台灣應將美、日的支持做為兩岸交流與對話的後盾，不是與大陸對抗的底氣，甚至想像美、日會為台灣與大陸一戰挺身而出。拜登對阿富汗政府所言的「他們必須為自己而戰，為他們的國家而戰」，國人應點滴在心頭。台海安全須靠自己，此不單是軍事準備，更應在兩岸關係上盡一切努力，重啟兩岸對話以降低台海緊張。蔡總統的兩岸對話之議不能只是虛晃一招，在大外宣上對美交待，而不回應國人對兩岸和平的要求，以行動拆除台海衝突的引信。美、日無意對「台獨」添柴火，和平仍是台海的硬道理，蔡政府只能相向而行。

第6章

南海風雲緊：台灣如何自處？

王冠雄（國立臺灣師範大學政治學研究所教授）

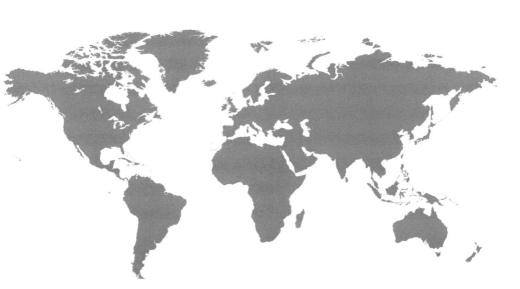

南海爭端的性質為島嶼主權主張與海洋資源爭奪，因此南海諸島礁成為爭奪的焦點，甚至面積微小的礁灘也成為填海造陸的基礎，這些都成為爭端方的藉口。而對於區域外國家例如美國，其並未在南海有任何領土主張的依據，因此利用海洋法律的解釋成為介入南海爭端的藉口，美國近年來持續實踐的「自由航行行動」（FONOP）也成為矚目的焦點。本文除將說明上述爭端的基礎之外，另亦將探索「南海行為準則」談判的重點以及可能遭遇的困難和未來的發展；此外「灰色地帶戰略」在南海的實踐也會是討論的主軸之一，但須注意者在於各國均可能從事於此一戰略的操作，這使得南海爭端的樣貌愈見迷離。最後必須討論與檢討我國應該如何應對變化如此多端的南海情勢，特別是爭端方之一的我國，更不能自外於爭端。我國若在爭端的過程中不發聲，或是無法讓國際社會瞭解我國也是爭端當事方之一，則未來我國在爭端相關事務上將喪失發言權，其所損失者不僅是此片海域的經濟利益，更是喪失國家在此海域生存與發展的機會。

南海島礁爭奪與填海造陸

就地理情勢而言，南海海域內有四大群島，由主張的聲索方而論，分別是東沙群島（我國擁有）、西沙群島（主張者有我國、中國大陸與越南，目前則是在中國大陸的控制下）、中沙群島（僅有黃岩島露出水面，主張者有我國、中國大陸與菲律賓），最後是南沙群島，其主權主張最為複雜，共有我國、中國大陸、越南、馬來西亞、汶萊與菲律賓對於南沙群島的全部或部分島礁提出主權主

張，也是由這些聲索方各自占領了部分島礁。

　　南海爭端有其特殊性，首先是涉入國家的多邊性，爭端不僅涉及聲索方之間的糾紛，包括我國、中國大陸以及若干東南亞國家，如越南、菲律賓、馬來西亞、汶萊和印尼等，涵蓋爭端方極多。除此之外更不能忽略爭端有朝向國際化發展的趨勢，亦即南海區域外國家的涉入企圖，美國、日本或若干歐洲國家就屬於這類。再加上東南亞國家內部出現的相異意見，更加將南海爭端的複雜程度推昇更高。最後但可能是影響最深遠者是南海所處的地理位置，不僅是全球重要的航道之一，更會因為航道通暢與否而影響區域內諸多國家的經濟發展，也會衝擊到全球的政治經濟穩定。換言之，南海海域具有相當重要的地緣政治意涵。

　　而就南海爭端的本質而言，以前述特殊性為基礎，可以將爭端分為兩個部分進行理解：第一是對於南海海域內島礁的主權主張與爭奪，第二則是當擁有島礁之後，對於周邊海域的主張（例如領海或專屬經濟海域），以及對於在這些海域內生物資源和非生物資源之主權權利的主張（例如漁業資源或油氣資源），甚至是與鄰近國家間因為海域主張重疊而產生的糾紛。

　　在一般的情形下，解決爭端的理想做法是透過劃定海域疆界來解決，並確定各自的主權和管轄範圍。然而，這種解決方式不容易應用在南海海域所出現的爭端上。原因不僅是前段所述及的主權和主權權利之糾結，使得各方對於談判內容有不同的主張與堅持，更重要的是域外國家之干擾，這是因為南海在影響與控制海上通道所具有的地位。

　　而論及南海的填海造陸工程，很容易會直接想到中國大陸的積極作為，但是我們也不能忽略除了中國大陸之外，其他南海聲索方的操作也值得留意。

中國大陸自 2014 年開始，在南海的美濟礁（Mischief Reef）、西門礁（McKennan Reef）、南薰礁（Gaven Reef）、渚碧礁（Subi Reef）、赤瓜礁（Johnson Reef）、華陽礁（Cuarteron Reef）及永暑礁（Fiery Cross Reef）等處進行大規模的填海造陸工程。前述各礁並非完全符合《聯合國海洋法公約》第 121 條規定的島嶼，甚至有屬於在低潮時露出水面，但在高潮時沒入水下的「低潮高地」（low tide elevation），在該公約的規定中並不能享有主張海域空間的權利。這就會使得填海造陸工程有其可被理解性，亦即透過工程的實施讓原來面積微小、地形破碎的小礁石轉變為具有方便人類活動空間的「島」，雖然此種變化所產生的國際法效力仍有疑義，並仍待確定。不過就相關各爭端方的實踐而言，此種填海造陸工程普遍出現在各方的實踐中。

以國際媒體報導頻繁，也引起高度注意的永暑礁為例，原來是退潮時才露出水面的珊瑚礁石，並且主要的活動係在一個面積約 8,000 平方公尺的人造平台，然而透過填海造陸的工程，其面積已經擴大成為約達 3 平方公里，並且有進一步增大的可能性。其上並增加機場跑道的建設，估計完工後將會擁有全長接近 3,110 公尺的跑道，未來可供起降中國大陸目前擁有的任何一型戰機。同時，也有碼頭和直升機升降平台與若干軍事設施出現。如此大規模的造島工程，必然受到國際社會的注意和南海周邊國家的憂慮。

不過，我們也不能忽略其他南海聲索方的在填海方面的努力。根據美國安全智庫戰略與國際研究中心（Center for Strategic and International Studies, CSIS）下之亞洲海洋透明倡議（Asia Maritime Transparency Initiative, AMTI）的追縱分析，[41] 至 2016

---

41 AMTI, "Vietnam's Island Building: Double-Standard or Drop in the Bucket?" 11 May 2016, https://amti.csis.org/vietnams-island-building/.

年年中為止，越南在南沙群島占領的島礁中至少 10 處有進行填海造陸的證據，並且填造出超過 10 英畝的土地，大多數位於南威島、南子島、景宏島和西礁，在南威島上也有長度約達 1,200 公尺的跑道。雖然越南的填海工程規模較小，但是越南亦忽視外界關於停止填海造陸的呼籲。此外，馬來西亞於 1983 年占領南沙群島中的彈丸礁之後，即對其進行建設，目前已經成為南海觀光度假基地，其上並有長度達 1,370 公尺的跑道。

因此，南海其他爭端方對於占領島礁均想方設法強化建設，我國雖然擁有南沙群島中的最大島嶼太平島，但是長年來在島上的建設作為非常保守，陳水扁總統任內完成跑道建設，馬英九總統任內完成跑道加固，以及將原有但已經遭海浪破壞的運輸棧道擴建為能夠靠泊 3,000 噸以上船艦的碼頭。面對其他爭端方的填海造陸諸般作法，我國在太平島的建設應該要有更積極的作為。

美國「自由航行行動」真的是為了維護「航行自由權」？

論及南海爭議，近年來會不斷接觸到的一個名詞是「基於規則的國際秩序」（rule based international order），這話聽來有理，但是細思之後，也必須理解此處所謂的「規則」和「秩序」究為何物？

一個明顯的事實是現有的國際秩序仍然是美國主導和控制下的國際秩序，作為海權強國的美國，一直以強大海權力量為基礎的共同規則來發揮其世界影響力，甚至以操作此規則巧妙地涉入他國或區域的爭端。以南海爭端為例，本文前已論及爭端的性質和主體在

於島嶼主權和資源主權權利的爭奪，然而美國在南海海域中並沒有與周邊國家發生相關糾紛，美國若要有涉入的理由，其選擇透過本來就被高度關切的海上交通安全議題作為操作的槓桿，乃為自然之事。

因此南海爭端方在島礁的填海造陸作為上，即成為美國高度關切的目標，特別是針對中國大陸的相關作為，因為美國認為中國大陸如果順利實施填海造陸工程，透過擴大主張周邊海域的權利，未來必然控制甚至影響南海國際航道的安全，還有美國最恐懼的是中國大陸會透過島礁軍事化的手段確立中方在南海海域的軍事優勢，不僅周邊國家無法與之抗衡，更會使美國利用海上通道進而投射其軍事威懾能力受到打擊。所以，基於包裝習慣國際法概念中的「航行自由權」而產生的「自由航行行動」（Freedom of Navigation Operation, FONOP）就成為可以利用的政策工具。

就該政策的發展來看，係美國卡特總統於 1979 年宣布執行其單邊性質的「自由航行行動」。就公布的時間點而言，正好在聯合國第三次海洋法會議（1973 年至 1982 年）的討論過程中，二者之間有相當程度的連結。原因在於美國擔憂本次海洋法會議的討論結果，會不利於其海上強權的存在與發展：首先是因為可以預期會議後領海的寬度將會擴大，加上新增的專屬經濟海域制度，公海面積將會大量縮減，這就代表在公海中可以自由航行的範圍減少，這對於需要靈活移動海軍與投射軍力的美國來說，顯然是不利的發展。其次是沿海國對於其領海內外國船舶無害通過權之行使，有了更多在軍事安全方面的顧慮。對美國而言，除了商船自由航行之外，更重要的是美國軍用船舶在若干敏感海域（例如具有戰略地位的海峽）之通過，不希望受到沿海國相關規定的影響。再者則是當時冷戰格局的戰略考量，相較於蘇聯是陸地強權國家，美國則是海權強

國，而且其盟友也多係位於歐亞之沿海國，因此透過制定並執行屬於國內政策性質之「自由航行計畫」，除了在海權爭奪上超越蘇聯，更可以藉此對於其他國家的主張或實踐提出美國一方的見解甚至評論，擴大美國在海洋法律制度上的影響。

在這些因素的考量之下，卡特政府遂公告「自由航行行動」，藉此對於其他國家的海洋主張若有影響美國海上利益時加以外交協調或評論，甚至採取以軍事活動「挑戰其他國家過度海洋主張（excessive maritime claims）」的作為。明顯的，美國「自由航行行動」政策之實施具有全球性之特色，同時也會隨著關心的議題或區域事務而會有針對性的作為，例如 1980 年代中期針對北非利比亞的海灣主張，同一年代晚期則是針對當時蘇聯在黑海北部主張和活動。

美國近年來則將注意力轉移到南海海域，在 2015 年 10 月 12 日，美國先對其亞洲盟友宣布將於南海海域內中國大陸填海造陸之島礁附近執行其「自由航行行動」。接著於 2015 年 10 月 27 日，美國導彈驅逐艦拉森號（USS Lassen）駛入南沙群島渚碧礁與美濟礁 12 海里範圍內，此為歐巴馬政府首度於媒體公開之南海自由航行行動，其目的明顯在於抗衡中國在南沙群島的島礁建設行為。自此之後，美國國防部即以執行「自由航行行動」為名，多次派遣其船艦於南海海域巡航，並且於媒體公開。在歐巴馬政府期間，總共在南海海域執行 4 次自由航行行動，但在川普政府期間內，美國於南海海域共執行了 28 次自由航行行動，分別為 2017 年執行 4 次，2018 年執行 6 次，2019 年執行 8 次，2020 年則達 10 次，可以見到川普運用此一政策的力道持續強化，也更加依賴此一在南海抗衡中國大陸發展的政策工具。至於拜登政府 2021 年 1 月上台後，在南海海域執行自由航行行動的次數至本文截稿時共有 5 次，可以預期美國仍將以此行動作為執行其南海政策的工具。

　　此外值得注意的是，川普政府時期之美國對於南海政策的立場，已經在當時國務卿彭佩奧（Michael R. Pompeo）於 2020 年 7 月 13 日發表的聲明中有極為清晰表現，[42] 並且基於美中兩國既競爭又對抗的情勢，未來會有變動的可能性極低。彭佩奧當時即表明美國將配合南海仲裁庭的判斷結果，因此有必要瞭解仲裁庭關於南沙島礁法律地位的判斷結果。南海仲裁庭認為：第一、認定南沙群島中面積最大的太平島非屬島嶼，還認定南沙群島中沒有任何一個海洋地物可以擁有島嶼地位；第二、中國大陸占領的華陽礁、永暑礁、赤瓜礁、西門礁、南薰礁 - 北等為岩礁，另外中國大陸占領者有東門礁、南薰礁 - 南、渚碧礁、美濟礁屬於低潮高地；第三、仲裁庭不同意中國大陸以直線基線方式將南沙群島環繞成為一個整體的做法。

　　基於前述南海仲裁庭的判斷，吾人即可理解美國在南海執行其「自由航行行動」時的表現及目的。一為面對仲裁庭判斷為岩礁者，美國軍艦逕直穿越其領海並稱「無害通過」，完全不理會《中華人民共和國領海及毗連區法》第六條關於外國軍用船舶進入其領海，須經其政府批准的規定。例如 2020 年 4 月 29 日美軍艦 Bunker Hill 通過南薰礁領海；2020 年 1 月 25 日美軍艦 Montgomery 通過永暑礁與赤瓜礁；2019 年 5 月 6 日美軍艦 Preble 與 Chung Hoon 通過南薰礁與赤瓜礁領海之「自由航行行動」均屬此類。其次是在仲裁庭判斷為低潮高地的情形下，美國則稱其軍艦的「自由航行行動」係屬自由航行。例如美軍艦 Spruance 與 Preble 於 2019 年 2 月 11 日通過美濟礁周圍 12 海里水域，美國第七艦隊發言人表示該航行係為例行（routine and regular）的自由航行行動，並

42　Michael R. Pompeo, "U.S. Position on Maritime Claims in the South China Sea," Press Statement, https://2017-2021.state.gov/u-s-position-on-maritime-claims-in-the-south-china-sea/index.html.

明白指稱美濟礁屬於低潮高地，係為人工島嶼。第三是挑戰中國大陸在西沙群島周圍劃設直線基線的做法，例如 2019 年 1 月 7 日美軍艦 McCampbell 進入西沙群島內航行，藉此挑戰中國大陸在西沙群島周圍劃定直線基線；2021 年 2 月 5 日，美軍艦 John McCain 通過西沙群島所欲挑戰者亦屬此類。因此，可以理解美國在南海海域特別是對中國大陸所進行的「自由航行行動」，其基本目的即在執行南海仲裁庭的判斷結果，換言之，係在於否定中國大陸對於南海仲裁結果是「一張廢紙」的說法。

中國大陸與東協南海行為準則的談判

2002 年 11 月 4 日，東協會員國與中國大陸發表《南海各方行為宣言》（Declaration on the Conduct of Parties in the South China Sea, DOC，以下簡稱《宣言》），雙方強調透過友好協商和談判，以和平方式解決南海有關爭議。不過，《宣言》只是一份政治性文件，並不具備國際法概念下關於條約（Treaty）的約束性，也不是一般所稱的「行為準則」（code of conduct）。2011 年 7 月 20 日，東協與中國大陸雙方達成協議建立《有關落實南海各方行為宣言之指導方針》（The Guidelines for the Implementation of the Declaration on the Conduct of Parties in the South China Sea，以下簡稱《指導方針》），雙方同意落實《宣言》應根據宣言條款，以循序漸進的方式進行，持續推動對話和磋商。《指導方針》仍然是不具法律約束力的文件，但顯示出雙方落實《宣言》並據以發展出未來「行為準則」（Code of Conduct, COC，以下簡稱

「準則」）的政治意涵，因而被視為是南海衝突邁向積極管理的重要一步。

2018 年 8 月 2 日，中國東協外長會議就《「準則」單一磋商文本草案》（Single Draft COC Negotiating Text，以下簡稱《單一文本草案》）達成一致意見，一般認為這是「準則」協商過程的里程碑。中國大陸外交部長王毅更明確表示，將與東協國家共同努力，爭取在 2021 年底前完成「準則」的磋商。不過這個樂觀的期待受到新冠肺炎影響而有停頓，雖然雙方仍然透過不同的方式進行協調。雙方承諾不將《單一文本草案》內容對外洩漏，但研究者仍可由不同研究管道獲得部分內容，特別是某些具有高度爭議的議題：

第一、「行為準則」並非解決個別島嶼領土爭端或海域劃界議題之工具，特別是不會處理或影響各方在解決爭端、海上疆界或根據國際海洋法反映在 1982 年《聯合國海洋法公約》之法律立場。

第二、由於各方相異的主張，「行為準則」並未就所涵蓋的地理範圍做出明確定義。

第三、「行為準則」並未就爭端解決程序達成協議。

第四、「行為準則」強調在解決爭端之前，各方應自我克制或增進信賴和信心，也應避免和管理意外事件。

第五、「行為準則」對於第三方能否加入（accession）沒有定論，明顯的，此必然涉及域外國家在「行為準則」中的地位。

第六、「行為準則」的法律地位以及是否具有法律拘束力也未能獲得結論。

這些議題基本上碰觸到中國大陸與東協會員國裡南海聲索方的基本立場，也是需要高度政治智慧與談判能力加以協調和處理的重點工作。

2021 年 10 月 26 日至 28 日，中國大陸國務院總理李克強出

席第 24 次中國 - 東協領導人會議、第 24 次東協與中日韓領導人會議和第 16 屆東亞峰會。李克強與東協國家領導人達成六點重要成果共識，其中包括同意繼續全面有效落實《南海各方行為宣言》，加快磋商進程並力爭早日達成「南海行為準則」。中國大陸駐東協大使鄧錫軍於 10 月 29 日說明六點成果共識包括：第一，雙方同意建立「中國 ― 東協全面戰略夥伴關係」，能夠更加準確反映雙方關係定位。第二，繼續深化抗疫合作，東協感謝中方為東協國家抗擊疫情提供的大量援助，期待雙方進一步加強公共衛生領域合作。第三，著眼疫後經濟復甦加強發展合作，雙方一致認為疫後經濟復甦應秉持綠色和可持續發展理念，同意加強發展戰略對接，進一步深化數位經濟、互聯互通、智慧城市、災害應急、應對氣變、生態環保、低碳經濟等領域合作。第四，協力推進區域自由貿易，雙方同意推動《區域全面經濟夥伴協定》（RCEP）盡早生效。第五，促進雙方友好民意基礎，中方表示將在確保防疫安全前提下，分階段處理好東協國家留學生返華復學等問題，並辦好中國 - 東協菁英獎學金，繼續向中國 ― 東協合作基金增資 1,000 萬美元。第六，共同維護南海和平穩定，雙方一致認為南海和平符合中國和東協國家的共同利益，同意繼續全面有效落實《南海各方行為宣言》，拓展海上務實合作，實質性恢復加快磋商進程、力爭早日達成「南海行為準則」。

　　由以上雙邊的發展看來，雖然「南海行為準則」談判受到新冠肺炎疫情的影響，同時談判議題與內容也進入深水區，進展速度有明顯的降低，但是雙方維持談判的意願仍然存在。同時，中國大陸雖然遭受新冠肺炎的影響頗劇，但是顯然中國大陸在處理南海議題與維持東南亞外交關係方面有著更靈活的方式，特別是適當地運用與東南亞國家在防疫合作方面的推展，或許能夠有更好的施力空間。

灰色地帶戰略之實踐與意涵

論及灰色地帶戰略時，普遍認為這是中國大陸的操作手法，但是若探究灰色地帶戰略的本質和實務時，真是如此嗎？

2018 年美國國防部《中國軍事與安全發展報告》（Military and Security Developments Involving the People's Republic of China 2018）的報告指出，中國海上民兵在強制執法行動中發揮重要的作用，目的在實現中國的政治目標，但又能巧妙地不致於進一步引發武裝衝突。在 2019 年的報告中更明確陳述，中國的海軍、海警和海上民兵協調合作，其中海上民兵是一支可供動員的平民武裝預備役部隊，由城鎮、村莊、城市街道和企業進行組織，其組成和任務差異很大。在南海衝突裡，海上民兵發揮重要作用，無需戰鬥即可實現中國的政治目標。

中國大陸的武裝部隊是由人民解放軍、武警，以及民兵所組成，各自擁有相對應的海上行動單位，分別是人民解放軍海軍（PLAN）、海岸警衛總隊（以下稱「海警」）與海上民兵。民兵即是不脫離生產的群眾武裝組織，中國大陸民兵被視為人民解放軍的後備部隊，也是鞏固政權、維護國家安全與保障社會穩定的重要力量，並且是進行現代化條件下人民戰爭的基礎。

美國國防部在 2018 年呈送國會的《中國軍事與安全發展報告》（Military and Security Developments Involving the People's Republic of China 2018）指出，中國海上民兵自從 1949 年後，多次支援共軍海軍軍事行動，以及協同海警處理東海與南海的海上衝突，加上「數量多、分布範圍大、情報能力強、機動性高，以及不脫離生產」等特性，使得海上民兵成為維護海上主權的重要支柱，

也是在操作灰色地帶戰略時一個重要的工具。

　　灰色地帶戰略的特質之一是具有模糊性，目標、參與者以及是否違反國際條約都是不明確的，以及軍隊是否要立即回應低衝突的騷擾也沒有清楚的標準。換言之，國家行為者所面對的衝突是模糊的，國際法對於參與者行為的拘束力與合法性也無法清楚辨認。因此，中國大陸海上民兵在國際法的規範上呈現出模糊的狀況，相對使得美國或日本等相關國家在應對中國大陸海上民兵襲擾時，會顯得相當棘手難辦。

　　2021 年 3 月 20 日菲律賓媒體報導，大約 220 艘中國大陸漁船自 3 月 7 日起，即在南沙牛軛礁（Whitsun Reef）周邊海域聚集，以每組幾十艘的數量分組密集靠泊，並且以船與船緊貼的方式，在該水域不同地點鋪開，晚上各船燈光大開照向水面。菲律賓海岸防衛隊和菲律賓漁業暨水產資源局 4 月 24 日起在其主張的 200 海里專屬經濟海域內展開海上演習，並宣布將加強進駐以因應中國船隻的威脅。中菲雙方在牛軛礁事件的衝突，使得中國大陸海上民兵的操作再次成為議論的焦點。

　　然而值得注意的是，越南也有海上民兵的操作。越南政府於 2009 年頒布《民兵與自衛隊法》，作為組建海上民兵的法源基礎。越南《民兵與自衛隊法》第 3 條規定：「民兵與自衛隊是不脫離生產的群眾武裝組織，為越南社會主義共和國人民武裝力量的一部分。他們應保護黨、政府、人民的生命與財產，以及國家的安全與利益。」越南政府並將民兵自衛隊力量劃分為：骨幹民兵自衛隊和一般民兵自衛隊，海上民兵自衛隊屬於骨幹民兵，需要接受定期的訓練和軍事化的管理。經過 2010 年及 2014 年相關政策的執行，例如 2014 年《漁業發展計畫》，越南海上民兵的人員規模、組織形式、武器裝備皆有明顯提升，截至 2017 年底，約有 1.22% 的越

南海事從業人員為海上民兵，亦有約 8,000 艘船隻加入動員。

在實際的操作上，中國大陸研究智庫「南海戰略態勢感知計畫」於 2020 年 7 月發布研究報告，指出透過船舶自動識別系統（AIS）提供的數據，在 6 月時至少有 692 艘越南漁船侵入中國大陸及海南島近岸水域，相較 5 月份的 569 艘增加了 123 艘，且繼續呈現猛增之勢。其中進入到中方領海及內水活動的越南漁船數量在 5 月大幅下降至 24 艘後，6 月又再次反彈，增加至 75 艘，7 月繼續增加至 91 艘。該報告分析，越南漁船的活動，屬於國際法所禁止的 IUU 捕魚，即非法的（Illegal）、不報告的（Unreported）和不受管制的（Unregulated）的漁業活動，嚴重侵犯了中方的主權和管轄權。而且，考慮到它們過度集中在了中國駐守在廣東及海南的海空軍兵力前出遠海大洋的部分重要通道附近，這些越南漁船可能還肩負著其他特殊任務。至少部分在這些區域活動的漁船就是海上民兵，在進行抵近偵察的間諜活動。[43] 因此，越南的海上民兵也在南海北部海域執行其灰色地帶戰略。

此外，美國似乎早就在執行灰色地帶戰略以及思考如何應對中國大陸的灰色地帶戰略。2009 年 3 月 8 日隸屬於美國海軍的海洋研究船「無瑕號」（USNS Impeccable）於中國海南島南方約 75 海里處屬於中國專屬經濟海域內進行水文調查任務時，中方有 5 艘船隻接近並包圍美國「無瑕號」海洋研究船，其中一艘漁船快速越過「無瑕號」的尾端，嘗試輾過水面下的探測器；另一艘漁船上的漁民則企圖利用長鉤試著破壞「無瑕號」的聲納探測器，最後「無瑕號」上人員利用高壓水柱驅離中方船隻及漁民。美國國家情報總

---

43 南海戰略態勢感知計畫，「居高不下，7 月越南漁船在南海的非法活動情況」，2020 年 8 月 4 日，http://www.scspi.org/zh/dtfx/1596530374。

監布萊爾（Dennis Blair）在參議院軍事委員會表示，中國的政策似乎採取了更軍事化和更具侵略性的立場。不過，美國在南海海域以研究船進行水文探測的操作也值得細思。

　　而為了因應中國大陸利用海上民兵等灰色地帶戰略工具，以達到挑戰美國在西太平洋或南海海域強權地位的目的，美方的因應做法之一是派遣非軍事力量或是海上執法力量參與海軍所執行的任務，亦即使用美國海岸防衛隊，這也就是近年來美國海岸防衛隊在西太平洋海域頻繁出現的主要原因。

我國應有的南海政策

　　菲律賓於 2013 年 1 月所提出的南海仲裁案，其結果對我國最嚴重的傷害在於將太平島的法律地位認定為不是島。因此依據仲裁判斷，除了 12 海里領海與再加 12 海里的鄰接區之外，我國不能對太平島主張 200 海里的專屬經濟海域與大陸礁層。當然這是一個嚴重錯誤的仲裁判斷，總統府做出以下回應：[44]

> 我們在此強調，中華民國對南海諸島及其相關海域享有國際法及海洋法上之權利。本案仲裁庭於審理過程中，並未正式邀請中華民國參與仲裁程序，也從未徵詢我方意見。現在，相關仲裁判斷，尤其對太平島的認定，已經嚴重損及我南海諸島及其相關海域之權利，我們在此鄭重表示，我們絕不接受，也主張

44　中華民國總統府，「『南海仲裁案』判斷對我國不具法律拘束力　盼多邊協商共謀解決」，2016 年 7 月 12 日，https://www.president.gov.tw/NEWS/20574。

此仲裁判斷對中華民國不具法律拘束力。

然而除了做出以上回應，以及蔡總統於 105 年 7 月 19 日對南海議題提出「四點原則」和「五項做法」之外，在務實的展現上，則又予人不足之感，至少缺少了檢證的作為，亦即並未對這些「作法」是否做到或完成程度提出檢討。

再者，我國政府對於南海議題的關心程度明顯降低，對於南海議題的發展並不在意，甚至在面對問題時採取的是最低程度的消極觀察，而非積極參與或尋思突破，長此以往，我國將會面對一個現實的問題：我國若在爭端的過程中不發聲，或是無法讓國際社會瞭解我國也是爭端當事方之一，則未來我國在爭端相關事務上將喪失發言權，甚至若其他各方已經就爭端獲得解決共識時，我國的權利與利益亦會跟隨消失。強烈建議仍須對南海海域的可能出現狀況進行研究與理解，至少能夠在需要時提出意見，以保全我國的權利，讓國際社會接收到我國對相關爭端議題的立場和我國亦為爭端方的事實。基於上述，太平島應是值得思考善加運用，若能強化歷史連結和執法作為，將可發揮太平島的戰略價值，也可以對錯誤的南海仲裁判斷施以駁斥。

最後，政府需要對於國際法的內容和國家之間互動有清晰的理解，並盡可能避免誤解。以美國所執行的「自由航行行動」為例，如同本文所說明，其實質是包裝了「航行自由權」的國家政策，甚至於在實務上挑戰我國《領海與鄰接區法》中對於外國軍艦進入我國領海前需要「事先通知」的規定，而不應該誤解為美國重視台海和平穩定與區域安全。吾人需要慎重理解的是，誤解他國的行為意涵，不僅會對本國應對方式造成誤判，更會在未來可能出現的法律論辯上，減損本國的主張或立場。其所造成的傷害，將是鉅大而深遠。

第7章

亞太區域經濟整合與台灣

譚瑾瑜（台灣經濟研究院研究九所研究員兼所長）

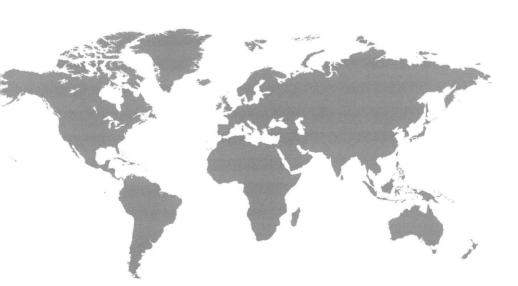

海陸爭霸與亞太區域經濟整合

1989 年成立的亞太經濟合作（APEC）為亞太地區最重要的經貿合作論壇之一，21 個成員環繞於太平洋周圍，不但戮力推動貿易暨投資自由化、商業便捷化、經濟暨技術合作（ECOTECH）等三大支柱外，更提出亞太自由貿易區（FTAAP）之倡議，鼓勵區域內在可促進 FTAAP 達成之原則下推動區域貿易協定（RTA），成為近二十年深化亞太區域經濟整合之重要導引與目標，而亞太區域內 RTA 形成的競合過程中，亦體現海陸爭霸之事實。

亞太區域內促進 FTAAP 之 RTA，當屬跨太平洋夥伴全面進步協定（CPTPP）與區域全面經濟夥伴協定（RCEP）最為重要。美國前總統歐巴馬（Barack Obama）致力於推動跨太平洋夥伴協定（TPP），在美國主導下，TPP 所制定的協定內容具有高標準、高品質之特性，12 個環太平洋地區成員國雖於 2016 年 2 月 4 日完成簽署，卻遭遇美國退出之變故，爾後在日本主導下，更名跨太平洋夥伴全面進步協定（CPTPP）於 2018 年底生效，並在歡迎新會員加入後，成為亞太地區當前高品質、高標準 RTA 之典範。

另以東南亞國協（ASEAN，以下簡稱東協）為核心的區域全面經濟夥伴協定（RCEP），於 2011 年 11 月第 19 屆東亞峰會中提出，TPP 之推動為其倡議主因之一，成員除了東協十國之外，尚包括中國大陸、日本、韓國、紐西蘭、澳洲及印度等六個東協夥伴，主要位於東亞地區。RCEP 於 2013 年展開談判，在印度退出後，至 2020 年 11 月 15 日完成簽署，並將於 2022 年元旦正式生效，其人口涵蓋 23 億，15 個成員之 GDP 合計約 25.6 兆美元，占全球總貿易比重達 29%，生效後成為當前世界上最大的區域貿易協定，

在東亞及亞太地區之重要性亦不可言喻。

　　CPTPP 與 RCEP 之間所存在的競合關係，事實上與海陸爭霸思維息息相關。以環太平洋為中心所倡議的 TPP 與爾後生效的 CPTPP，均代表著海權思維，而以東亞地區為主軸的 RCEP，則隱含歐亞大陸為世界心臟的陸權思維。因此，對應實踐亞太自由貿易區之模式，便是海陸爭霸的縮影，亦為東亞及亞太區域整合相互競合之過程，身處其中的台灣，自然無法置身事外。本章將從海陸爭霸之面向，解構 FTAAP、CPTPP、RCEP 在亞太區域經濟整合中所扮演之角色，再以此觀察台灣在亞太區域經濟整合中的角色與機遇，提出亞太區域經濟整合未來展望。

FTAAP 是美中競逐場域

　　2004 年初，APEC 企業諮詢委員會（ABAC）倡議 APEC 建立亞太自由貿易區（FTAAP），初期美國為加速貿易暨投資自由化之茂物目標進程，支持推動 FTAAP 之發展，然在 APEC 採自願性、無約束力、共識決之特性下進展有限，美國逐轉而以推動 TPP 作為美國重返亞太之重要戰略，對於 APEC 推動 FTAAP 的態度轉趨消極。

　　中國大陸於 2014 年任 APEC 主辦方之際，提出 APEC 實現亞太自由貿易區之北京路徑圖（The Beijing Roadmap for APEC's Contribution to the Realization of the FTAAP，以下簡稱「FTAAP 路徑圖」），彰顯中國大陸支持推動 FTAAP 之立場，然而自此美國與中國大陸踏上競逐 FTAAP 議題主導地位之征途。2014 年美

國與中國大陸雖然共同提案成立「強化區域經濟整合（REI）及促進 FTAAP」主席之友並提案主席之友年度工作計畫，然而 2014 年 APEC 領袖宣言亦在折衝下，將「FTAAP 路徑圖」置於附件，移除中國大陸原提議 2025 年前完成 FTAAP 談判之時程，並將原倡議展開 FTAAP 可行性研究改為展開共同策略性研究等；2014 至 2016 年間，則在以 FTAAP 作為推進 APEC 區域經濟整合議程之的重要工具，抑或以跨太平洋夥伴協定（TPP）、區域全面經濟夥伴協定（RCEP）等作為促成 FTAAP 發展的途徑來回討論。此外，2016 年的 FTAAP 利馬宣言，在 TPP 將完成簽署之背景下進行討論，中國大陸主張應在共同策略性研究後展開 FTAAP 談判，美國及日本則在希望 TPP 成員將注意力置於 TPP 之簽署下而反對此倡議，並因而採取拖延 APEC 經濟體對於共同策略性研究報告達成共識之作為。

另美中雙方在關注的議題上亦相距甚大，美國認為 FTAAP 應將智慧財產權、國有企業等議題納入，並提出 FTAAP 國有企業議題工作計畫（Work Program related to FTAAP Addressing State-Owned and Controlled Enterprises〔SOEs〕）、FTAAP 關於國有企業投資規範（APEC FTAAP Investment Provisions Focused on SOEs）等遭中國大陸杯葛而進度緩慢；中國大陸則以實踐 FTAAP 路徑圖為核心，關注於如何在 APEC 中建立 FTAAP 架構、指導原則及實現方式，與美國冀望透過 FTAAP 實踐深化貿易暨投資自由化之茂物目標及新增新興議題立場截然不同。而隨著美國前總統川普就任，在美國改以雙邊談判取代多邊架構之貿易政策之下，美中雙方在 FTAAP 議題上歧異加劇，如 2018 年雙方對於是否支持納入多邊體系、共同對抗不公平貿易實踐等看法產生嚴重分歧，除了造成 FTAAP 進展報告未能通過之外，甚至造成該年 APEC 經濟領

袖宣言因而難產。

　　綜上所述，美國自一開始支持 FTAAP 到後期轉而以推動 TPP、雙邊談判的態度，恰與中國大陸在提出 FTAAP 路徑圖後大力提倡態度恰成反比，而從歷屆 APEC 領袖宣言之折衝當中，亦可看出 FTAAP 發展與美中互動角力息息相關。相較於美國，即使近年 CPTPP、RCEP 等 RTA 完成簽署並生效，中國大陸仍然積極主動倡議 FTAAP 的發展，2020 年中國大陸習近平主席出席 APEC 領袖會議仍提出未來將大力推動 2040 年建成 FTAAP，彰顯中國大陸繼續致力推動 FTAAP 之立場。2021 年甫舉行的 APEC 領袖會議，在領袖宣言中仍支持落實《利馬宣言》、推進 APEC 亞太自貿區（FTAAP）議程之共識，而隨著 CPTPP 及 RCEP 先後簽署完成且生效之後，美國在拜登總統主政下，須面對 FTAAP 持續發展，以及因應亞太區域美國未參與的兩大區域貿易協定 CPTPP、RCEP 已然生效之事實。

RCEP 形成有助於建構中日韓 FTA 及亞洲次區域製造中心

　　區域全面經濟夥伴協定（RCEP）在東協原有的五個東協加一的基礎上，進一步深化東亞區域經濟整合，自 2013 年展開談判，於 2020 年 11 月 15 日正式簽署，雖然印度於 2019 年 11 月中途退出談判，RCEP 生效後仍是當前世界上最大的區域貿易協定，涵蓋前三大經濟體中的中國大陸與日本，其經濟規模不容小覷。目前汶萊、柬埔寨、寮國、新加坡、泰國、越南等六個東協成員及中國

大陸、日本、紐西蘭、澳洲等四個東協夥伴已正式提交核准書並達到協定生效門檻，於 2022 年 1 月 1 日正式生效，而韓國則於 12 月 3 日亦已提交核准書。

RCEP 雖在開放程度上不若 CPTPP 為大，然而 RCEP 的成立對於深化東亞區域整合有兩大重要貢獻，第一在於形塑中日韓 FTA 雛形之基礎。中國大陸商務部便曾表示，RCEP 將為未來中日韓 FTA 奠定基礎，中國大陸願與日本、韓國一起加快推進中日韓 FTA 談判，打造 RCEP⁺。中日韓 FTA 於 2012 年 11 月啟動，歷經 16 輪談判，其就貨物貿易、服務貿易、投資和規則議題深入交換意見，然而迄今仍未有進展。藉由 RCEP 之簽署，填補了中國大陸與日本、日本及韓國之間缺乏 FTA 之情形，將東北亞三大經濟體串連起來。

RCEP 雖然開啟東北亞之間的經濟合作，彼此第一年的關稅減讓幅度並未及給予東協國家為高，且在許多農產品均未納入承諾表中，如中國大陸的稻米與小麥、日本的乳製品、水果、茶葉、稻米與小麥、韓國的茶葉、稻米與大豆等，因而初期 RCEP 關稅調降對於深化東北亞地區的經濟效益不會立即顯現，然而隨著關稅逐步調降之後，在有地利之便及關稅優勢之下，中、日、韓農工產品之互補有無，仍然可期。

以日、韓之間的關稅減讓為例，日本給予韓國關稅減讓上，有 813 項產品於第一年立即調降至零關稅，另有 370 項產品及 484 項產品分別分十年、十五年調降至零關稅，最終 7,557 項產品調降至零關稅，其關稅障礙消弭比例為 80.6%；韓國給予日本關稅減讓上，則有 3,113 項產品於第一年立即調降至零關稅，零關稅幅度僅 30.26%，然而至 20 年後零關稅降稅幅度仍可達到 79.73%。日、韓雙方給予彼此的關稅減讓幅度均低於給與東協及中國大陸之開放

程度，然而仍可視為是彼此去除關稅障礙之一大突破。

　　RCEP 之第二大貢獻在於進一步深化東協加一產業供應鏈，並使東協成為亞洲次區域製造中心，成為供應美國需求的主要生產基地。中國大陸與東協已於 2010 年成立自由貿易區，十餘年來彼此已成為最大的貿易夥伴，RCEP 之簽署，中國大陸進一步對東協調降關稅、開放市場准入，將使彼此的經貿關係進一步深化。由圖 7-1、圖 7-2 可看出，中國大陸與東協 2010 年至 2020 年間的雙邊貿易成長快速，中國大陸已連續 12 年為東協的最大貿易夥伴，2020 年東協亦成為中國大陸的第一大貿易夥伴，貿易總額達 6,846 億美元，成長 7%。中國大陸對東協出口金額成長 2.8 倍、進口金額成長 1.95 倍，其中出口成長最為快速者當屬越南，達 29.7%，進口成長最快速者則為越南的 26.1% 及馬來西亞的 24.8%。在疫情干擾下，2021 年前 9 月中國大陸對東協的貿易總額創下 6,305.4 億美元歷史新高，大幅成長 31.1%，其中出口金額達 3,455.9 億美元，成長 29.9%，進口金額達 2,849.5 億美元，成長 32.7%。

　　RCEP 生效後，中國大陸在已與東協成為自由貿易區的基礎上，對東協再次開放，進一步深化東協加一的經貿關係。在 RCEP 之承諾表中，中國大陸給予東協國家的降稅幅度遠大於東協夥伴，以工業產品為例，中國大陸第一年給予東協國家平均降稅幅度較大的產品依序包括紡織品、橡膠及其製品、鞋帽類等製品、液晶面板、金屬及其製品、LED 等相關材料、化工產品、汽車零組件、塑膠及其製品等，可以預期的是，在後疫情時代中，美中貿易戰、科技戰仍難止歇之情況下，以中國大陸為中心的東南亞供應鏈將逐漸成形，東協地區的製造商可以從中國大陸取得其所需的原料以及零組件，而不用支付額外關稅，或是負擔阻礙兩邊產品流動的境外障礙，使得從東協地區進入中國大陸供應商基地的成本降低且更有效

率，東協將成為亞洲次區域製造中心、供給美國商品的主要出口地區。

　　中國大陸藉由 RCEP 之生效，將其貿易及投資觸角延伸至東協，並建構起自身的跨國產業供應鏈。在中國大陸走出去戰略的大力推行下，中國大陸在東協已建立境外經貿合作區或產業園區，中國大陸高科技產業主要赴越南進行投資，汽車產業選擇泰國，紡織產業選擇越南、柬埔寨投資，汶萊則以石化產業為主，赴印尼投資則是看中礦產、能源、棕櫚油脂等自然資源，與東協國家建立區域生產分工，有效鞏固中國大在全球分工體系的地位，並與東協國家建立新雁行，因應供應鏈多元化的趨勢。

圖 7-1　近 10 年中國大陸出口到東協國家金額變化

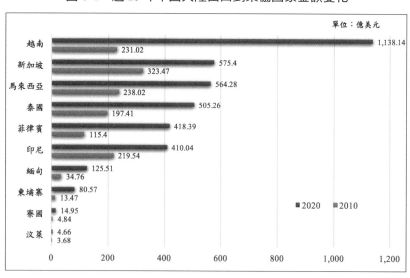

資料來源：International Trade Centre（ITC），本研究整理。

圖 7-2　近 10 年中國大陸從東協國家進口金額變化

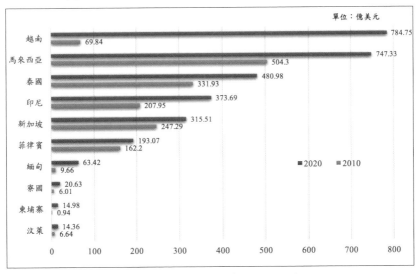

資料來源：International Trade Centre（ITC）；本研究整理。

TPP、CPTPP 到 CPTPP⁺：美中加入否？

　　TPP 為美國歐巴馬總統時期所推動的重返亞太的重要藍圖，藉由環太平洋地區之美國、日本、加拿大、澳洲、紐西蘭、新加坡、馬來西亞、越南、汶萊、墨西哥、智利及秘魯等 12 個亞太國家參與，以建構 21 世紀高品質、高標準的自由貿易協定典範為目標，原於 2016 年 2 月 4 日完成簽署，然因美國川普總統上任即於 2017 年 1 月 23 日宣布退出 TPP，在日本主導下成功使美國以外的其餘 11 個成員持續參與，並更名為跨太平洋夥伴全面進步協定（CPTPP）。CPTPP 生效後台灣、韓國、泰國、菲律賓、印尼、

英國、中國大陸等均表達過希望參與的意願，CPTPP⁺正在進行當中。然而不可諱言的是，美國退出TPP且未加入CPTPP，意涵美國在當前亞太區域經濟整合之重要場域中缺席，亦是不爭的事實，而美國商務部長雷蒙多（Gina Raimondo）明確表示美國暫不參與CPTPP，將尋求成立一個超越CPTPP的新經濟架構。[45] 拜登總統所提出的印太經濟架構將在2022年初啟動，並表示供應鏈、數位經濟、半導體及支持區域基礎建設等為討論的關鍵議題，未來印太經濟架構將更具有包容性和靈活性，與典型的區域貿易協定有別。

自2020年11月中國大陸習近平主席於APEC領袖會議中明確表達中國大陸希望加入CPTPP的意願後，2020年12月召開的中共中央經濟工作會議便積極為加入CPTPP進行準備，視加入CPTPP為繼RCEP後中國大陸十四五時期經濟發展之重要工作項目之一。2021年起中國大陸商務部陸續啟動研究評估CPTPP、與CPTPP成員進行溝通與交流等前置作業，2021年9月16日商務部長王文濤宣布正式提交加入CPTPP申請書。

在中國大陸持續釋出有意加入CPTPP的同時，擔任2021年CPTPP輪值國的日本前首相菅義偉在接受專訪表示，就中國大陸目前的情況來看，中國大陸加入CPTPP的難度較大，CPTPP的文本內容，要求成員必須具有高水準的市場開放，CPTPP規範非常高標準，對經營國營企業很嚴格，目前中國大陸的政治和經濟體制，恐怕難以參加，如果CPTPP成員國沒同意是不可能加入的，日本對於中國大陸參加意願亦將審慎因應。另新任日本首相岸田文雄亦對中國大陸現行體制是否符合CPTPP的高標準存有疑慮，並

45　經濟日報，2021/11/16，雷蒙多：美國不加入CPTPP將尋求印太經濟新架構，https://udn.com/news/story/6813/5893387。

在參與 APEC 領袖會議時論及中國大陸加入 CPTPP 時表示，「這跟不公正貿易的慣常行為與經濟威嚇不相容，這是規範 21 世紀經濟規則的協定」，被認為有牽制中國大陸加入 CPTPP 之想法。[46]日本作為美國退出 TPP 之後凝聚成員促使 CPTPP 生效與運作的關鍵成員，在中國大陸申請加入 CPTPP 的過程中有其重要影響力，直接點出當前中國大陸難以加入 CPTPP，由近一年中國大陸限制澳洲葡萄酒、燕麥、牛肉和煤炭等進口、使得澳中關係惡化的貿易摩擦事件，顯示中共在國營企業、政府補貼和強迫勞動等議題缺乏改革意願，勢將影響 CPTPP 成員質疑中國大陸願意改革經濟制度並符合 CPTPP 措施之承諾，可看出 CPTPP 成員對於中國大陸加入 CPTPP 恪遵全面自由開放多有疑慮，可見中國大陸加入 CPTPP 之挑戰不小。

雖然直至目前為止，美國仍表示重返 TPP 或加入 CPTPP 並非當前優先工作，然而中國大陸若要加入 CPTPP，仍應正視修補美中關係之重要性。以與加拿大及墨西哥洽談為例，由於美加墨協定（USMCA）之履行對於同屬北美洲的加拿大及墨西哥經濟發展至關重要，在美國視中國大陸並未具有市場經濟地位之下，兩國若與中國大陸進行洽談，必須依照協定規定告知美國，若無美國同意實難達成協定。據此，中國大陸希冀獲得 CPTPP 成員全體同意、支持加入 CPTPP，仍須同步面對美中經貿談判。

46　參考 1. 中央社，2021/1/3，中國大陸想加入 CPTPP 日相菅義偉：很難，https://www.cna.com.tw/news/firstnews/202101030106.aspx；2. 中央社，2021/1/3，中國擬加入 CPTPP 日相菅義偉直言目前有困難，https://today.line.me/tw/v2/article/opzoYN；3. 中央社，2021/10/4，中國加入 CPTPP 日本新首相岸田文雄存疑慮，https://www.cna.com.tw/news/firstnews/202110040365.aspx；4. 聯合新聞網，2021/11/13，中國申入 CPTPP 日相岸田：協定與經濟威嚇不相容，https://udn.com/news/story/6809/5888126。

在關切中國大陸加入 CPTPP 之影響的同時，各界對於美國是否重返加入 CPTPP 更為關注。倘若美國與中國大陸均加入 CPTPP，CPTPP 將成為第一個涵蓋前三大經濟體的超巨型區域貿易協定，而美國重返 CPTPP，不但對於美國企業與亞太地區產業鏈之連結至關重要，對於亞太區域經濟整合的再深化仍有其重要且難以取代之角色。由於前述論及 APEC 推動亞太自貿區（FTAAP）的過程中，TPP、CPTPP、RCEP 等亞太正在形成的區域貿易協定，均為達成 FTAAP 目標的可行途徑。相較於 RCEP，CPTPP 的開放程度高，在日本主導之下，CPTPP 的開放步伐相對於 RCEP 亦走得穩健且快速，在促進亞太區域經濟整合時，仍有相當大的優勢。因此，在亞太區域經濟於全球扮演愈來愈重要的角色之下，若美國能夠加入 CPTPP，將可平衡已開發及開發中國家在 CPTPP 開放過程中之折衝力量，才能夠在中國大陸加入 CPTPP 之際，進一步提升亞太區域經濟效益，維持穩步朝向經貿自由化的道路上前進。[47]

台灣加入亞太區域經濟整合之機遇與挑戰

台灣於 1991 年便加入 APEC，積極參與相關國際經貿事務迄今恰滿三十週年，對於 APEC 推動之亞太自由貿易區（FTAAP）亦表達支持之態度，與 APEC 各會員一同就達成 FTAAP 之目標而努力。此外，台灣亦透過 APEC 場域，積極表達參與跨太平洋夥伴

---

47 譚瑾瑜，大陸加入 CPTPP 的可能性與影響，產業雜誌第 616 期，2021 年 7 月號，頁 35 至 40。

全面進步協定（CPTPP）的決心，說明我國為加入 CPTPP 的準備，並於 2021 年 9 月 22 日正式向紐西蘭遞件申請加入 CPTPP。

　　雖然 2022 年 CPTPP 主席輪值國新加坡，其外長維文（Vivian Balakrishnan）表達歡迎台灣加入 CPTPP，但亦表示台灣申請加入 CPTPP 如同許多兩岸問題，明顯有其政治複雜性，需要解方。[48] 由新加坡外長一席話，可以充分表達台灣加入亞太區域經濟整合時所面臨之處境，兩岸關係及美中台關係，均會牽動台灣能否加入亞太區域經濟整合，需要智慧加以調解才有成功的機會。

　　台灣尚未正式提出台灣加入 CPTPP 之經濟影響評估，應比照過往希望加入 TPP 時之作法，儘速評估其經濟效益。惟在小型開放經濟體之經濟體制下，參與區域經濟整合對於台灣整體經濟成長及就業多為正面效益，然而針對受損產業，則須做好溝通與協調，將衝擊降至最低。

　　以台北外匯市場發展基金會於 2020 年所做的報告略作參考時可以發現，其主要結論係為台灣不管是單獨加入 CPTPP 或是集體加入 CPTPP，對台灣總體經濟都有正面效益。以情境一為例，即台灣若以紐西蘭降稅模式加入 CPTPP，台灣實質 GDP 將成長 0.272%，名目 GDP 增加 18.03 億美元。報告中論及在台灣單獨參加 CPTPP 時，以全面降低關稅且勞動與資本可以自由流動的假設之下，對台灣經濟長期效益最佳，若是以集體加入方式參加時（情境五、六），台灣加入 CPTPP 所獲得的實質 GDP 效益大於單獨加入，可以作為政策參考。另在進出口方面，此報告研究顯示台灣參與 CPTPP 後進出口均大幅成長，且集體成長的進出口成長幅度

48　經濟日報，2021/11/18，新加坡：台灣加入 CPTPP 有政治複雜性，https://udn.com/news/story/7238/5899543。

大於單獨加入，而無論何種情境，均會使台灣深化與 CPTPP 成員之貿易，且有進口成長幅度大於出口成長幅度之情形。然而就如同之前評估加入 TPP 雷同，三級產業中以農業之負面衝擊較大，此報告估計台灣加入 CPTPP 受損較嚴重的農產品為水果蔬菜、豬肉家禽、牛肉、飲料菸草等，獲益較大的農產品為植物油、林業等，需要加以因應。[49]

面對 RCEP 於 2022 年 1 月 1 日正式生效，台灣未加入 RCEP 之下，國際知名智庫彼特森國際經濟研究所（PIIE）的報告預估 2030 年台灣出口將減少 80 億美元，實質所得將減少 30 億美元，衰退 0.4%，且提出台灣無法參與 RCEP 對台灣經濟的衝擊較無法參與 CPTPP 為大之結論。[50] 主要原因係因中國大陸及東協為台灣第一大及第三大貿易夥伴所致。

RCEP 成員鄰近台灣，本為台灣主要之投資及貿易夥伴。以出口為例，2020 年我國對 RCEP 出口金額為 1,979.0 億美元，占台灣總出口的 57.3%，其中，中國大陸是台灣第一大出口地區，同期間我國出口至中國大陸金額為 1,024.5 億美元，占總出口之 29.7%；日本為台灣第四大出口地區，2020 年台灣出口至日本金額達 234.0

---

49 此報告針對台灣加入 CPTPP 假設六情境進行細部產業影響模擬，六個情境分述如下。情境一：將敏感的農業部門逐年依照〈台灣 - 紐西蘭貿易協定〉（簡稱臺紐貿易協定）的時間表進行關稅調降；情境二：假定敏感部門不開放，其他部門則分成五年，自 2020 年始每年調降 20% 的關稅；情境三：假定敏感產業不開放，其餘產業依〈臺紐貿易協定〉排定之時程降低關稅；情境四：所有產業分為五年進行全面的自由化；情境五：假定台灣與印尼、韓國、菲律賓以及泰國一起加入；情境六：假定第五個情境參加之會員國再加上哥倫比亞，一起加入 CPTPP。詳見周鉅原、郭永興，2020/3。我國加不加入跨太平洋夥伴全面進步協定（CPTPP）對總體與產業的影響，https://www.tpefx.com.tw/uploads/download/tw/CPTPP_20200312.pdf。

50 Petri, Peter, Michael G. Plummer, Shujiro Urata, and Fan Zhai（2020）, "East Asia Decouples from the United States: Trade War, COVID-19, and East Asia's New Trade Blocs," PIIE Working Paper, June.

億美元，占台灣總出口的 6.8%。台灣對東協出口比重則達 15.4%，2020 年出口至東協金額達 532.4 億美元。

　　台灣對 RCEP 成員出口約 23% 的產品仍有關稅障礙，主要集中在石化、面板、紡織品、鋼鐵、機械、塑膠製品等，另主要出口至中國大陸、東協市場，非零關稅產品出口至中國大陸、東協、日本、韓國、澳紐市場的占比，依序為 50%、29%、10%、8%、3% 等，[51] 使得未與東協簽署 FTA 的台灣企業，必須承擔較高的關稅。在有關稅障礙之下，台灣與 RCEP 成員貿易往來的主力產品，仍以資訊科技協定（ITA）下免關稅產品為主，在台灣資通訊產業與 RCEP 成員已有完整的產業供應鏈下，可以預期 RCEP 生效後，台灣資通訊產業仍將可力保全球產業鏈中之關鍵地位。

　　此外，台商已因應東協加中國大陸自由貿易區形成多時，主要是運用台灣接單、海外生產的營運模式，發展出台商跨國產業鏈之營運模式，但石化、鋼鐵、塑膠、紡織、汽車等本土出口中小企業，在 RCEP 生效後可能將會更進一步承受 RCEP 區域內降稅之壓力。

51　主要集中在石化（96.3 億美元）、面板（82.3 億美元）、紡織（43.6 億美元）、鋼鐵（30.2 億美元）、機械（23.3 億美元）、塑膠製品（19.7 億美元）、扣件（7.7 億美元）、工具機及零件（7.0 億美元）、汽車零組件（1.9 億美元）等產業，其占非零關稅產品之占比依序 21.3%、18.1%、9.6%、6.6%、5.1%、4.3%、1.7%、1.5%、0.4% 等。參考資料漸工業局簡報，https://www.tmba.org.tw/proimages/RCEP%E7%94%A2%E6%A5%AD%E5%BA%A7%E8%AB%87%E6%9C%83%E7%B0%A1%E5%A0%B1_1091123(%E6%B0%B4%E4%BA%94%E9%87%91E6%89%8B%E5%B7%A5%E5%85%B7%E7%94%A2%E6%A5%AD).pdf。

亞太區域經濟整合展望

　　展望 2022 年，亞太區域經濟整合於年初便迎來 RCEP 生效的新局面，RCEP 在生效後亦會提出新成員加入方式，與 CPTPP 在亞太區域經濟整合中持續扮演著競合的角色。而無論是透過 APEC 自身落實推動亞太自由貿易區（FTAAP）議程，或是透過 CPTPP、RCEP 等路徑達成 FTAAP 目標，亞太地區都將穩步朝向實踐亞太自由貿易區（FTAAP）的方向前進。

　　相較於中國大陸在 RCEP 完成簽署後表達進一步加入 CPTPP 的態度，美國目前仍不急於以加入 CPTPP 重返亞太，除了以印太戰略架構下的四方安全對話（QUADs）機制連結盟友之外，亦為因應疫情提出強調供應鏈安全與韌性的日印澳供應鏈倡議。

　　值得關注的是，美國在各國際場合提出跨區域及領域之倡議，建構全球新經濟架構。2021 年 6 月七大工業國集團（G7）峰會中，美國拜登總統發起重建更美好世界（Build Back Better World, B3W）倡議，希望建立「一個由價值觀驅動的、高標準的及透明的基礎設施夥伴關係」；爾後在聯合國氣候變化大會（COP26）中，則提出更為綠色且具合作面向的全球基礎設施倡議，歐盟執委會主席馮德萊恩（Ursula von der Leyen）於會中表示：「歐盟的全球門戶倡議、重建更好世界倡議及清潔綠色倡議不僅互補、相輔相成，且其規模將擴展到全球，從非洲到拉丁美洲再到印太地區，是 21 世紀各國合作的積極願景。」另 2021 年 10 月底拜登總統出席東亞峰會宣布，美國將與合作夥伴打造印太經濟架構（Indo-Pacific Economic Framework），除了將拜訪東協之外，白宮亦提出印太經濟架構將包括貿易便捷化、數位經濟標準、科技、供應鏈韌性、

減碳與潔淨能源、基礎建設、勞工標準及其他領域等內容，與前述美國外長所提美國將提出超越 CPTPP 的新經濟架構不謀而合。

　　彙整上述發展趨勢可以看出，美國在應對亞太區域經濟整合趨勢上，已非只滿足於 CPTPP 之高品質、高標準的規範，而是以建構更美好的世界為倡議基底，檢視疫後新經濟所需之新興議題，提出印太經濟架構超越亞太區域經濟整合之想法，並在供應鏈、基礎建設、綠色永續等議題上進行友好同盟，其效果將如過往資訊科技協定（ITA）類似，在友好盟友之間形成新的跨區域、不同產品及項目別的合作網絡。

　　因此，美國提出印太新經濟架構，雖然仍有美中競爭及戰略安全之考量在其中，但主要是以美國仍是全球消費大國為基底，結集印太盟友在重要新興經濟議題上進行合作的新型作法。以供應鏈合作為例，美國在關鍵供應鏈的盤點上，除了已完成的半導體晶片、電動車大容量電池、稀土與藥品等產品供應鏈之外，未來亦會針對國防、公共衛生、通訊科技、交通、能源和糧食生產等供應鏈進行調整，相關產品供應鏈將由印太經濟新架構盟友來建構。

　　台灣作為 APEC 成員，除了應持續支持 APEC 推動 FTAAP 之外，在 CPTPP 及 RCEP 均設有進入條款、開放供任何國家或單獨關稅區加入之下，台灣仍應把握任何可以加入區域經濟整合的機會，融入亞太區域經濟整合當中，並對美中競爭下正在倡議的新架構及倡議，則應多加以關注及研究，朝向有利於台灣之方向前進。

第 8 章

美中貿易戰爭對台灣經濟與兩岸經貿的影響

林祖嘉（國政基金會經濟財政組召集人、政治大學經濟系兼任教授）

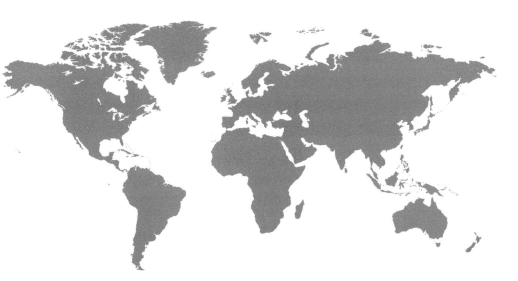

美中貿易戰爭的緣起

　　2016 年，川普在競選過程中，發現美國對於其他國家有很大的貿易逆差，見表 8-1，因此他說如果當選以後，將會對中國大陸和墨西哥課徵 40% 的關稅，同時也要對日本和台灣等國家課徵高額的關稅。但是，其實這種做法是違反 WTO 規範，因此並沒有很多人認為他是認真的。

　　沒想到 2017 年 1 月川普就任後，就開始認真的執行他對

表 8-1　美國對主要國家貿易統計（2017 年）

單位：十億美元

排名	國家 / 地區	出口	進口	貿易總額	比重（%）	順逆差
---	總計	1,546.8	2,342.9	3,889.7	100.00%	-796.1
---	前 15 大國家 / 地區	1,096.6	1,820.1	2,916.8	75.00%	-723.5
1	中國大陸	130.4	505.6	636.0	16.40%	-375.2
2	加拿大	282.4	300.0	582.4	15.00%	-17.6
3	墨西哥	243.0	314.0	557.0	14.30%	-71.0
4	日本	67.7	136.5	204.2	5.30%	-68.8
5	德國	53.5	117.7	171.2	4.40%	-64.2
6	南韓	48.3	71.2	119.4	3.10%	-22.9
7	英國	56.3	53.1	109.4	2.80%	3.2
8	法國	33.6	48.9	82.5	2.10%	-15.3
9	印度	25.7	48.6	74.3	1.90%	-22.9
10	義大利	18.3	50.0	68.3	1.80%	-31.7
11	台灣	25.8	42.5	68.2	1.80%	-16.7
12	巴西	37.1	29.4	66.5	1.70%	7.7
13	荷蘭	42.2	17.7	60.0	1.50%	24.5
14	愛爾蘭	10.7	48.8	59.6	1.50%	-38.1
15	瑞士	21.7	36.0	57.7	1.50%	-14.3

資料來源：U.S. Census Bureau, Economic Indicator Division.

於其他國家的貿易政策，包括重新協商「北美自由貿易區」
（NAFTA），最後改成「美墨加自由貿易協議」（USMCA）。
然後，再針對一些國家進口的商品進行一些行政審查，包括要求嚴
格的原產地證明等等；最後，再針對一些主要國家的鋼鐵、汽車和
洗衣機等課徵 25% 的關稅。其中，對於汽車和鋼鐵課稅，引發了
歐盟和加拿大等國嚴重的抗議，而且採取了一些相對的貿易報復，
包括也對美國鋼鐵和汽車等產品課稅。不過，基本上，川普行的這
些政策並沒有取得他希望因此而減少美國逆差的成果，見表 8-2。[52]

表 8-2　美國對主要國家貿易統計（2020 年）

單位：十億美元

排名	國家 / 地區	出口	進口	貿易總額	比重（%）	順逆差
---	總計	1,431.60	2,336.60	3,768.20	100.0%	-905.0
---	前 15 大國家 / 地區	1,013.10	1,843.50	2,856.70	75.8%	-830.4
1	中國大陸	124.6	435.4	560.1	14.9%	-310.8
2	墨西哥	212.7	325.4	538.1	14.3%	-112.7
3	加拿大	255.4	270.4	525.8	14.0%	-15.0
4	日本	64.1	119.5	183.6	4.9%	-55.4
5	德國	57.8	115.1	172.9	4.6%	-57.3
6	南韓	51.2	76.0	127.2	3.4%	-24.8
7	英國	59.0	50.2	109.2	2.9%	8.8
8	瑞士	18.0	74.8	92.8	2.5%	-56.8
9	台灣	30.5	60.4	90.9	2.4%	-29.9
10	越南	10.0	79.6	89.6	2.4%	-69.6
11	印度	27.4	51.2	78.6	2.1%	-23.8
12	愛爾蘭	9.6	65.5	75.0	2.0%	-55.9
13	荷蘭	45.5	27.5	73.0	1.9%	18.0
14	法國	27.4	43.0	70.4	1.9%	-15.6
15	義大利	19.9	49.5	69.4	1.8%	-29.6

資料來源：U.S. Census Bureau, Economic Indicator Division.

52　2020年美國對外貿易逆差達到9,050億美元，超過2017年的7,961億美元，見表8-2。

　　同時，因為川普的這些做法基本上是針對所有的國家所採取的貿易措施，而不是只針對大陸而來的，因此雖然其中有一部分影響到大陸的出口，例如針對洗衣機課稅，但是大陸並沒有因此而特別反彈。直到 2018 年 4 月，川普宣布對特別針對大陸的產品課征 25% 的關稅以後，大陸因為無法接受美國這種單方面且針對性的做法，才開始採取反制的措施，因此美中貿易戰爭就一觸即發了。

　　在我們詳細討論美中貿易戰爭的過程和影響之前，我們必需先說明的是，雖然美國的確在國際貿易上出現長期的逆差，而導致川普不滿，進而採取一些貿易制裁的行動。但是，美國的貿易逆差是長期而大量存在的，見表 8-3。那麼美國的歷任總統為什麼沒有採取行動，而只有川普會如此激烈的反應呢？其實大家都知道，國際間的貿易絕大多數都是使用美元做交易，當然也有一些用歐元、日元和英磅，但是以美元占大多數，也就是說，美元是國際金融理論中所謂的「關鍵貨幣」（key currency）。而當國際間貿易隨著所得上升時，國際上對美元的需求就不斷增加，而為了讓國際間有更多的美元可以使用，美國就必需出現逆差，以釋放出更多的美元。也就是說，美國出現逆差是美元當成國際通用貨幣所必需付出的代價。但是，從另外一個角度來看，美國可以用印鈔票的方式，來換取其他國家所生產的出口來使用，何樂而不為？這就是我們所謂的「鑄幣權」（coinage），通常是一個國家的央行才能享有的權利。因此，從企業的角度來看，貿易赤字也許是一個問題，但是從整個國家的角度，因為美元當成關鍵貨幣，所以可以無限制的印製鈔票，去交換其他國家的產品，這對美國來說當然是有很大的好處，所以通常的美國總統當然不會抱怨，只要能確定其他國家還是會使用美元即可。也就是說，從國際金融理論的角度來看，其實川普的

抱怨是沒有道理的。[53]

表 8-3　美國對全球貿易統計

單位：億美元

年	出口總額	進口總額	進出口總額	進出口差額
2007	11,651.5	19,863.5	31,515.0	-8,212.0
2008	13,087.9	21,412.9	34,500.8	-8,324.9
2009	10,703.3	15,800.3	26,503.6	-5,097.0
2010	12,902.7	19,389.5	32,292.2	-6,486.8
2011	14,992.4	22,398.9	37,391.2	-7,406.5
2012	15,625.8	23,037.5	38,663.3	-7,411.7
2013	15,920.0	22,942.5	38,862.5	-7,022.4
2014	16,339.9	23,854.8	40,194.7	-7,514.9
2015	15,107.6	22,726.1	37,833.7	-7,618.6
2016	14,557.0	22,082.1	36,639.2	-7,525.1
2017	15,465.0	23,399.0	38,864.0	-7,934.0
2018	16,660.0	25,408.0	42,068.0	-8,748.0
2019	16,524.4	25,167.6	41,692.0	-8,643.3
2020	14,347.6	23,505.6	37,853.2	-9,157.9

資料來源：U.S. Census Bureau, Economic Indicator Division.

美中貿易戰爭的過程

　　在採取項行政措施無法減少美國貿易赤字的情況下，川普終於在 2018 年 4 月宣布，將會針對中國大陸出口至美國產品中的一部

53　而且事實證明，美中貿易爭已經發生好幾年，美國的貿易逆差根本沒有減少，見表 8-3，就表示川普的貿易制裁政策是沒有效果的。因為美國的逆差主要是來自美國人習慣大量的消費，所以才會從其他國家進口許多商品，如果不去設法解決美國人消費習慣，美國的逆差想要改善，可能會很困難。

分，約 600 億美元的商品課徵 25% 的關稅。接著美國貿易代表總署（USTA）針對大陸出口至美國約 500 億美元的商品，列出各項產品明細，同時川普於 6 月 14 日正式簽署同意對於這些大陸商品課徵 25% 關稅。至此，可說是美中貿易戰爭正式開打。[54]

由於這是美國第一次只針對中國大陸的商品課徵 25% 的關稅，這不但違反 WTO 規範，而且完全是針對大陸而來，大陸當然吞不下這一口氣，因此大陸也宣布針對美國出口至大陸產品中約 500 億美元的商品，也同樣課徵 25% 的關稅。其中美國於 7 月 16 日課徵大陸 360 億美元商品 25% 關稅，7 月 30 日再針對另外 160 億美元商品，課徵 25% 關稅。而中國大陸採取完全相同步驟的反制，在相同時間對相同金額的美國商品課徵同樣的關稅稅率。

其後由於雙方的協商一直無法達到共識，於是川普再針對大陸的商品不斷的加碼課稅，9 月底針對大陸 2,000 億商品課徵 10%，到 2019 年 5 月，這 2,000 億美元商的關稅再加碼到 25%。2019 年 9 月，川普又宣布將針對大陸對美出口商品中剩下的 3,000 億美元，課徵 10% 的關稅，後來又延到 12 月中再課，最終到 12 月時，只針對其中的 1,200 億美元商品課徵 15% 的關稅。

在美國不斷加稅的過程中，中國大陸只有在 2018 年 9 月美國針對大陸出口中的 2,000 億美元商品課稅時，大陸針對美國出口至大陸商品中的 600 億美元商品課稅，而無法也拿出 2,000 億美元的商品來課稅，因為 2017 年美國對大陸的總出口只有 1,350 億美元，而同期間大陸對美國的出口則高達 5,050 億美元。也就是說，當美中貿易戰爭開打之後，大家才發現，其實美國可以拿出來的彈

---

54 關於美中貿易戰爭的源起和可能產生的影響，可參閱朱雲鵬與歐宜佩（2019）的討論。

藥要遠比中國大陸多很多，因此當美國不斷加碼之後，中國大陸的反制力道很快就追不上。最終，中國大陸只能軟弱的回應說，要到 WTO 去控告美國針對大陸商品加稅是違反 WTO 規範。[55]

　　雖然美中雙方課稅的過程是你來我往，但是其實雙方在加稅的過程中，也不斷的進行多次的協商。最早的一次正式協商是在 2018 年的 5 月，當時川普還沒有正式簽署對大陸的課稅文件，美國財政部長努欽（S. Mnuchin）和美國貿易談判代表萊特海澤（R. Lightizer）到上海與中國大陸代表劉鶴副總理進行第一次的協商。其中美國提出兩項最關鍵的要求，一個是要求中國到 2020 年之前，每年要大陸減少 1,000 億美元的對美順差，因為 2017 年大陸對美國順差約為 3,500 億美元，所以 3 年內大約可以降到零。第二個要求是中國大陸必需中止在所謂的「中國製造 2025」中，針對大陸國營事業的高科技技術補貼，因為這會造成對美國和國際上其他國家對科技產業的不公平競爭。這兩項都是非常嚴格的要求，而由於這只是第一次的協商，因此大陸官方認為這只是美國先把價碼拉高，然後再來協商。沒想到後來雙方多次的協商中，美國堅持的一直就是這兩個最重要的立場。

　　對中國大陸來說，第一項每年減少 1,000 億美元的順差當然是

55　中國大陸於 2018 年 9 月去 WTO 控告美國，而且 WTO 的確也在 2020 年 9 月宣布，美國對中國大陸加稅的作法，違反國際規範。但是，美國政府根本不理會 WTO 的宣判，甚至有人認為如果當時川普還是美國總統的話，他說不定會宣布美國退出 WTO，也就是說，川普在美中貿易戰爭的過程其實根本就不理會所謂的國際規範，他只在乎一件事情，就是這些做法是否符合美國人的利益；或者說的更直白一點，這些作為是否對他的選情會有幫助。其實到 2020 年 1 月的時候，由於美國的經濟情況不錯，當時美國的失業率低到只有 3.6% 左右，是美國少見的失業率低水準，很多人認為如果當時就投票的話，川普勝選的機會應該很大。可惜的是，2 月爆發新冠疫情，由於川普忽視疫情的影響，造成疫情在美國全面爆發，使得美國確診人數與死亡人數都高居全球第一名，遙遙領先其他國家，由於疫情控制不當，終於導致川普丟掉了政權。

很大的金額，不可能完全接受，但是至少這是可以協商的，比方說，大陸可以要求降到每年減少 500 億美元，看看美方能不能接受。但是，至於第二項，美方要求大陸停止對「中國製造 2025」中的國營事業高科技的部分停止補貼，這個要求就很困難。因為中國大陸基本還是一個共產體制國家，國營事業是整個國家的根本，高科技產業更是國家發展的基礎，中國大陸政府當然不可能停止對他們的補貼。如果停止對於國營事業的補貼，那還能稱為是共產國家嗎？也就是說，美國的第二項要求可以說是踩到了大陸的紅線，中國大陸政府是不可能退讓的。所以接下來雙方十幾次的協商都無法達到共識，最主要的問題就是出在對於大陸政府對於國營事業高科技的補助問題上面。

直到 2019 年 9 月，川普突然在其推特上宣布不排除與中國大陸先達成部分協議。川普主動宣布可能與中國大陸達到部分協議的最主要理由，是因為一年後美國要進行總統大選，而川普必需儘快的告訴美國人，他是有辦法擺平中國大陸的，就像他與加拿大和墨西哥重新協商 NAFTA 一樣。在美國態度變軟的情況下，美中貿易協商出現一道曙光，雙方在 2019 年 10 月進行的第 13 次協商中，達到部分的共識，其中美國維持 2,500 億美元大陸商品 25% 關稅，1,200 億美元商品原本預計課稅 15% 減半課徵 7.5%，剩下來的 1,600 億美元商品暫時不課稅。而中國大陸承諾未來兩年購買美國農產品 320 億美元；另外，再採購 2,000 億美元的商品與服務。還有中國大陸承諾在智財權、技術移轉、農業金融服務與匯率等方面，做制度性的改革。最終雙方在 2020 年 2 月 1 日簽署了第一階段的貿易協議，美中貿易戰爭終於暫時停火，雙方都得到一些喘息的機會。

不過，我們必需說明的是，這只是貿易協議（trade deal），而不是自由貿易協議（Free Trade Agreement, FTA），因為雙方彼

此的高額關稅都還是存在的。而對美國而言，此一貿易協議可以說是穩賺不賠，因為他們對大陸的關稅根本沒有減少，唯一讓步的就是原本要課 15% 的稅現在改為 7.5%，另外原本要針對 1,600 億美元課稅的部分，現在暫時不課。而中國大陸承諾的部分主要是擴大對美國的採購，包括農產品和其他產品，這是中國大陸可以承受的，尤其是其中有一大部分是採購能源，而這本來就是大陸需要購買的項目。至於說，中國大陸必需做的一些制度性改革，沒有實質內容，也沒有時程上的要求，因此要強迫中國大陸去遵守，可能會有一點困難。

　　2021 年 1 月，拜登勝選之後，他面對新冠疫情的挑戰，不但要處理疫情，更重要的是如何處理疫情對美國經濟的重大衝擊。因此，他一再強調要以處理美國國內經濟為第一優先，對於與參與國際經貿組織，或是與其他國家洽談 FTA，都要等到他改善美國國內經濟之後再說。因此，美國新任的貿易談判代表戴琪（K. Tai）就說，現階段不會與中國大陸啟動第二階段的協商，因為中國大陸承諾購買的商品，目前只實現三分之二，要等到中國大陸完全實現他們的承諾之後，雙方才可能進行進一步的協商。[56]

美中貿易戰爭中的技術篇章

　　美中貿易戰爭中，美國一方面要求中國大陸必需減少其對美國

---

56 請參見華爾街日報 2021 年 3 月 28 日對戴琪的專訪：New Trade Representative Says U.S. Isn't Ready to Lift China Tariffs，網址：https://www.wsj.com/articles/new-trade-representative-says-u-s-isnt-ready-to-lift-china-tariffs-11616929200。

的貿易順差，另外一方面，可能更重要的是，美國要求大陸政府必需停止對國營事業在科技研發方面的補貼。其實在許多人的眼裡，美國真正擔心的是未來中國大陸在高科技方面追上美國，讓美國科技霸主的位置不保。因此，在美中貿易戰爭中，科技技術成為另外一個重要的題目。

在美中雙方於 2018 年 5 月開始的第一次談判中，美國就提出了對於大陸政府停止對國營事業科技研發的補貼之外，其實美方也在其他地方，針對大陸科技的研發採取了許多實際的行動。比方說，在 2018 年 7 月和 9 月，美國分別針對大陸的中興通訊和福建晉華的一些作為，採取嚴厲的懲罰。同時，美國也針對華為做出更嚴厲的限制，包括該年 12 月把華為副董夢晚舟限制從加拿大出境，以及 2019 年 5 月 Google 中止與華為合作等等。此外，大陸幾家高科技廠商都被美國政府點名，包括大疆（無人機）、海康衛視（人臉辨識）與科大訊飛（聲音辨識）等等。2020 年 7 月，美國政府宣布禁止使用抖音（Tik Tok），同時要求 Intel 收購，經過抖音向美國法院控告後，雖然收購行為終止，但是已經讓抖音嚇出一身冷汗。

最嚴重的是，2009 年 9 月，美國要求包括台積電在內的所有晶片生產廠商，在使用美國生產設備的情況下，高階晶片銷售到大陸必需經過美國政府的同意。也就是說，未來中國大陸想要由這些高科技廠商拿到高階晶片的可能性大幅降低，在缺乏高階晶片的情況下，未來大陸的高科技及相關產業發展勢必受到很大的限制。

更重要的是，2018 年 11 月，美國商務部工業和安全局（BIS）根據 2018 年「出口管制改革法案」（ECRA）發布了建議規則制定的先進通知（ANPRM），徵求對新技術識別標準的意見。基本上，對於 14 項重要的科技技術輸出到中國大陸給予嚴格的管制，

詳見表 8-4，其中包括人工智慧、機器人、先進材料與生物科技等等。這些先進技術被限制對大陸輸出之後，大陸不容易取得這些技術，未來勢必要改成自行研發，這當然會減緩他們技術進步的速度。當然，中國大陸未來會加強他們自主研發的投入，因此他們現在已經不再提所謂的「中國製造 2025」，相反的，他們提出了「中國標準 2030」，希望未來設立自己的標準來與美國和西方國家抗衡。我們可以合理預測，未來全球高科技將會分成二個市場（G2），其中美國、歐盟、日韓和台灣以美國技術為主，占去全球市場的七成；另外，以大陸、中亞、東歐和一些非洲國家，採用中國大陸的技術，可能占有全球市場的三成。

表 8-4　美國對中國大陸 14 項關鍵技術的出口管制

序	出口管制項目
1	生物技術（Biotechnology）
2	人工智慧（AI）及機器學習技術（Artificial intelligence〔AI〕and machine learning technology）
3	位置、導航和定時（PNT）技術（Position, Navigation, and Timing〔PNT〕technology）
4	微處理器技術（Microprocessor technology）
5	先進的計算技術（Advanced computing technology）
6	數據分析技術（Data analytics technology）
7	量子信息和傳感技術（Quantum information and sensing technology）
8	物流技術（Logistics technology）
9	積層製造技術（Additive manufacturing）
10	機器人（Robotics）
11	腦機介面（Brain-computer interfaces）
12	高超聲速（Hypersonics）
13	先進的材料（Advanced materials）
14	先進的監控技術（Advanced surveillance technologies）

資料來源：科技部國家實驗研究院科技產業資訊室整理。

　　總而言之，未來美中關係在貿易上也許會採取合作的方式，但是在科技技術上一定是一個競爭的態勢，美國為了維持其科技在全球領先的地位，他們絕對不會在科技上鬆手的。不過，對於許多實際參與其中的外商和台商而言，就會產生一些困擾，因為他們必需面對選邊站的問題。當然，如果企業規模較大，就可以兩邊同時投資生產，也就是可以同時生產兩套規格，來滿足兩邊的市場。比方說，現在台積電被美國要求去美國投資設廠，而且台積電也的確去美國鳳凰城投資高階的晶圓廠。另一方面，台積電也同時擴大他們在大陸南京工廠的產能，理由很簡單，因為大陸市場還是需要很多較低階的晶圓，而這些晶圓並沒有被美國限制，因此台積電就得以擴大這些晶圓在大陸的生產。不過，台積電的高層也曾多次表示，企業在選擇在那裡投資生產，最終要的因素還是成本的效率的考量，雖然台積電要去美國生產，但那只是一小部分，台積電最主要的生產還是會留在台灣，一方面台灣有大量廉價而高素質的勞動，這是美國無法比擬的。此外，台灣還有很完整的供應鏈，讓台積電可以很方便的取得生產上所需，因為台積電在台灣的整體生產成本還是最低的。

美中貿易戰爭對於台灣經濟與兩岸經貿的衝擊

　　美國是全球最大的進口國，第二大的出口國；而中國大陸則是全球最大的出口國、第二大的進口國，當這兩個國家之間產生嚴重的貿易糾紛時，其周邊國家很難避免的會被受到影響，台灣當然也不例外。2018 年時，大陸占台灣出口市場 41.30%，美國占台灣出

口 11.8%，分別是台灣最大的兩個貿易夥伴，見表 8-5。而且，台灣出口至大陸的產品大都是以零組件和半成品為主，其中相當大的一部分在大陸加工組裝以後，再賣到美國和其他第三國家和地區。也就是說，台灣商品有一部分是直接賣到美國，還有一部分是透過大陸再間接賣到美國。因此，當美中貿易關係被破壞的時候，台灣與美國的直接和間接貿易也就會受到影響。[57]

表 8-5　台灣出口金額與年增率：依出口地區區分

年	總出口年增率	大陸＋香港		美國		日本		歐洲		東協	
		占總出口	年增率	占總出口	年增率	占總出口	年增率	占總出口	年增率	占總出口	年增率
2010	35.2	41.9	37.5	11.4	33.6	6.7	26.3	10.6	30.3	15.2	37.3
2011	12.6	40.3	8.3	11.7	15.5	6.1	3.7	10.0	6.3	16.7	23.1
2012	-2.2	39.7	-3.8	10.8	-9.1	6.4	2.1	9.5	-7.9	18.7	9.6
2013	1.8	40.3	3.5	10.5	-1.5	6.2	-0.6	9.0	-3.3	19.0	3.8
2014	2.7	40.2	2.5	11.0	7.4	6.3	3.8	9.1	4.2	18.8	1.5
2015	-11.0	39.5	-12.5	12.1	-1.7	6.9	-2.8	9.1	-11.0	18.1	-14.1
2016	-1.8	40.1	-0.4	12.0	-3.1	7.0	-0.4	9.4	1.0	18.4	-0.7
2017	13.0	41.2	16.0	11.7	10.1	6.5	5.7	9.1	10.2	18.5	14.2
2018	5.9	41.3	6.1	11.8	7.4	6.8	10.8	9.4	8.7	17.4	-0.7
2019	-1.4	40.1	-4.2	14.0	17.1	7.1	2.1	9.0	-4.8	16.4	-7.2
2020	4.9	43.8	14.6	14.6	9.3	6.7	0.5	8.1	-5.4	15.42	-1.3
2021 1-9 月	30.6	42.7	28.1	14.5	29.0	6.5	23.3	8.5	35.6	15.8	34.1

說　　明：東協包括新加坡、馬來西亞、菲律賓、泰國、印尼、越南、汶萊、寮國、緬甸及柬埔寨。

資料來源：經濟部。

57　關於兩岸經貿對於台灣經濟和產業的影響，可參見林祖嘉（2005、2008）以及 Lin（2021）的討論。

在表 8-5 中，我們看到 2019 年當美中貿易戰爭中，美國開始對部分大陸產品加徵 25% 關稅之後，一部分台商把產品由大陸生產轉回台灣生產，結果造成當年台灣對美國口大幅成長 17.1%；另一方面，由於大陸對美出口受限，導致大陸台灣對美出口也受限，於是他們和台灣購買的原物料和半成品也減少，造成當年台灣對大陸出口減少了 -4.2%。雖然對美出口大幅成長，但是比例占比較低，反而因為大陸市場占台灣出口的四成，因此最終造成台灣總出口下跌了 -1.4%。這個就是本文前面指出的，當大陸對外貿易順暢的時候，兩岸貿易也會不錯；反之，當大陸對外貿易受阻的時候，兩岸貿易也會受阻。最主要就是因為兩岸經貿不是只有單純的貿易關係，兩岸經貿關係之間還有一個很重要的上下游生產鏈（production chain）的關係。

不過，美中貿易戰爭對兩岸貿易的影響，到了 2020 年時最完全改觀了，不是因為美中貿易關係的改善，而是因為新冠疫情對於兩岸經貿關係產生了令人意外的效果。2020 年 1 月底，新冠疫情在中國大陸爆發，然後傳到歐洲，再傳到美國，然後在全球爆發。受到疫情的嚴重影響，許多國家紛紛關閉國界，同時封城，結果對經濟造成的直接影響就是，所有的需求都不見了，因此不但是經濟生產受到影響，國際間的貿易也都完全不見了。IMF 資料顯示，2020 年，全球 GDP 下降 3.5%，這比起 2008 年全球金融海嘯的影響還要大，當年全球經濟成長率下跌 1.9%。同時，在需求大減的情況下，2020 年全球貿易下滑 9.0%，這當然對於全球的經濟都造成嚴重的衝擊，對於高度依賴國際貿易的國家產生的影響就更為嚴重，例如台灣。從表 8-6 中，我們看到台灣的傳統產業（此處指的是非電子產業）的出口減少了 8.0%，最主要的原因就是因為全球貿易量大減，導致台灣大多數產業出口減少所造成的結果。

表 8-6　台灣出口金額與成長率：依產業區分

單位：億美元；%

年	總出口		電子零組件＋電機產品＋資通與視聽設備			其他產業		
	金額	年增率	金額	占總出口	年增率	金額	占總出口	年增率
2010	2773.5	35.2	838.1	42.6	41.1	1590.8	57.4	31.1
2011	3121.8	12.6	1,182.7	42.9	13.3	1781.4	57.1	12.0
2012	3053.1	-2.2	1,340.4	42.0	-4.4	1771.3	58.0	-0.6
2013	3108.7	1.8	1,281.9	42.7	3.5	1782.1	57.3	0.6
2014	3194.1	2.7	1,326.5	44.9	8.1	1760.0	55.1	-1.2
2015	2844.3	-11.0	1,434.2	48.2	-4.5	1474.1	51.8	-16.2
2016	2791.7	-1.8	1,370.2	51.2	4.4	1361.5	48.8	-7.6
2017	3154.9	13.0	1,430.2	52.3	15.5	1503.5	47.7	10.4
2018	3340.1	5.9	1,651.4	51.4	3.9	1623.5	48.6	8.0
2019	3291.6	-1.5	1,716.6	54.3	4.1	1505.2	45.7	-7.3
2020	3451.3	4.9	1,786.4	59.9	15.6	1385.5	40.1	-8.0
2021 1-9 月	3240.6	30.6	2,065.8	58.5	28.0	1345.5	41.5	34.5

資料來源：財政部。

　　不過，慶幸的是，在疫情肆虐下，雖然全球的消費與貿易大幅下滑，唯有一個產業的產出與貿易是逆勢上揚的，就是因為遠距經濟所帶動的電子相關軟硬體產業。其中台灣的電子相關產業，包括電子零組件在內的出口受惠最大，2020 年出口大幅成長 15.6%。而在 2019 年時，台灣電子產業出口占台灣總出口已經超過一半（54.3%），所以當電子產業大幅出口時，就拉升了台灣的總出口，最終 2020 年台灣的總出口成長率達到 4.9%，主要就是拜電子產業大幅成長的結果。而在總出口成長的拉動之下，台灣去年經濟成長率維持在 3.88% 的水準，成為去年全球少數維持經濟正成長的

國家之一。

在此同時，因為兩岸之間電子產業有很密切的上下游生產鏈的關係，因此當全球對於電子軟硬體需求大幅增加時，大陸做為生產電子最終產品的主要國家，其電子產品的出口當然大量增加，同時，他們對於台灣電子零組件的需求也跟著增加。在表 8-5 中，我們看到 2020 年台灣對大陸出口產品的年增率達到 14.6%，遠超過對美國的 9.3%，更是遠超過其他國家和地區，其中最主要的理由就是因為兩岸電子產業有一個緊密的生產鏈關係所造成的。在此同時，去年因為台灣的大陸出口大幅成長，導致台灣對大陸出口依賴度也大幅拉升到 43.8% 的歷史新高。[58]

2021 年以來，因為包括美國在內的一些主要國家開始施打疫苗，各國的疫情雖然嚴重，但是因為重症和死亡率都大幅下滑，因此各國都紛紛地解封，而且採取各種政策來刺激經濟，造成 2021 年全球經濟與貿易的快速復甦。依 IMF 估計 2021 年全球的經濟成長率將可以達到 5%，而全球貿易成長率將可以達到 8.1%。在全球貿易成長的帶動下，2021 年台灣的傳產與電子產業的出口表現都非常亮眼，表 8-6 顯示，到 9 月為止，2021 年台灣傳產和電子產業的出口成長率分別達到 34.5% 和 28.0%，也因此主計總處估計 2021 年台灣的 GDP 成長率將可達到 5.88%。事實上，依我國 2021 年總出口成長率可能可以達到三成的水準來看，2021 年我國經濟成長率很可能會破 6%。

---

58 若以單月計算，最高的是 2020 年 8 月的 46.4%。另外，因為電子產業出口成長率也是大幅的領先其他產業，導致 2020 年時，台灣電子相關產業的出口已經占到台灣總出口的 59.9%。也就是說，疫情使得現在台灣的出口產業更集中在電子產業，出口地區更集中在中國大陸，這對於台灣的國家經濟安全而言，似乎不是一個好消息。

在表 8-7 中，我們列出 2019 年大陸出口前 20 名的廠商中，其中台商就占了 9 家；前十名中，台灣也有 5 家。而這些台商完全集中在電子產業上面，其在台灣的母公司包括鴻海、華碩、廣達與英業達等等。這 9 家台商電子業的出口超過 1,000 億美元，而大陸台商的家數接近 10 萬家，雖然他們的規模無法與這幾家相比，但是他們對於大陸的出口、就業和產出也都有很大的貢獻。我們認為台商在大陸的出口總值應該至少在 2,000 億或 3,000 億美元以上，應該占有大陸每年總出口約 2.4 兆美元的 10% 以上。[59]

上述的諸多大陸台商電子業就是造成兩岸產業生產鏈的最重要推手，因為當他們在大陸大量生產與出口的同時，他們也需要向台灣採購許多重要的電子零組件，從而造成台灣對大陸出口的大幅增加，也形成台灣在兩岸貿易之間的龐大順差。[60]

最後，我們要特別提及的就是，當美中貿易戰爭時，一些大陸的外商和台商為了逃避美國對大陸產品的關稅，於是選擇離開大陸，轉到東南亞國家或是台灣生產，形成了所謂「供應鏈」（supply chain）重組的現象。尤其是在疫情的影響之下，冗長的國際供應鏈更是增加了國際生產上的風險，特別是一些重要性的物資，在供應上更是出現問題，包括一些醫療物品和高科技商品。因此，有許多國家就要求廠商搬回國內或鄰近的國家生產，於是再度擴大供應鏈重組的現象，也就是所謂從長鏈變成短鏈的現象。

59　這些因為台商投資所帶動的貿易，我們稱之為「投資帶動的貿易擴大效果」。關於台商赴大陸投資對於兩岸經貿的影響，請參見高希均等（1992，1995）的討論。

60　依經濟部統計資料顯示，2020 年台灣對大陸（含香港）出口總值為 1,514 億美元，進口總值為 648 億美元，我們享有的貿易順差為 866 億美元。而同年，台灣對全球（含大陸與香港）的總貿易順差為 594 億美元，如果沒有大陸市場，台灣的貿易將出現赤字，由此可知大陸市場對台灣的重要性。

表 8-7　中國前二十大對外貿易商（2019）

排行	公司名稱	出口金額（十億美元）
1	**鴻富錦精密電子（鄭州）有限公司**	31.6
2	**達豐（上海）電腦有限公司**	17.1
3	華為終端有限公司	15.9
4	**深圳富士康公司**	15.0
5	**鴻富錦精密電子（成都）有限公司**	14.6
6	中國石油化工股份有限公司	12.7
7	深圳華為公司	12.7
8	**昌碩科技（上海）有限公司**	12.7
9	**名碩電腦（蘇州）有限公司**	12.4
10	英特爾產品（成都）有限公司	11.4
11	**達豐（重慶）電腦有限公司**	10.7
12	美光半導體（西安）有限責任公司	9.9
13	戴爾貿易（昆山）有限公司	7.8
14	東莞市歐珀精密電子有限公司	7.5
15	**英業達（重慶）有限公司**	7.2
16	**富士康精密電子（太原）有限公司**	6.8
17	美的集團有限公司	6.4
18	小米通訊技術有限公司	6.1
19	東方國際（集團）有限公司	5.5
20	中國海洋石油總公司	5.2

註：粗體字為台灣企業。
資料來源：大陸商務部《2020 年中國對外貿易 500 強研究報告》（以 2019 年度資料為依據）。

　　然而依據前述我們看到過去兩年的情況來看，雖然國際供應鏈出現調整的現象，也的確有一些外商和台商選擇離開大陸到東南亞或台灣生產，但是我們看到兩岸的貿易依存度其實是在增加，而不是減少的。也就是說，雖然國際間出現供應鏈重組的現象，但是我們要說的是，這些赴東南亞國家或是回台灣的生產最多只能當做兩岸生產鏈的補充，而不可能取代兩岸完整的生產鏈。

　　美中兩國是全球最大的兩個貿易體，過去幾年這兩個貿易巨人之間發生的貿易糾紛，以及如此赤裸裸的相互課稅的貿易戰爭，在人類的經濟發展史中，可以說是前所未見。由於這兩國的貿易量都非常大，因此其貿易戰爭及其對於周邊國家產生的影響，自然是不言而喻，尤其是對於一些像台灣一樣高度依賴國際貿易的國家而言的影響更是明顯。不但如此，因為兩岸之間長期以來建立的生產鏈關係，因此而深深的受到影響。

　　疫情出現以後，國際貿易受到的負面衝擊又再度加深，包括供應鏈重組與長鏈變短鏈的問題等等。慶幸的是，由於在疫情下，電子產業一枝獨秀，不但讓台灣的出口總量沒有受到影響，反而呈現增加的情況，從而進一步拉動了台灣的經濟成長。但是另外一方面，鑑於電子產業在兩岸之間的高度分工與生產鏈關係，使得台灣電子產業對大陸的出口也大幅提升，最終我們看到過去幾年台灣電子產業出口占台灣出口比重大幅提高，2020 年已經達到 59.9% 的高水準。同時，台灣對大陸市場的依賴度也同樣的大幅提高，2020 年時達到 43.8%，這是台灣對大陸出口比例的歷史新高。也就是說，現在台灣的出口產業往電子產業傾斜，而出口地區也往大陸傾斜，這對於台灣的整體經濟安全而言，似乎不是一個好消息。

　　最終，雖然受到美中貿易戰爭與新冠疫情的影響，有部分外商與台商選擇到東南亞或台灣生產，以因應所謂供應鏈重組和長鏈變短鏈的問題，但是最終我們看到兩岸的貿易依存度不但沒有減少，反而是增加的。也就是說，這些出走的廠商他們在中國大陸以外的生產，只能當中國大陸台商生產的補充，而不太可能取代已經非常完整的兩岸產業鏈，此一結論可以說是非常清楚的。

　　現在除了國際供應鏈重組的挑戰以外，CPTPP 已經於 2018 年底生效，同時，RCEP 也將在 2022 年初正式生效，台灣處於這

兩個龐大 FTA 的中心，同時與其眾多會員國之間也有密切的經貿關係，因此我們當然應該努力的去爭取加入。不但如此，兩岸之間的 ECFA 也應該早日完成協商。因為唯有兩岸都加入這些雙邊和多邊的 FTA，才有可能把兩岸的生產鏈效益充分的發揮出來，這是未來政府一定要去努力實現的重要目標。

參考文獻

朱雲鵬、歐宜佩（2019），中美貿易戰爭：一場沒有贏家的對決，時報出版，台北。

高希均，李誠，林祖嘉（1992），台灣突破：兩岸經貿追蹤，天下文化出版公司，台北。

高希均，林祖嘉，林文玲，許彩雪（1995），台商經驗：投資大陸的現場報導，天下文化出版公司，台北。

林祖嘉（2005），兩岸經貿與大陸經濟，天下文化出版公司，台北。

林祖嘉（2008），重回經濟高點：兩岸經貿與台灣未來，高寶文化出版公司，台北。

Lin, C.C.（2021）, "Thirty Years of Economic Relations across the Taiwan Strait: Retrospect and Prospects," in C. Shan and P. Intarakumnerd eds., Industrial Development of Taiwan: Past Achievement and Future Challenges beyond 2020, Chapter 6, 80-100, Routledge, London.

第9章

「一帶一路」倡議下台灣
的地緣政治戰略

魏艾（政治大學兩岸政經研究中心主任、
財團法人兩岸發展研究基金會副董事長）

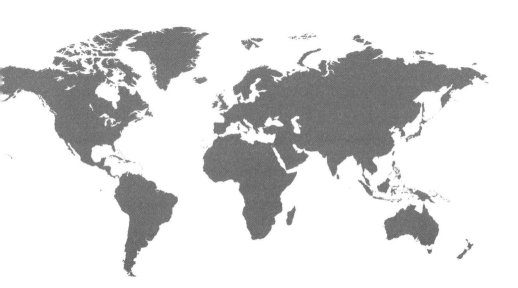

　　40 餘年經濟改革和對外開放政策的推展，為中國大陸帶來經濟快速增長，惟社會經濟的急遽變遷，投資經營環境也出現明顯的變化，以致經濟增長由高速增長轉向中高速增長，並呈現持續下滑的趨勢，亟待緩解。與此同時，對外開放使大陸經濟體制逐漸與國際經濟體系相融合，並產生某種程度相互依存關係，使大陸經濟極易受到國際景氣波動的影響，特別是 2008 年國際金融危機的爆發對大陸經濟造成鉅大的衝擊，使中共必須積極調整其經濟發展策略，尋求增長的動源，才能維持大陸經濟的持續增長和發展。近年來中共致力於深化經濟體制改革，期能將「人口紅利」轉化為「制度紅利」，藉體制的改革和創新進一步釋放經濟增長動能。在對外經貿發展上，則推行開放型經濟新體制的發展策略，擴大經濟和金融體系的對外開放，加強與周邊國家的區域經濟整合，並積極參與國際經濟與金融治理，其中，「一帶一路」倡議的提出和推行，不僅擴展中國大陸經濟發展的空間，承接美中貿易戰以來中國大陸出口轉移的效果，並對國際經貿格局的重整帶來重大的衝擊。儘管「帶路」倡議的持續推展仍將面臨諸多地緣政治和經濟風險，但其對現行國際經貿秩序和規範重構所帶來的影響，這是世界各國尤其是發展中國家必須正視的現實，台灣亦無法置身於外。

「一帶一路」倡議的政策背景和政經意涵

　　1990 年代中期以來，世界經濟出現三個重大變化，一是在經濟全球化潮流下，各國為面對開放市場的壓力，積極致力於推動區域經濟整合，加速資源流通和擴大市場規模，以提升經濟競爭力，使各類

型區域經濟整合成為發展趨勢。二是隨著全球產業的轉型，服務業在世界貿易中扮演日漸重要的角色，再加上對環境保護、植物衛生、技術法規、勞工權益、政府採購、電子商務……等領域的重視，使高規格、高標準的貿易，成為國際貿易的基本要求。三是以中國大陸為代表的新興經濟體崛起，成為全球經濟和貿易的重要力量，並要求增加話語權，對國際經貿體系和經貿規範的調整帶來相當的壓力。

就國際經貿格局而論，二次大戰結束後，國際貨幣基金會（IMF）、世界銀行（WB）和原為關稅暨貿易總協定（GATT）的世界貿易組織（WTO）是全球經濟治理的三大支柱。這三大經濟組織掌握在西方已開發國家手上，並支配了國際經貿的規範。但是從 1970 年代開始，特別是 1990 年代中期以來，新興經濟體特別是中國大陸經濟的快速增長，改變了世界經濟的實力版圖。尤其是金磚五國（BRICS）——巴西、俄羅斯、印度、中國、南非，在國際經濟舞台扮演更重要的角色，應取得更多的話語權。

儘管新興經濟體在世界 GDP 總值所占的比重日益增加，但是由於經濟和產業結構以及經貿話語權仍處於弱勢，以致在歷次的經濟和金融危機均面臨鉅大的衝擊。2008 年國際金融危機的發生，充分暴露了中國大陸經濟和產業結構的脆弱性，同時也顯現出作為全球第二大經濟體的中國大陸，在經濟體制上與當今以服務貿易為主和高規格、高標準國際經貿規範的發展趨勢有相當的落差。

面對著國際經貿發展趨勢所帶來的壓力，近年來中國大陸已積極調整其經濟發展策略，並在 2013 年 11 月「十八屆三中全會」提出構建開放型經濟新體制的發展策略，其主要政策和措施包括：加強服務貿易發展；建立上海自由貿易試驗區；積極推動自由貿易區戰略，強調堅持世界貿易體制規則；全方位推進區域經濟合作，建立開發性金融機構，加快同周邊國家和區域基礎設施互聯互通建設、

推進絲綢之路經濟帶、海上絲綢之路建設，形成全方位開放新格局。

對中國大陸而言，「一帶一路」倡議或發展策略的提出有其深厚的政經意涵，總結有下列幾個面向：[61]（1）創造新的經濟增長點，維繫大陸經濟的永續發展。（2）與亞太地區周邊國家增進合作關係，以維護亞太地區的和平穩定。（3）「一帶一路」進程中推進人民幣的國際化。（4）推動中國大陸對外援助轉型，並藉此為開展「新南南合作」創造新的合作平台。（5）配合自由貿易試驗區的推展，加速大陸經貿和金融體制改革，加快中國大陸融入全球化。（6）化解美國重返亞洲與亞太再平衡戰略所帶來的不利影響。

如果從純經濟的角度來看，中國大陸除了具備基礎設施建設，生產建築材料的產業具有比較優勢，以及充沛的外滙儲備的優越條件外，中國大陸更有發展階段的優勢，亦即改革開放以來大陸依靠勞動密集型加工製造業的發展成為世界的工廠、最大的出口國，然而隨著工資水平不斷上升，勞動密集型加工業逐漸失去比較優勢，可藉「一帶一路」倡議轉移到其他低工資水平的國家，延續這些產業的生命周期[62]。

「帶路」倡議的內涵、特點和推行成效

2013 年 9 月，中國國家主席習近平在哈薩克演講時提出「絲

---

61 盧鋒、李昕、李雙雙、姜志霄、張杰平、楊業偉，「為什麼是中國？──『一帶一路』的經濟邏輯」，國際經濟評論（北京），2015 年第 3 期，頁 9-34。

62 林毅夫，「一帶一路與自貿區：中國新的對外開放倡議與舉措」，國際貿易研究（北京），2017 年第 4 期，頁 3-5。

綢之路經濟帶」的構想；同年 10 月，習近平在印尼國會演講時提出共建「21 世紀海上絲綢之路」。2013 年 11 月，「一帶一路」的概念寫入「十八屆三中全會」的《決定》，被提升到國家發展戰略層級。2014 年以來，「一帶一路」從概念向具體的建設項目方向推展。2014 年中共對此一發展戰略進行研究和規劃，發起建立亞洲基礎設施投資銀行和設立絲路基金。11 月 8 日，中國宣布出資 400 億美元成立絲路基金。

「一帶一路」即「絲綢之路經濟帶」和「21 世紀海上絲綢之路」。「一帶」是由渝陝甘出發，經新疆、穿過哈薩克、俄羅斯和東歐至德國港口城市杜伊斯堡；「一路」則是沿東海和南海、穿過馬六甲海峽、經斯里蘭卡、從紅海進入地中海，最終在杜伊斯堡完成。

倡議提出之後，海外媒體便把「一帶一路」解讀為「中國版馬歇爾計劃」，並把其核心內容認定是「國家承擔貸款風險、企業輸出過剩產能與人民幣國際化的三位一體」。但是大陸方面有學者認為，這是對「一帶一路」的誤讀。畢竟，二次大戰後美國實施的「馬歇爾計劃」實際上是在一定時期內（1947-1951 年）對其西歐盟國進行的一場經濟恢復援助。相比之下，「一帶一路」並不是對外援助，而是一種新型的區域合作機制，是中國新時期對外開放的新舉措。同時，「一帶一路」絕不是一個短期的合作項目，而是要打造成一個經濟外交的新平台。

事實上，根據中共的規劃，此一發展戰略的重點方向，陸上依托國際大通道，以重點經貿產業園區為合作平台，共同打造若干國際經濟合作走廊；海上依托重點港口城市，共同打造通暢安全高效的運輸大通道。很顯然的，中共有關「一帶一路」的發展戰略有其經濟空間格局的規劃，期能打造綜合樞紐城市為契機，以公路、鐵路、港口、航運等為重點，使亞洲基礎設施朝向更加聯通、更加便利方向發展，

促進亞洲「大聯通」。與此同時，可以加快大陸高鐵與裝備製造業「走出去」，在海外設立零部件和研發基地，也可透過價值鏈帶動周邊國家的發展。至於建設資金，則有賴於亞投行和絲路基金，為有關沿線國家的基礎設施建設提供資金支持，促進經濟合作。

根據大陸的統計資料顯示，中國大陸與「一帶一路」沿線國家貨物貿易由 2013 年的 1.04 萬億美元增至 2020 年的 1.35 萬億美元，占中國大陸貨物貿易總額的比重由 25％升至 29.1％。另根據中國海關數據，2020 年中國與 140 個簽署「一帶一路」合作文件的國家貨物貿易總額達 1.9 萬億美元，占中國大陸貨物貿易總額的 40.9％。亞洲是中國大陸與共建「一帶一路」國家開展貨物貿易最集中的地區，占中國大陸貨物貿易總額比重高達 67.7％。

在投資方面，2020 年中國對「一帶一路」沿線國家非金融業行業直接投資總額 178 億美元。其中裝備製造業、信息技術業、科研和技術服務業為投資的重點行業。中國對「一帶一路」沿線國家的投資占對外投資總額的比重由 2019 年的 13.6％上升到 2020 年的 16.2％。

自 2015 年亞投行成立以來，在促進亞洲國家基礎設施建設方面也發揮了重要作用。亞投行投資項目從 2016 年的 8 項增長到 2020 年的 45 項，投資總額從 2016 年的 16.9 億美元增長到 2020 年的 99.8 億美元，增長了近 5 倍。亞投行廣泛投資於交通、金融中介、ICT 產業等 11 個領域，這些領域涵蓋了地區基礎設施建設等各個領域。[63]

2020 年，在新冠肺炎疫情衝擊下，中歐班列和西部陸海新通

63　林桂軍、郭龍飛、展金泳，「『雙循環』對我國對外貿易發展的影響與對策」，國際貿易（北京），2021 年第 4 期，頁 22-31。

道運輸呈現逆勢增長。其中，中歐班列累計開行 1.24 萬列，運送 113.5 萬標箱，同比分別增長 50% 和 56%，年度開行數量首次突破 1 萬列，單月開行均穩定在 1,000 列以上，通達境外 21 個國家的 92 個城市，目的城市比 2019 年底增加 37 個。西部陸海新通道全年開行班列 4,596 列，同比增長 104.9%，開行數超過前 3 年總和，較 2017 年的 178 列增長了 24.8 倍，創歷史新紀錄。

地緣政治風險與債務陷阱疑慮

　　「一帶一路」涉及至少 65 個國家，在語言、文化、經濟發展水平、宗教信仰以及意識形態上存在較大差異。儘管中國提出政策溝通、設施聯通、貿易暢通、資金融通、民心相通等「五通」策略，但是對於此一複雜的政治和經濟社會環境，在一定程度上對雙邊國家貿易的順利開展形成了阻礙，使雙邊國家的投資和貿易合作面臨不少挑戰。

　　「帶路」沿線國家基本上政治局勢相對不穩定，某些國家仍然存在政局動盪，大多數經濟社會發展落後，政府治理體系不健全和治理能力較弱，政府管理質量欠缺，貪污腐敗現象嚴重，社會法制程度較低，再加上，時有發生恐怖主義和宗教極端主義猖獗，部落和民族糾紛不斷，這些政治和社會風險使「帶路」倡議的推展承受鉅大的壓力。在經濟環境和條件上，這些發展中國家普遍以自然資源和半成品為主，且以此為基礎大量出口的單一經濟結構仍未改變，其經濟受國際市場變化影響而呈現大幅波動，顯現經濟的脆弱性。

　　以中國在非洲的經貿合作區為例，經貿合作區是中國企業群體

對外直接投資方式的具體展現。截至 2019 年，中國在非洲建成運營 30 多個經貿合作區，入駐企業 430 多家，投資累計超過 66 億美元，上繳東道國稅費近 10 億美元，吸納勞動力 4 萬人。但也面臨投資回報率低、盈利點不高，導致建區企業壓力大；發展定位不明確，產業結構不合理；雙方認知差異大，交流合作機制不健全，優惠政策難以落實執行；配套基礎設施和投資環境欠佳，投資收益存在不確定性；資金、人才和管理等要素不足，導致投資產生經營困難等問題 [64]。

除經貿合作區外，「帶路」倡議在沿線國家投資和經濟合作的另一重要特點，便是投資建設涵蓋鐵公路、港口、高鐵等交通設施，以及發電廠、核電廠等能源設施，主要項目包括：衛星通信、蒙奈鐵路（肯亞蒙巴薩—奈洛比鐵路）、中匈協議、巴基斯坦卡拉奇—拉合爾高速公路、巴基斯坦卡洛特水電站、中亞天然氣管理項目、印尼雅萬高鐵、德黑蘭馬什哈德高鐵、寮國高鐵、孟加拉希拉甘傑電站二期等。這些基礎建設基本上都是各東道國經濟發展所需要的，但是由於雙方合約內容及後續營運等問題，引發了債務陷阱外交的疑慮。

所謂債務陷阱外交（Debt-trap Diplomacy）意指一種以債務為基礎的雙邊外交關係，其作法為債權國刻意的向另一國提供大量貸款，在債務國無法履行債務義務時強迫該國在經濟或是政治的讓步。在「帶路」倡議推展過程中，最常被引用作為淪入債務陷阱的兩個例子，便是斯里蘭卡和馬來西亞的投資案例。

斯里蘭卡曾與中國簽訂深水港「漢班托塔港興建案」，中國投

---

64 高連和，「中國在非境外經貿合作區升級的困境應對及風險防範」，國際貿易（北京），2021 年第 3 期，頁 1-18、43。

資 15 億美元，後來斯里蘭卡無法償付，因此將該港口租借給中國
99 年以償債。至於馬來西亞的案例，首相馬哈迪在 2018 年訪問
中國之前，一度將東海岸鐵路、兩條天然氣管道工程等與「一帶一
路」相關的工程喊停。在經過幾個月的磋商，雙方同意砍掉三分之
一的經費，恢復這項可由南海通往麻六甲海峽的交通建設，隨後又
在 2019 年加以更改，重新評估經費及施工日程。但這究竟是債務
陷阱外交，抑或是雙方商業利害的協調，只有當事國最為瞭解。

國際經貿格局和規範下的「中國方案」

隨著 2005 年杜哈回合談判陷入僵局，多邊談判進程受阻，美日
歐等已開發國家選擇優先與部分國家在某些具體問題達成協議，然後
再逐步擴大其議題範圍，進而達到重塑世界貿易規則和格局的目標。
與此同時，隨著新興經濟體的崛起，對國際機制由已開發國家主導
的經濟格局愈來愈不滿，但是依相對經貿實力而論，已開發國家仍
然具有絕對實力優勢，為避免新興國家的挑戰，選擇將新興國家納
入到既有的機制中，進而以規則來引導和塑造新興國家崛起的進程。

2010 年 4 月世界銀行投票權數改革，已開發國家向發展中國
家轉移 3.13％的投票權，使發展中國家的投票權上升至 47.19％，
這是該組織治理結構改革的一大突破。中國的投票權從原先的
2.77％提升至 4.42％，取代德國成為僅次於美國和日本的世界銀行
第三大股東國，美國擁有 15.85％、日本 6.84％的表決權。同樣的，
2012 年國際貨幣基金會投票權數改革也提高新興經濟體的投票份
額，七大工業國（G7）投票份額占 44.5％，而具代表性的新興經

濟體，中國、印度、俄羅斯、巴西、墨西哥、韓國等六國投權數占17.87％，中國投票權數由原先的3.83％提升到6.41％，僅次於美國的17.45％、日本的6.48％。然而，在這兩大國際經濟組織中，任何重要決議必須由85％以上表決權決定，美國絕不會讓出此種具一票否決的權限。

由於國際經貿規範和運行掌握在已開發國家，尤其是美國手上的形勢並非短期所能調整，基於此，中國對外經貿發展策略的主軸便是積極參與國際經濟和金融治理，而「帶路」倡議的推展卻已對國際政經格局帶來相當的衝擊。

「帶路」沿線國家可劃分為六大經濟廊，即新亞歐大陸橋經濟走廊、中蒙俄經濟走廊、中國－中亞—西亞經濟走廊、中國－中南半島經濟走廊、中巴經濟走廊和孟中印緬經濟走廊。由於六大經濟走廊的基礎設施建設設有側重，而且不同國家資源稟賦不同，經濟結構和發展水平也存在差異，其廣大腹地和潛藏的經濟資源亟待開發。「帶路」貫穿亞歐非大陸，一頭是活躍的東亞經濟圈，一頭是發達的歐洲經濟圈，除經貿合作和投資外，中歐班列車連通歐亞，而以重慶、廣西等西部省（區、市）為中心的西部陸海新通道，更可銜接中國長江經濟帶與中南半島，在中國區域協調發展中具重要戰略地位。總體而言，「帶路」倡議的推展對國際政經格局所帶來的影響，主要為：

第一、「帶路」合作溝通機制的形成。從2017年開始中國舉辦「一帶一路」國際合作高峰論壇，邀請相關國家相互溝通，協商經貿合作事務，期能加強發展政策的對接，加強基礎設施互聯互通和政策的落實。此外，為避免地緣政治風險，或純粹商業糾紛所可能帶來的爭端或利益損失，2018年中國也提出設置國際商事法庭的建議，以期從規則和法治對各種不確定性風險提供保障，這些機

制化措施將成為沿線國家政策溝通的平台。

第二、亞投行是對國際金融體系的重要補充。亞投行是中國積極參與國際經濟治理的重要舉措，由於定位和業務重點不同，亞投行與現有多邊開發銀行是互補，而非競爭關係。亞投行側重於基礎建設，而現行世界銀行、亞洲開發銀行等多邊開發銀行，則強調以減貧為主要宗旨，亞投行致力於促進亞洲地區基礎設施建設和互聯互通，可彌補目前多邊開發銀行不足，有助於推進全球經濟發展。

第三、人民幣國際化穩步推展。2016 年人民幣正式納入 IMF 特別提款權（SDR）的一籃子貨幣，成為人民幣國際化歷程中的重要轉折點。近年來在「帶路」的引領和匯率形成機制改革的背景下，人民幣國際化進程迅速推進，帶動人民幣跨境結算規模的快速增長。截至 2020 年 6 月人民幣國際支付市場占有率以 1.76％居世界第五，美元以 40.33％的支付占比穩居世界第一，歐元、日元、英鎊分別以 34.10％、7.08％和 3.74％位列第二到第四名，這主要得益於近年來人民幣的風險緩釋作用和「帶路」沿線國家人民幣使用的提升 [65]。

東南亞是「帶路」倡議與「印太戰略」競逐點

在中國逐步崛起的過程中卻也面對著並不友好的國際環境，一

---

65 李俊峰、尉遲言秋、蘇睿智、劉笑萍，「基於國際化戰略的人民幣跨境貿易結算研究」，國際貿易（北京），2021 年第 1 期，頁 57-66。

方面，近年來英國脫歐，歐洲部分國家民粹主義回潮，為中歐關係帶來諸多不確定性；另一方面，美國將中國的崛起視為威脅，拋出中美脫鉤論，對中國頻繁發起貿易戰和科技戰，並積極進行印太地緣戰略謀劃，實施具有政治經濟軍事主動性的戰略運作，意圖掌握印太地區經濟政治發展帶來巨大機會，確保美國在該地區和世界的領導地位。

　　美國已經將中國視為「首要戰略競爭對手」，千方百計打壓中國快速提升的綜合國力已成為美國全球治理戰略體系的主要任務。從川普政府到拜登政府，對中國的貿易戰、金融戰至科技戰無所不用其極，確實對中國的經濟發展帶來相當的風險，主要包括[66]：中國在科技領域威脅美國領先地位，經營業務涉及新疆、西藏、香港、南海、軍工、宗教等敏感議題，侵犯美國知識產權、向美國敵對國家出口包含美國技術和產品的產品，違反美國禁令與其制裁對象進行貿易，全球市場占有率高的企業觸犯美國反壟斷法，在全球範圍內與美國有輕微聯繫的賄賂行為等，這些缺乏明確主客觀標準的指控勢將對中國的對外經貿關係的拓展帶來相當的影響。

　　在美國現行地緣政治和經濟框架下，自然不能無視於中國「帶路」倡議的推展對國際政經格局的影響。2021 年 6 月中旬在英格蘭康瓦爾（Cornwall）舉行的七大工業國（G7）峰會，美國總統拜登推出「重建更好世界」（Build Back Better World, B3W）的基礎建設計劃，認為將成為比中國「一帶一路」更為優質的選項，並可以抵禦中國擴張。這項由美國主導結合西方已開發國家的高標準、價值導向的基礎設施夥伴投資計劃，將幫助發展中國家改善到

---

66 張岳然、張曉磊、楊繼軍，「美國長臂管轄權域外濫用與中國應對策略」，國際貿易（北京），2021 年第 3 期，頁 36-42。

2035 年所欠缺總值超過 40 萬億美元的基礎設施需求。

事實上，前美國總統川普早在 2017 年美國國安報告中便指出，中國透過「一帶一路」倡議，斥巨額資金在沿線國家興建基礎建設，以擴大其地緣政治影響力，並間接挑戰到美國的全球領導力和國家利益。

根據拜登政府的初步規劃，此一針對中國的美國版「一帶一路」計劃，是以政府擔保貸款來催化美國和新興國家龐大的民間資金，以共同投入發展中國家的基礎建設，帶動其經濟成長並改善民眾生活，而投資的領域涵蓋對抗 COVID-19、氣候變遷、婦女經濟賦權、健康、照護、科技、教育、糧食安全以及基礎建設等。

儘管 B3W 基礎建設計劃是驅動民間資金帶動發展中國家做基礎建設和改善民生，這與「帶路」倡議和亞投行致力於改善發展中國家基礎建設的方向和投資規模有相當的落差，並且西方已開發國家是否配合美國拜登政府的規劃仍有待觀察。但是在國際政經舞台的角力中，東南亞一直是中美兩國競逐的重點地區。

事實上，東南亞國家對「帶路」倡議的認知和接受度也存有相當的差異性，這給美國的 B3W 計劃有發展的空間。有研究指出，東南亞國家對「帶路」倡議的認知和態度可分成三類：一是大力支持的國家為柬埔寨、寮國、泰國；二是有限支持的國家為印尼、新加坡、文萊、緬甸；三是搖擺國家為馬來西亞、越南。另外，若從地緣引力結構來看，中國在寮國、柬埔寨、緬甸占據優勢地位；美國在新加坡、印尼、菲律賓占優；而泰國、馬來西亞、越南則是均衡分布狀態，也是未來地緣博奕的著力點[67]。

---

67 高程、王震，「高質量發展『一帶一路』倡議的差異化分層路徑探析」，中國外交（北京），2021 年第 9 期，頁 74-87。

　　儘管如此，東協國家向來不希望在紛紛出現的各種印太地區秩序提議中靠邊站，使亞洲多邊主義機制發展中既有的「東協中心」地位受到實質傷害，這是大國競逐必須嚴肅思考的問題。

台灣對外經貿發展策略應有的選擇

　　檢視台灣經濟發展歷程，在國際分工中尋求適當的定位是推進台灣經濟增長的動源。然而，1990 年代中期以後，意識形態左右了台灣經濟發展策略的走向，忽視了國際政經局勢的轉變，使台灣經濟無法充分釋放應有的動能，影響台灣經濟增長。

　　對台灣經濟而言，東南亞國家市場俱有重要的意涵。其一，自1960 年代至 1980 年代中期，東亞經濟發展模式為舉世稱頌的「雁行模式」，東亞四小龍和東協國家是美日領頭雁的兩翼，而包括台灣在內作為美日加工基地的四小龍，更成為美日產業和技術轉移至東南亞的橋樑。其二，東南亞資源豐富、人口眾多且具地緣鄰近性之條件，因此一直是台灣急欲擴展並藉以降低對歐美市場過度依賴的重要經貿夥伴。明言之，東南亞國家一直是台灣對外投資和貿易的重要市場，但是被標上「南向」和「新南向」，便隱含濃厚的政治色彩。

　　1980 年代初期以來，中國大陸改革開放政策的推展改變了世界經濟，特別是亞太地區經濟的格局。由於大陸經濟所具有的比較優勢和投資環境的不斷改善，1980 年代後期以來掀起一股台商赴大陸投資的熱潮，兩岸並建立日益緊密的經貿關係。為避免台灣經濟過於依賴大陸，自 1993 年至 2003 年間台灣推動了三波南向政

策，試圖藉此減輕對大陸經濟的依賴，但並未產生預期的效果。馬英九總統執政時期營造兩岸前所未有的和平發展環境，並將中國大陸納入國際分工體系，帶動台灣經濟增長，但也引來經濟過度依賴大陸的批評。

2016 年台灣政局再次政黨輪替，蔡英文政府的對外經貿政策便是以「提升對外經貿格局及多元性，告別以往過於依賴單一市場現象」、「建立緊密的經濟共同體意識」的基本思路，並提出「新南向政策」期能擺脫對中國大陸經濟的依賴。

根據蔡政府所提出的「新南向政策」政策綱領，其總體及長程目標是要促進台灣和東協、南亞及紐澳等國家的經貿、科技、文化等各層面的連結，共享資源、人才與市場，創造互利共贏的新合作模式，進而建立「經濟共同體意識」。短中程目標則是要促進並擴大貿易、投資、觀光、文化及人才等雙向交流；同時要擴大多邊和雙邊協商及對話，加強經濟合作，並化解爭議和分歧。

在經貿投資和產業布局方面，新南向政策的主要連結點為：1. 運用台灣在醫療、教育、科技發展、農業合作、中小企業等廣泛經驗，推動和東協、南亞及紐澳等國家的多邊或雙邊合作事項。2. 在資通訊、內需產業、能源及石化、新農業、金融服務等領域，建立供應鏈連結。3. 積極爭取參與該等地區的基礎建設，並運用台灣在資通訊軟體的技術優勢，推動與該等國家的網路連結。

在推動區域經濟合作方面，新南向政策將繼續推動和東協、南亞及紐澳等國家簽訂雙邊投資、租稅等協定，並積極與主要貿易夥伴洽簽 ECA 或個別項目經濟合作，以厚植加入 CPTPP、RCEP 的基礎和能量。

新南向政策推行成效如何，一直是眾所關切的問題。根據政府海關統計，2020 年台灣對全球進出口貿易增長 2.8％，其中出口增

長 4.9％，進口增長 0.3％；在對新南向市場的進出口貿易卻衰微 2.9％，其中出口下降 3.2％，進口下降 2.5％。而對中國大陸和香港的出口金額衝破 1,500 億美元，達 1,514.52 億美元，創下歷史新高，較 2019 年增長 14.6％，貿易順差達 866.73 億美元，對大陸出口占整體出口比重達 43.8％，較 2019 年 40.1％提升了 3.7 個百分點。很顯然的，新南向政策的推動並未產生與中國大陸經濟脫鉤的預期成效。畢竟，兩岸經貿關係的發展深陷於「政府管制」與「市場驅動」兩種矛盾或角力中，而「市場趨動」應是國際分工的引導力量，應獲得決策者的高度重視。

至於蔡政府期望能積極參與亞太區域經濟整合的規劃，勢將面臨嚴肅政治考驗。蓋因進入 21 世紀以來亞太地區以中國大陸和東協為核心的區域經濟整合已逐漸成形，而大陸在世界經貿的話語權愈來愈有其重要性。因此，在「一個中國原則」下，台灣要突破參與區域經濟整合的困境將受到諸多限制，將使台灣經濟被邊緣化。在美國拜登政府提出 B3W 基礎建設計畫之後，有論者建議蔡政府應積極參與此一規劃，以爭取海外商機，並為台灣開濶更大的國際活動空間，完全忽略當前印太的政經格局和東協國家不選邊站的政策立場。明言之，僵化的決策思維和短視的國際視野，才是導致台灣經貿發展和國際空間的拓展陷於困局的關鍵所在。

第10章

兵凶戰危非兩岸之福

帥化民（國軍退役中將、前立法委員）

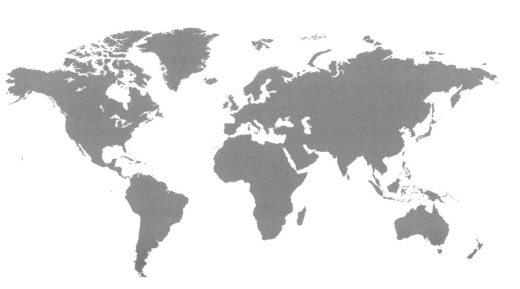

死生之地，存亡之道

　　兵者國之大事，死生之地，存亡之道，不可不察。亡國之徵有四，政不修、經濟衰、軍力疲、人心散。當下對岸中共之威脅日盛，而我國各項安全指標逐年下滑，兼之中美博弈劇烈，身處夾縫之中，左右失衡。台灣已被國際視為最危險之地，國人卻茫無所覺，或寄望於美日馳援台灣之迷思。當戰爭一旦爆發，台灣是唯一戰場，「死生之擇」豈能不察、本文僅就中共、我、美三方戰略思考、衝撞下啟戰之前，探討我國求存之策。

國防預算與國防

　　我國防預算是依國家安全形勢而消長，中華民國國防預算可分幾個階段變化。

　　（一）自西元 1949 年至 1981 年，美對台軍援 31 億美金，在60 年代依海峽天塹、海空軍優勢、古寧頭大捷，暫阻共軍犯台，然國家形勢依然嚴峻，國家財力多用於軍費支出。西元 1962 年曾高達 78%，而後逐年降低到 49%。

　　（二）自從韓戰以後，亞洲赤化很快，美國戰略思考丕變，對我恢復邦交、協防台灣、恢復軍援軍購。國軍獲得韓戰戰後大量軍品，自此以後武器換裝很快。空軍 F34、F86、F100、F104 等優質戰機到位，掌握海峽優勢，軍機在大陸東南進出自如。陸軍M48、M41 戰車、海軍陽字號軍艦等武器裝備質量概同美軍現役裝備。我國國防預算占國家總預算 49%，全用於維持龐大軍事所需，兼之有美軍協防條約第七艦隊巡弋，國家安全無虞。國軍 60

萬軍隊訓練日益精良，大陸正值文化大革命、大飢荒，蔣公反攻大陸心愈熾。同時期中共兩彈三星核武發展，美國不希望引起世界大戰，因此阻我反攻使戰火停熄，台灣開始投資經濟發展。

（三）西元 1978 年經國先生執政，有鑑於基礎建設之需要，國防經費調降至 35%。美國軍售原則以平衡兩岸軍事差距，所購品項價格逐年增加，軍品品質又受限「台灣關係法」，武器定位在防禦型武器。飛機油箱小、航程短，飛彈僅作防空，對已經擁有之裝備零件以停產或已淘汰而停止供應，造成 F104 戰機以兩三架併一架或在德國廢品尋找零件做拼湊，因此我國空軍飛行員折損甚鉅，這是美中建交後遺所導致，此階段國防預算停止成長，國軍現代化腳步趨緩。

（四）西元 1988 年到 2018 年，李登輝、陳水扁、馬英九時代，軍購日益困難，遂託新加坡及以色列暗盤代購，或向法國採購幻象戰機、拉法葉艦以維國安。此時中共由於鄧小平改革開放，國防預算增加，國防現代化腳步加快。共軍各項尖端武器投入研發製造，兩岸軍力自西元 2000 年失衡，至 2005 年成急遽性差距。

（五）蔡英文時代，長年以來美售軍品多為庫存，軍機 F16AB 改裝 F16V 所費不貲，自製教練機（實為 IDF 改裝）、潛艦自製，有鑑於掃雷艦自製之騙局，未來潛艦之質量與戰力尚待觀察。近年來美中爭霸升溫，雙方軍演頻繁，美國為堅定我國抗中信心，銷售大量軍品，國防預算陡升。

國防預算是建軍備戰的原始動力，其支付包括人員維持（薪俸，占五成以上）、裝備維持（零附料件）、軍品產製（軍購及研發）等必要開支。近年來募兵制造成人員維持費大幅成長，潛艦自製、飛彈量產，加上美方強迫傾銷庫存軍品，2022 年國防預算增長到 5,000 億，必須舉債以付（追加 2,000 億）。兩岸國防預算已拉大

到 16 倍之差距，長此以往國家財力無法支應，而這類軍品之質與量在戰場效益能否達標？軍備競賽在美國強力催促下自此展開，國債危機將不知止於何底，是消弭戰爭還是誘發戰爭有待觀察。

中美大國博弈與我國之關係

　　中美大國博弈早在歐巴馬執政時期就已經展開，這是兩強爭霸之局，美國繼承馬漢海權論思想，利用二次世界大戰戰果，美國在最尖峰時期，曾在國內建立 4,400 個軍事基地，在國外建立 600 個軍事基地，概分三個戰略區。美國國內基地除海空機場港口外，擁有眾多訓練中心、兵科學校、軍事院校，以利戰時迅速擴充。海外包括歐亞非三大洲，共 14 個基地群，掌控五大海峽，如博斯普魯斯海峽、達達尼爾海峽、直布羅陀海峽控制歐俄出海；荷姆斯海峽、蘇伊士運河掌控中東；馬六甲海峽掌控亞非海運線。海上航運是各國經濟命脈，戰時海外基地即為美軍前進基地哨所，海外基地以圍堵蘇聯為主，兼之掌控中東。近期轉移到亞洲，劍指中國，遂有印太戰略部署。且有鑑於中國海軍日益茁壯，艦隻總數已超越美軍，第一島鏈中的日、韓、台、菲有被突破之虞，遂加強第二島鏈之部署，以關島、澳洲、印尼為防線，同時規劃阿拉斯加、夏威夷、帛琉的第三層防線。反觀第一島鏈的突破口必在台灣，因為美國與韓、日有建交及駐軍，亦有協防條約，一旦衝突即捲入中美正面對決。

　　台灣目前在美仍屬模糊戰略，即無正式邦交，亦無協防條約之羈絆，所謂承諾亦只是美國國內法（台灣關係法），查其內容台灣自力防衛，美方僅提供防衛所需之武器。中國視台灣為核心利益，是「主權」之爭，美國視台灣為重大利益，利益包括第一島鏈之完整，有無盡無止的軍售利益。這是「利益」之爭，以此相比較孰輕

孰重，美國的戰略模糊含有台灣可棄可守之彈性選擇。近年來共軍軍演頻繁，僅 2013 年十月初，四天內 149 架次軍機繞台，針對英美六國盟軍 17 艘艦隻在台灣以北、沖繩南方及巴士海峽、菲律賓、南海軍演。中俄海軍十艘戰艦穿越輕津海峽繞日本一周，此情況顯示台灣已成為戰爭可能的爆發點，又有火藥桶之稱。從英美售澳洲核能潛艦，及英美澳印四國高峰會議一致抗中、強固印太，聯盟做圍堵中國在南海勢力之拓展，威脅中國海上絲路之安全。

中華民國國家安全之迷思

當下因國內政治鬥爭，對國家安全寄身於美國日本的馳援保護。全民國防戰到最後一兵一卒、超額軍售、自製潛艦、刺蝟戰術、城鎮戰、巷戰，完全沒有考慮可行性。

共軍戰力足以犯台已是公認的事實，主動權操之在對岸，無論美日馳援與否，戰場當然是台灣。啟戰時機中國則視其國內外形勢而定，下面就美中大國博奕以及中美大戰略下，台灣的身分價值分析如下：

（一）美國大戰略之一是包圍與衝突，美國二十年前已經看到並且警覺中國低調的崛起，但美國為在中東反恐戰場攫取油源來鞏固美元霸權，深陷於伊斯蘭各產油國，如伊朗、伊拉克、敘利亞、阿富汗的泥淖二十年。自歐巴馬主導重返亞洲開始，增強圍堵中國力道，增建三條島鏈。今天看到核潛艦售澳，搶了法國的訂單利益之外，澳核潛艦可深入南海以制中，這種三重部署亦意味第一島鏈在共軍東風中程導彈威脅下，美日馳援受到中共拒止戰略影響。沿海 2,000 公里紅線，為共軍中程導彈威攝下，美國航母進入拒止圈風險過高，遂有第二、第三島鏈的安排。美軍對我國軍力知之甚詳，又受限於

美中三公報及台灣關係法，不介入兩岸戰爭，只能供售防衛武器。

眼見兩岸軍力愈趨懸殊，中國一旦奇襲台灣，美國馳援不及，造成「既成事實」（美方評估）棄台遂成定局。再看日本前首相菅義偉急急赴美見拜登，美日國防防長會議頻頻希望將台灣海峽納入美日安保條約。因為台灣之得失，對日本影響巨大。釣魚台是中日爭點，日韓亦有獨島情結，日俄有北方四島之爭，台灣海峽又是日本能源通道，日本孤懸其中焉得不急。如果武統戰爭爆發，美國是否介入，是日本最大懸念，美國參戰則日本參與，美軍不來日本只能袖手。

（二）由此觀察國軍只剩下自力防衛，政府卻一再強調美日馳援保護台灣，這是不可靠亦是危險的迷思。把中華民國安全委諸於外國是危險又不切實際，在 1996 年飛彈危機時代兩岸軍力相距不大，在台灣海峽天塹的依託下尚可一戰。從 2000 年開始，共軍戰力急遽增長，在最近三年裡，民進黨政府反中仇中不遺餘力，對兩岸當下軍力嚴重失衡亦心知肚明，為維繫政權，一手推銷亡國感，增加民眾仇恨恐懼雙重情結。而又以美日援台做為保護台灣的主張，有恃無恐繼續以切香腸的手法進行暗獨。中國以反分裂法，台灣以國家安全法對峙。又竄改中華民國歷史，造成軍民國家意識模糊、軍人榮譽淪喪，而軍法廢止則造成軍紀鬆弛、訓練乏力。兩岸戰爭一旦爆發就無法挽回，因為美日馳援與否，台灣都是戰場戰地，砲火無眼、傷亡無限。孫子兵法首篇即是「慎戰」，國家領袖得無慎乎。

美中戰爭之可行性分析

（一）戰爭有規模大小及性質之分：

- 中美核戰相互毀滅（不可能）

- 中美全面傳統武力戰（不可行）
- 中美局部戰爭（有引發大戰之虞）
- 美驅使棋子行代理戰爭
- 對峙消耗（藉友盟或棋子）

　　就美國國家利益而言，運用棋子來消耗中國是最佳選擇。有限局部戰爭通常用以對付弱小國家。若面對第二大國中國，局部戰爭可能會因為戰爭螺旋而升高到全面或核戰，所以美軍直接介入兩岸台海戰爭之意願不高。

　　（二）從美中兩國軍事預算評估，今年度美軍軍事預算高達 7,500 億美金，中國則為 2,500 億外加隱藏 1,000 億，總計 3,500 億美金，兩者相差一倍。兩國總兵力均在 100 到 120 萬之眾，若仔細觀察其耗費：美中兩國用於人事薪資約占 3~4 成，我國則高達 5 成。我們以二兵、中士、中校這三個階級的薪資折算美金做比較（表 10-1）。

表 10-1　美國、中國以及我國二兵、中士、中校薪資比較表（美金）

	美國	中國	我國
二兵	4000	640	1200
中士	6000	960	1930
中校	11000	1600	2448

　　美中兩國軍隊人事（薪俸）相差 6 倍，另外美國維持預算中，包括基地，美國目前軍事基地 1,245 個（含海外 374 個），每個基地除兵舍外，中小學、幼兒園、百貨公司、教室、娛樂一應俱全，耗費甚鉅。

　　此外軍事投資部分，美軍機艦平均年齡三十年、部分已瀕臨汰換壽限，美軍為維持世界霸權已有力有未逮處，家大業大負擔亦大，越是高科技產品，從購買到維修、補給、保養越是昂貴。一艘

福特級航母造價 150 億美金（用以汰換已屆齡的尼米茲級航母），其後勤補保概同；F22 價昂，從 1.5 億美金漲到 2.3 億美金而停產；F35 從 1.35 億美金漲到 1.7 億美金；現在正在研發第六代戰機。以美國當下財力、債務通膨下，將難以支應未來擴大建軍所需。由此觀之，大國軍武競賽全賴國家經濟的成長，表面上兩國軍演頻頻，相爭的目標仍是經濟霸權。中美兩國軍費雖有數額上的差距，但是投資軍備的潛動力卻互有消長之處，在 2035 年即可窺其全貌。

美國對外戰爭的歷史軌跡

（一）「後之先」的大戰略

美國對外重大戰爭一向是待機而動，在一、二次世界大戰中，美國都是最後出手，待交戰雙方精疲力竭之際介入，坐收漁翁之利，造成今天超強霸主之地位。近二十年來反恐戰爭對象都是中東小國，為圖美元霸權油源之掌握，迅速出兵而滅之。對蘇俄大國冷戰近五十年亦未出兵。如今中國國力超越俄國擠身全球第二，中美若因衝突進而打局部戰爭進入全面戰爭，是不可為亦非所能。最廉價手段就是製造分裂，二戰後全球有東西德、南北越、南北韓、印巴、伊敘、以阿諸國分裂或重劃，種下戰亂的基因使烽火不熄，英美列強坐收漁利。對強國如蘇聯只能用軍備競賽拖垮之，對開發中國家用製造內亂消耗國力，利用宗教或文化歧異挑動撩撥，如阿拉伯之春引起中東 14 個國家紛亂或取之或滅之。此外，香港反送中、疆獨、藏獨均屬之。利用歐洲懼俄所以有北約，韓日印懼中遂有島鏈、印太戰略而圍之。這就是伐謀伐交，不戰而屈人之兵的政治加軍事戰略所達成。

（二）美國以人道主義發動戰爭之後遺：身處和平的人不覺得

和平可貴，多以人道、民主、人權做為啟戰的藉口來爭霸權、爭宗教文明、爭意識形態。在二戰後全球戰爭 248 次，美國占 80%，約 200 餘次。除 50 年代韓戰、越戰外，近 20 年間藉反恐之發動戰爭，被戰火波及的國家計有：科索夫、利比亞、敘利亞、伊拉克、葉門、南聯、阿富汗、古巴、北韓、伊朗等十幾個國家。

　　除去戰爭死傷軍民不算，戰後高達 2,600 萬難民流離失所、衣食無著，其中近半數流向歐洲，除德國收容部分難民外，仍有百萬難民被阻絕在土耳其、希臘邊境。這是人權、人道主義所希望的結果？且這些所謂人道戰爭中大量使用非人道武器，例如越戰大量使用澄劑（落葉劑），戰後遺毒迄今猶存，如癌症、兒童畸形比比皆是。中東戰場使用貧鈾砲彈（破甲彈），科索夫、波士尼亞戰場用四萬發，伊拉克使用高達 3,400 噸，所有碎片均含輻射危害（半衰期達億萬年），除危害人民外，土地亦遺毒萬年。

　　（三）美國國內的種族歧視，美軍在海外關達那摩、阿布格監獄發生水刑、性侵、虐囚，這是人權國家的作為？

　　（四）藉西方國家人權主義為名，塑造成普世價值，在新疆、西藏挑起爭端，以禁運、禁買，對開發中國家行霸凌作為。

　　（五）伊斯蘭文明與基督教文明衝突近千年，西方價值觀硬性移植到其他文明國也是戰爭的宿因。

　　（六）國家制度的演化：資本主義、馬克思主義、社會主義在最近兩百年交替出現在民主國家和極權國家，優劣榮辱互現，我們篤信的民主自由法治，近年看到英美這些老牌民主國家由於選舉制度，使原本應選賢與能的領導人從菁英分子被譁眾取寵的政客奸商所取代，國家沒有長遠規劃，傾政府資源於選舉導致國勢日衰，我們所唾棄的獨裁政治人物，如解體的蘇聯卻為普丁所持，新加坡李氏父子創造經濟奇蹟、習近平中國從貧弱到躋身世界第二。因此當下民

主、社會主義兩大主流的國家體制，是有再進化、互取長短的必要。

（七）英美掌握兩百多年海權，掌握全球的經貿與霸權，中俄攜手發展中東、南亞、非洲，透過經濟布建一帶一路貫穿歐洲的發展，經濟地盤已有陸權再度崛起之勢。軍事力量亦必須再度與海權國家相爭相峙，這是可以預見的未來。目前中國以經濟來爭霸權，美國以軍事及外交維護霸權，自從阿富汗撤退，中東、南亞、非洲隱有重新整合趨勢，歐亞板塊有中俄軍力相抗，歐洲德法想自主，中國 14 億加上印度 13 億人口，市場是經濟戰爭不可忽視的目標，亦是軍事、外交合縱連橫的戰場。海權已享有兩百多年的優勢，將逐漸為陸權所取代，中國海上、路上絲路的進展，即為可以觀察的趨勢。台海、南海問題是可以可見之端倪。

美國自評介入台灣之勝負

美國在 2018 年召集 75 位軍事、情報及友盟專家評估中美在台戰爭是決定性失敗。2019 年美國前國防部副部長沃克召集軍方做 18 次兵棋推演在台作戰均失敗作收。2020 年美國國防報告承認對中國軍事作戰，無論陸基飛彈（地面發射）、空中巡弋飛彈（空射）與近迫防空都輸於中國，而這三項是中國解放軍用以對付台灣的利器，美軍唯潛艦發射戰斧飛彈攻擊中國後方是有可能亦可全身而退，從去年迄今共機繞台均有反潛機、電偵機多次繞行台灣南部、巴士海峽與北部宮古海峽，因為只有這兩處海峽的深度可以提供美國潛艦潛入之水道。

台灣西海岸海峽均屬淺灘水域，水深不及百公尺，水淺又礁石密布，潛艦難以藏身，因此美軍用巴士海峽潛入對中國廣東、福建沿海基地可運用戰斧巡弋飛彈予以打擊，這也是解放軍軟肋，因為

中國最大的三個經濟區，渤海、長江三角洲、珠江三角洲都在濱海位置，也容易受到潛艦戰斧飛彈的攻擊。

美國援台作戰之實力

（一）軍事作戰首言戰力，其中包括有形戰力與無形戰力，無形戰力是作戰意識與軍心士氣，美國是募兵制，沒有意識形態、國家認同問題，國家、責任、榮譽對美軍而言沒有問題，作戰經驗亦比共軍豐富，投入戰爭非常銳利。唯一缺點是沒有耐力，時間一久，吸毒、自殘經常發生，死亡率一高，國內反戰風潮湧起，越戰、韓戰相繼輸掉。孫子兵法有云：兵貴勝不貴久，久則頓兵挫銳。

（二）武統戰場範圍

中國武統作戰範圍：北自日本海、東海、台海，南到巴士海峽，查看最近幾年美、中、日的軍演演習區可知。南海只不過是展演軍力的秀場，真正戰場是在台海。而台灣防衛作戰，成敗則視美日援台能力及強度而定。

（三）共機繞台的涵義

中共軍機繞台從去年（西元 2020 年）九月迄今已逾 843 次，隨著美中關係惡化與台灣反中的態度，繞台的次數急遽增加，對美國軍演或政治鬥爭做立即回應，繞台類似一種反射動作。

1. 繞台路線：台灣北有宮古水道、南為巴士海峽，北繞宮古海峽主對日釣魚台之爭，南部巴士海峽水深可達 5,000 公尺，是進入太平洋深水區，為美中兩國潛艦出入之孔道，繞行在中華民國識別區之南沿，偶爾進入台東外海。識別區不同於領海、領空之主權，是共軍繞台次數最多區域，將台灣海域視為內海。

2. 繞台軍機編組的意義：共機機隊編組由戰鬥機（殲 16）、

戰轟機（轟 6）、電戰機、反潛機、預警機，其中參與繞台必有的是反潛機、電戰機，換言之每次繞台各型戰機有調配，唯反潛偵蒐行為為主，殲 16 主任空戰掩護、轟 6 是遠程拒止、預警機在偵蒐及作戰管制，夜航代替有全天候戰力。依前文分析，共機繞台有四重要涵義。

- 對美、日、台做政治回應
- 對美、日、台展示肌肉
- 封鎖巴士海峽，以利潛艦進出太平洋之水下攻防作戰
- 共軍海空水下聯合作戰訓練

綜合研判繞台真正「軍事作戰」意義在水下潛艦攻防的戰場經營，例如：水文、偵蒐能力、獵殺能力。

3. 無人機：共軍除了發展各式新款的偵察、搜索、打擊的無人機外，又將老舊退休的殲 6、殲 7、殲 8 型米格機改裝成為無人機將近 600 架，可攜帶炸彈、火箭或藥包，在預警機或殲 16 雙座機指揮下對台各基地、雷達攻擊，亦可作神風自殺機。

4. 共軍軍 84 個旅，各類戰機有 2,800 架、海軍 355 艘艦隻、陸軍 100 萬兵力（不含武警）。

中國拒止戰略對美國之威脅

（一）美俄兩國自從退出中程導彈的協議，共軍中程導彈東風系統急速增展，無論質與量都超過美軍，陸基飛彈數量超過美戰艦所攜帶數量。尤以東風超高音速變軌、貼海進襲，加上極音速飛彈，以美國現有反導彈系統無法有效攔截。美航艦含艦載機總價超過百億，航母 5,000 名航員生命，是美軍無可承受之重，航母只能停駐在 2,000 公里拒止線外（如圖 10-1 至圖 10-3）。

圖 10-1　中國解放軍飛彈最大射程圖

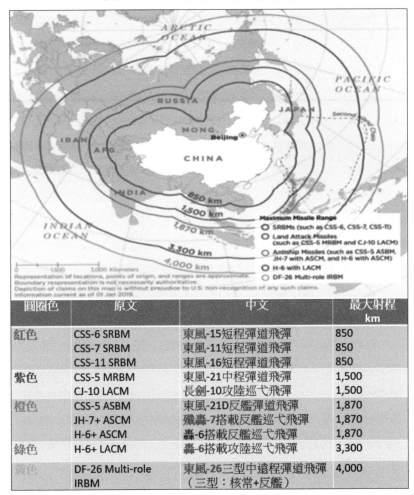

圓圈色	原文	中文	最大射程 km
紅色	CSS-6 SRBM	東風-15短程彈道飛彈	850
	CSS-7 SRBM	東風-11短程彈道飛彈	850
	CSS-11 SRBM	東風-16短程彈道飛彈	850
紫色	CSS-5 MRBM	東風-21中程彈道飛彈	1,500
	CJ-10 LACM	長劍-10攻陸巡弋飛彈	1,500
橙色	CSS-5 ASBM	東風-21D反艦彈道飛彈	1,870
	JH-7+ ASCM	殲轟-7搭載反艦巡弋飛彈	1,870
	H-6+ ASCM	轟-6搭載反艦巡弋飛彈	1,870
綠色	H-6+ LACM	轟-6搭載攻陸巡弋飛彈	3,300
黃色	DF-26 Multi-role IRBM	東風-26三型中遠程彈道飛彈（三型：核常＋反艦）	4,000

資料來源："Military and Security Developments Involving the People's Republic of China 2019", Office of the Secretary of Defense, Annual Report to Congress May 2, 2019.

圖 10-2、3　轟 6K 從安徽二線機場投射至宮古海峽，再前出第一島鏈往東南方向菲律賓海（上圖黃線終點）。此處距離關島約 1,500 公里，正好是空地 20 攻陸巡航導彈的投射距離

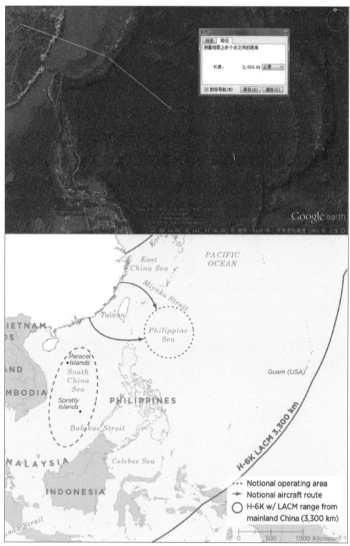

資料來源：＂Military and Security Developments Involving the People's Republic of China 2019＂, Office of the Secretary of Defense, Annual Report to Congress May 2, 2019.

（二）美機無論駐日、駐關島或航母，在首戰即決戰方式下，受航程半徑限制（往返）均無法及時投入台海戰場援台。大家所寄望的美軍航母受制於反艦飛彈，在大陸東南沿海將難以發揮航母優勢海空戰力。一旦介入台海，美軍駐日基地、關島、沖繩會遭到中方飛彈報復性攻擊，演變成中美日的大型戰爭。在承平時代，美機艦巡弋海峽或軍演，亦只是展肌秀顏。

（三）陸戰兵力：美國採募兵制，現役部隊大部分進駐海外，歐洲北約、日、韓、中東。美國本土駐軍有限，一旦爆發大型戰爭必須國民兵及預備部隊中徵集並予以集訓，如在加州爾文基地先作實彈攻防，再去羅斯基地，四個月後才能成軍，再用海空集運奔赴戰場。以波灣戰爭為例，耗時六月才能集結英美聯軍 58 萬之眾展開地面作戰，依據美軍戰力估算原則，對弱國用兵要有一比一點二之優勢，對中等國家要二至三倍可有取勝希望，中國武統戰爭，台海海空決戰先行，一兩星期開放沿海港口後，概估解放軍用散裝貨輪與大型登陸艦輸運下，每日可輸送萬餘兵力，不出一個月增兵三十萬之眾。美軍唯一能快速動用陸戰隊如日本或下地島駐軍約 6,000 之眾，沖繩、廣島陸戰隊約 18,000 人。美中雙方若以地面作戰言，美軍陸軍部隊投入地面戰力不足。

（四）中共兩棲作戰運輸能量：D75 型兩棲攻擊艦 4 艘，為四萬噸級艦，每艘可裝坦克及甲車 305 輛、20 架直升機、3,000 士兵，供一個合成旅之運輸。另 071 型 2.8 萬噸 8 艘、072 型 10 艘，最近把民用滾裝貨輪 1.5 萬噸棒槌島級 63 艘，加上一艘 4.5 萬噸中華復興號領軍，可供一個集團軍登岸作戰。空降軍約 2 萬人可供先期奪台行動、掩護海上登陸。

（五）空間：美台相距近萬里之遙，台灣距大陸僅百餘里之鄰，雙方戰力增長受限於空間，地面作戰陸軍不可及時投入，只剩

下海空是唯一援台手段，美軍能同時調動只有四艘航母，其餘 5~6 艘航母行三個月到半年維修補保，或在西太平洋、中東駐防，航母每艘 70 架戰鬥機，4 艘總共 280 架。共軍沿海機場或內陸轉場援援進入，可集中上千架次。另 S300、S400 防空飛彈（射程 300 到 400 公里），可涵蓋台海及西海岸空域，美中台三方在空戰領域勝負可知矣。美軍唯一不受空間限制的就是核能潛艦的打擊力，這也是解放軍的軟肋之一。根據珍珠港被擊沉的亞利桑那號死傷千餘人，911 恐攻 2,768 人，都引發二戰及反恐戰爭。若美軍不動，則日本航母戰鬥群投入幾無可能。

（六）美軍可能對台遂行之手段：情報分享、衛星監控、電子干擾、網路作戰。潛艦水下攻擊、水下布雷（共軍對水道之偵蒐監控頻繁）。

美軍海空大規模作戰無論是援台意願、代價、能力都無法提供台海安全。

台灣棋子的價值與下場

台灣在美第一島鏈中有不沉航母之稱，位於島鏈中央，控巴士海峽、宮古水道，阻共軍東出之道，在美國軍事戰略上有重大利益價值。而台灣是中國主權「核心」價值，與美國「利益」價值兩者相較輕重有別。從戰爭修昔底德陷阱及戰爭螺旋來看，局部戰爭會提升至全面戰爭，美國顧慮此情況遂以台灣必須自衛，以軍火、情報助之，希望兩岸維持現況。台灣陷入「不戰」、「不降」、「守不住」、「不死」又「無退路」之困境，給美國當馬前卒，三

不五時以台刺激中國，作為美中談判之籌碼，再以庫存軍品軍備攫取金錢利益。只要台民仇中反中情緒高漲，軍備銷售越順暢，國軍真正所需的高端武器不售，過時武器彈藥強迫吞下，近期魚叉飛彈是 40 年前庫存，速度 0.6 馬赫，遠不如國軍自主研製的雄二、雄三、雄昇飛彈性能。魚叉飛彈 100 套 400 枚消耗國軍量產雄三生產線之預算。MQ9 無人機為美斬首利器只能用於無防空網中東小國，台灣既無斬首之情報、導航、操作能力，此一價昂武器毫無用處亦無法飛越共軍防空網。國軍急需垂直升降 F35 不給，把停產 F16AB 改裝射控雷達以 F16V 銷售台灣，性能可抵禦共軍殲 10、殲 11C 機，若對上四代半蘇愷 35、殲 16，五代殲 20 之勝算可慮。潛艦是國軍翹首二十年急需艦隻，被迫雜湊日韓技術作傳統柴油潛艦，來對付中國 76 艘傳統及核能潛艦勝算低。

　　棋子固非我所願，但身為兩大之間弱小國家，受形勢所逼成為美中談判的籌碼。美國為堅定國人抗中之決心，遂以大量軍售售之，用政治話術惑之。美中台灣協議、台美固若磐石、日本以兄弟親情助之，種種虛而不實的政治語言，將台灣推到抗中仇中第一線，一旦中國內部維穩出問題，武統即有提前發動的可能。兩岸戰爭一旦爆發，台灣就成為美國與中國代理戰爭，若組訓後備軍人遂行城鎮、巷戰、山地持久作戰，時間一久成為泥淖，就達到消耗共軍的目的，但我國軍民將付出何等代價。這就是身為棋子的悲哀，既為他人所用，也可為他人所棄。

中華民國國防安全之作為

　　一、國軍的戰略指導可概分為兩派，有前總長所提濱海決勝

（美方認同）與國防部所主張重層嚇阻。兩者所依恃的都是海峽、導彈、空戰，唯一不同的是戰力重點是集中置於海域或加上源頭打擊，兩派各有利弊尚有待扎扎實實的兵推與「備戰具體作為」才是最佳方案。

二、啟戰指導與終戰指導的重要性：國軍擁有部分中程導彈可以對大陸近海的機場港口實施源頭攻擊。雖然戰果有限但好處是可打亂中共軍之作戰準備，延宕中共軍攻擊的時間，爭取我後方作戰準備，或疏散所需時間。唯先開第一槍打第一擊，非國軍所能決定，是三軍統帥總統的指令，也就是啟戰指導。政府國安高層責無旁貸，必須有預先規劃，國防部三軍部隊才能依據而行，這是總統的職權。若採「先制」，我國需負啟戰之責，違反美國台灣關係法之承諾；若不採先制，則有利於中共軍，我將只能被動因應，這是兩難的選擇。

終戰指導，這是更重要決策，無論是獨立作戰或美日援台，台灣陸地縱深有限，對岸以速決傾全力犯台，一旦首戰即成決戰之姿，戰況劇烈國軍傷損到什麼程度才要終止戰爭。若美日介入戰爭成持久之勢，則平民傷損更難以估計，政府有責任作終戰指導進入談判謀和。軍人固然有保衛國家天職奮戰到底，但平民百姓卻不能犧牲殆盡，終戰指導必須做詳盡審慎的規劃。

三、國軍的戰略目標：共軍以戰迫和，國軍以戰求和。歷史上戰爭都是打打談談，國軍必須能抵抗共軍第一擊，並保存戰力以優勢作為取得局部勝利，待國際輿論或外交外力介入，爭取談判條件或籌碼以求得和平。這是務實的做法，決不是政客戰至最後一兵一卒的口號，畢竟兩千三百萬人民的生命至上。

四、抗擊第一擊的準備與戰場經營：未來共軍犯台的戰爭不會是諾曼第式的渡海作為，而是仗空中優勢、導彈、空降、特戰所遂

行「跨海作戰」，因此國軍空軍與我防空導彈首戰、決戰的因素，雷達的存活率越高，我空戰實力越能發揮，我地面反空降、反特攻保護港口越成功，則共軍在海空優勢沒有完全掌控前，地面部隊不會登陸，所以抗第一擊至關重要。我海軍則置重點於陸基、海基反艦飛彈的布署，抵銷我海軍在艦隻數、噸位數不足。空軍機堡抗炸能力提升，機場跑道修復，這都是我空軍能起飛迎擊作戰必要準備。增加機動雷達確保我海空作戰不瞎不聾，戰力得以發揮。在現代化戰爭，數以千計武器系統、後勤補給、兵力調動指揮，聯合作戰早已非人力所能掌控，必須以電腦指管系統取代，因此「戰場管理」的理念與「聯合作戰」指揮體系及能量必須要做大幅精進，才能使國軍有限戰力做最大發揮。

五、無形戰力的重建：軍人作戰最原始的動力在於──

（一）國家意識：為國犧牲是軍人捨生忘死的動力，因此國家意識不能因政黨鬥爭而模糊。

（二）軍人榮譽：槍林彈雨血流漂杵的戰場景象，造成人皆畏死，唯有具軍人尊嚴的部隊能戰敢戰，不然與一般平民無異。

（三）軍人責任：軍人責任在於嚴守紀律、嚴格訓練，戰場上較量的不只是槍砲彈藥、人數多寡，戰史上能以少勝多，多半是紀律嚴明、訓練扎實的部隊。

國軍除添購必要的武器裝備以外，無形戰力的重置重建亦屬必要。

中美兩國博弈競爭，其手段不外軍事、經濟、科技、認知四個作戰方式。當下除了新疆人權議題，獲得西方白人國家指責聲量外，當下科技、經濟作戰正打得熱火朝天，但美國並未獲得任何優勢或具體成果，若不能得逞，最後只剩下軍事作最後手段。目前種種跡象美軍正積極在布局或準備，再利用台灣政客仇中反中的配

合下，用台獨來刺激武統，挑起兩岸戰爭，用擴大軍售增加兩軍傷亡，結下更深的仇怨，最後不惜動用美國海空軍介入，進行有限局部戰爭，昇高戰爭的螺旋。設想美中台三方軍力都投注在台灣戰場，那是血流漂杵的慘況，中國人自相殘殺，唯一獲利是美國，而且付出代價最少。犧牲的是台灣這個棋子，既拖延中國的崛起，亦維繫了美國苟延殘喘的霸權。這值得兩岸人民睿智的深思，一方要放棄台獨不實的幻想，大陸也要澆熄民粹的主張，才有真正的和平，與中國復興崛起的康莊大道。

第11章

兩岸經貿關係：合作或競爭

高長（東華大學公共行政學系榮譽教授、
中國文化大學國家發展與中國大陸研究所兼任教授）

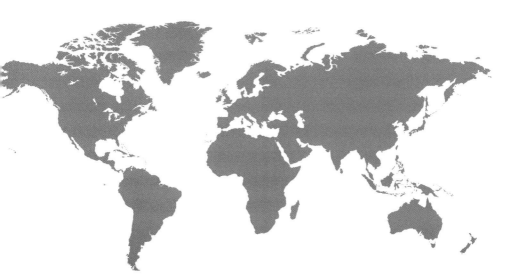

　　台灣與中國大陸（以下簡稱大陸）的經貿交流，在隔閡三十年之後，自 1980 年代初開始破冰並逐步發展。不過，受限於兩岸政治對峙關係，在 1980 年代初期，台灣政府對於大陸積極鼓吹兩岸經貿交流的舉動並未積極應對，直到 1987 年間解除戒嚴，開放居民赴大陸探親並逐步鬆綁兩岸交流限制後，兩岸經貿關係才有較快的發展。初期主要為商品貿易活動，進入 1990 年代，隨著政策進一步開放，台灣赴大陸旅遊，或從事商務考察的群眾愈來愈多，從而也帶動了對大陸投資和兩岸資金往來。

　　歷年來，台灣與大陸經貿關係發展過程中，兩岸官方都施以不同程度的行政干預，試圖將經貿交流導向有利於己的方向發展，因此，客觀來說，兩岸經貿交流一直未在正常化的軌道上，發展趨勢迭有起伏。然而，由於兩岸經濟發展階段不同，經濟結構明顯有別，存在互補互利空間，雙方官署試圖透過行政手段加以干預，仍無法阻止市場誘因引導雙邊經貿交流快速發展，結果，兩岸的經貿交流規模迭創新高，兩岸產業分工和經濟融合也愈來愈緊密。

　　值得注意的是，經過長期發展，兩岸經貿關係已從兩岸開放交流初期的分工和合作為主，逐漸走向競爭。近年來，在美中貿易紛爭與新冠肺炎（COVID-19）疫情衝擊，去中心化／去中國化輿論風潮下，全球供應鏈出現大洗牌，已深度融入全球產業價值鏈的台灣相關產業難免遭到波及，兩岸經貿關係是否會受到「去中心化」的影響而逐漸疏離？是各界關注討論的議題，也是本章要探討的重點。

兩岸經貿關係發展大趨勢

　　過去三十多年來，兩岸雙邊經貿交流持續快速發展，與兩岸政

治對峙關係形成「政冷經熱」的現象，雙邊經貿交流之熱絡情況，可從兩岸雙邊貿易和台商對大陸投資發展趨勢得知梗概。

兩岸雙邊貿易

　　歷年來，台灣與大陸經貿關係發展過程中，雖然受到兩岸官署政策的影響，一直未在正常化的軌道上，但自 1990 年代初期以來，除了受到 1998 年亞洲金融危機、2009 年美國次貸危機，以及 2012 年的歐債危機等事件造成國際金融動盪影響，長期而言，兩岸雙邊的貿易往來大致呈現逐年成長之勢（圖 11-1）。目前大陸已成為台灣最重要的貿易夥伴，第一大出口市場、第一大進口來源、最大的貿易順差地區。

圖 11-1　歷年來兩岸雙邊貿易發展趨勢圖

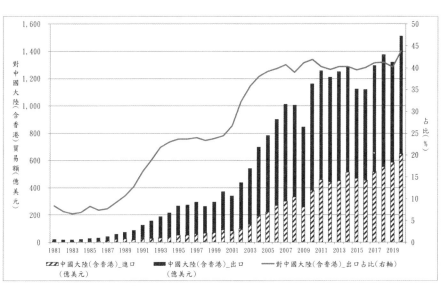

資料來源：根據財政部「貿易統計資料查詢」系統資料繪製。

　　就兩岸貿易商品結構來看，台灣對大陸出口貨品主要為工業原材料、半成品和機器設備及其零配件等，貨品結構的特徵及其趨勢變化，與台商在大陸的投資有關。台商赴大陸投資初期，由於當地經濟相對較落後，配套產業不足，或由於母子公司整體經營策略考量，一般會繼續利用既有的產業網絡，從台灣採購所需的原材料、半成品、零組件等貨品，因而台商赴大陸投資促使台灣相關產品對大陸的出口擴張。

　　台灣自大陸進口的貨品結構在過去三十多年來也發生巨大的變化；1980 年代到 1990 年代初期，台灣自大陸進口貨品以農工原料等初級產品為主，1990 年代中期開始，製造業半成品進口所占比重逐漸增加，顯然與台商在大陸投資、大陸製造能力不斷提升，以及台灣政府鬆綁大陸製半成品進口之政策逐漸放寬有關。

　　綜觀過去三十多年兩岸貿易的貨品結構變化，可發現兩岸貿易之間有很高的「產業內貿易」（inter-industry trade）特質，也就是台灣出口到大陸的主要產品與自大陸進口的主要產品集中在同一產業，各產業中以電子與資通訊產品是最典型。這種現象與國際貿易的國際分工理論不謀而合，那就是兩岸經濟發展程度和生產技術水準仍有差距，基於外部性規模經濟效益及產品差異化的考量，台商在兩岸進行最有利的投資布局，結果形成上下游產業的貿易行為。

　　這種貿易模式與傳統的，因資源稟賦差異所決定的「產業間貿易」（intra-industry trade）形式不同。大致上，兩岸之間這兩種類型的貿易都存在，不過，產業內貿易的比重已逐漸增加，甚至超過產業間貿易，顯示兩岸產業的整合逐漸加深。

台灣對大陸投資

　　不同於兩岸雙邊貿易，台灣廠商到大陸投資是在 1990 年代才逐漸增多。1990 年之前，由於台灣主管官署嚴格禁止廠商赴大陸投資，同時也由於當時大陸投資環境仍不夠吸引人，台灣赴大陸投資的案件數不多，且平均規模也很小；直到 1990 年代初期開始，隨著台灣政府的政策逐步鬆綁，以及大陸政府提出「社會主義市場經濟」戰略、加速改革開放之後衍生新商機，台商前往大陸投資才大幅增加。

　　1990 年代初期，台商赴大陸投資曾出現熱潮，主要是受到「推力」和「拉力」的影響。所謂「推力」，是指台灣經商環境變化，包括新台幣大幅升值、環保和勞工意識抬頭、土地成本高漲，給傳統勞力密集加工產業造成壓力，以及台灣政府以「正面表列」逐步擴大開放的政策；「拉力」則是指全球化潮流促使跨國企業的全球布局多元化，台商作為跨國品牌大廠供應鏈的成員只能配合調整，以及大陸加速改革開放、宏觀經濟政策相較於前期大幅鬆綁。

　　過去三十多年來，台商赴大陸投資呈現長期增加的趨勢（圖 11-2），短期出現波動的原因，一是兩岸政治關係陷入低潮，譬如 1990 年代中期發生的「千島湖事件」、李前總統登輝訪美引來大陸對台一連串文攻武嚇行動；又如陳前總統水扁主張「正名制憲」導致台海緊張情勢升高。二是大陸和國際經濟環境出現劇烈變化，例如，1990 年代中期，大陸政府為克服泡沫經濟採取緊縮性經濟政策、亞洲金融風暴導致大陸投資環境惡化、2008-2009 年美國次貸危機衍生國際金融動盪、近年美中貿易戰和新冠肺炎疫情等事件。

圖 11-2　歷年來台灣對大陸投資發展趨勢圖

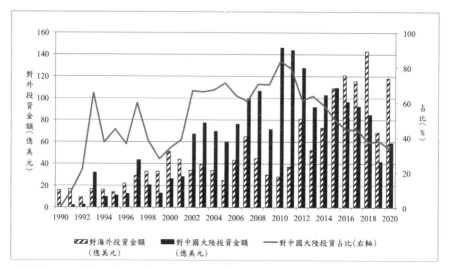

資料來源：根據經濟部投資審議委員會《109 年 12 月核准僑外投資、陸資來台投資、國外投資、對中國大陸頭統計月報》資料繪製。

　　大陸地區一直是台灣對外投資最主要的地區，經濟部投審會公布的資料顯示，1991-2020 年間，台灣對大陸地區投資占對外投資總額的比重平均達 55%。分階段觀察比較，台灣對外投資選擇落腳大陸地區的比重，1990 年代平均約達 41.7%；進入 21 世紀頭 10 年，在 WTO 因素助長下台商赴大陸投資急遽增加，該比重大幅提高至 67.5%。近年來，由於大陸人口紅利漸失、勞工成本提高、環保要求更加嚴苛，加上美中貿易戰和新冠肺炎疫情衝擊，台商重新思考全球布局策略，對大陸投資的占比呈現逐年下降趨勢，2011-2020 年間平均約 50.9%。

　　台商到大陸投資行業主要為製造業。以歷年累計至 2020 年底投資金額觀察，製造業約占四分之三，其次是服務業，約占 23%；不過，就長期趨勢來看，製造業所占比重歷年來呈現遞減趨勢，資

料顯示，1990 年代期間，台灣對大陸投資總額中，製造業的占比超過九成，投資金額第二大的服務業，只占 7%；嗣後，隨著大陸加入 WTO 開放市場承諾逐步兌現，服務業台商赴大陸投資快速增加，因而製造業和服務業對大陸投資金額的占比出現消長，近十年平均而言，製造業和服務業對大陸投資占對大陸投資總額的比重分別約 67% 和 33%。

在製造業對大陸投資中，以歷年累計至 2020 年底投資金額計算，電子零組件業占最大比重（約占總額四分之一），其次依序為電腦、通信及視聽電子業（占 17.5%）、基本金屬及金屬製品業（8.8%）、化學品製造業（占 8.0%）、電力機械器材及設備業（占 8.2%）、非金屬礦物製品業（占 5.9%）、機械設備業（占 4.9%）、塑膠製品業（占 4.3%）、運輸工具業（占 3.6%）、食品飲料菸草業（占 3.06%）等。

不過，若分從不同階段觀察比較，我們發現，早期的投資主要集中在傳統製造業，例如食品飲料菸草業、紡織業等；自 1990 年代中期起，電腦、電子產品及光學製品，電子零組件，電力機械器材及設備等技術密集製造業逐漸增加，成為對大陸投資的主要行業。近年來傳統製造業的占比更進一步降低至 14% 左右，相反的，技術密集製造業的比重則提高達六成以上，尤其資訊電子相關行業擴張幅度最大；化學品製造、基本金屬及其製品等基礎製造業的比重在不同階段中大致維持在四分之一左右，沒有太大改變。近年來，受到化學品製造業投資大幅成長的影響，基礎製造業所占比重則略為提升。

製造業台商選擇到大陸直接投資的動機，一般是以取得低成本的勞動力、土地等生產要素，以及拓展當地內需市場為主；而受到大陸內需市場開放及國民所得提高的影響，廠商對拓展大陸內需市

場的重視程度與企圖心與日俱增，成本節省的誘因則逐漸減弱。不過，對於某些產業而言，特別是電子資訊產業，配合跨國品牌大廠的要求，或配合產業鏈上中下游廠商登陸，就地生產供應或採購當地原物料資源等，是台商決定到大陸投資很重要的考量因素。這種現象凸顯台灣產業以代工業務為主，在全球產業供應鏈中的地位和特質。

兩岸產業關聯：從合作到競爭

　　過去三十多年台灣與大陸經貿交流與合作發展，對雙邊經濟的影響大致都是利大於弊。對大陸而言，台商投資帶入資金有助於大陸加速資本形成，為當地創造數以萬計的工作機會，同時也為大陸貢獻龐大的財政稅收、擴大出口、賺取外匯。此外，台資企業帶入的技術和現代企業經營管理知識與經驗，擴散後對大陸製造能力和國際競爭力之提升貢獻卓著。

　　對台灣而言，大陸市場提供不適宜在台灣發展的行業有「第二春」機會。以資通訊產業為例，低階產品在台灣生產已不具競爭優勢，到大陸投資並形成新的產業聚落，繼續在國際市場上發光發熱；台灣騰出的產能則轉移至附加價值較高的領域，結果該產業台商在全球價值鏈中的地位更加舉足輕重。其次，對許多傳統勞力密集加工產業而言，將生產基地移至大陸後，生產成本降低，價格競爭力增強，從而與跨國品牌大廠的合作關係更加穩固。不過，不可否認的是，生產活動重心逐漸轉移到大陸的結果，對台灣也造成一些負面衝擊，例如排擠在台灣的投資，新增就業機會減少、出口實

續轉移等現象。

　　經濟全球化模糊了國家市場藩籬，同時促進了國際分工更趨細緻而複雜，跨國企業為充分利用全球各地資源優勢，以降低成本及提高國際競爭力，乃將製造、研發和銷售活動等分散布局，台商高度融入全球產業價值鏈，布局全球的行動不落人後。大陸積極推行改革開放政策，憑藉勞動、土地等生產要素資源優勢，搭上全球化潮流列車，成為台商赴海外投資的首選，大陸地區成為台商全球布局中最重要的製造基地。

　　台商在大陸投資事業基本上是全球布局之一環。實證研究發現，台商赴大陸投資絕大多數都保留母公司在台灣繼續營業。這些廠商在兩地安排的生產活動，長期以來普遍採取水平分工方式，惟留在台灣生產之產品大部分的附加價值較高；在兩地生產的產品有明顯的區隔，彼此未造成直接競爭。另外，若就企業經營活動觀察，在大陸的事業主要負責生產，其他的活動如技術研發、新產品設計與測試、市場行銷等絕大多數由台灣的母公司負責。這種現象顯示台商到大陸投資，促進了兩岸產業之分工合作，相輔相成。

　　從另一個角度觀察，台商赴大陸投資的早期，由於大陸地區經濟相對較落後，配套產業不全，或由於母子公司整體經營策略考量，在大陸投資企業向台灣採購所需的機器設備和原材料、半成品、零組件等相當普遍，因而隨著台商赴大陸投資增多，帶動了台灣對大陸出口擴張，投資與貿易的互補關係逐漸形成了兩岸產業垂直分工體系。

　　不過，近年來，受到全球化、區域經濟整合潮流影響，以及隨著大陸經營環境改變，台商在兩岸的分工布局已有所調整。由於上、中、下游關聯產業陸續前往大陸投資，在大陸形成新的供應鏈，或大陸本土產業製造能力提升，大陸台資企業所需中間製品、零組

件，自當地採購的比重乃逐漸增加，這種現象改變了與台灣原有供應鏈的連動關係，從而也導致兩岸產業在製造方面的分工發生質變。

兩岸產業的分工與合作關係，因為大陸之經濟崛起、國際連結增強，兩岸經濟實力之消長而出現質變，台灣在商品化能力、資金、技術及管理人才素質、對國際行銷通路之掌握等方面領先大陸的優勢，因大陸產業快速崛起而逐漸流失，甚至在很多領域大陸的實力已超越台灣，譬如跨境電商、第三方支付金融、部分行業製造能力等，兩岸產業的競爭關係逐漸取代過去的分工和合作。

早自 1990 年代初期起，大陸政府即開始運用財政補貼，政策性融資等手段，有計畫的發展進口替代產業，要求外資（包含台資）企業增加當地採購比例，逐步降低對國外進口的依賴；鼓勵企業自主創新，建立自有品牌。大陸政府並善用國內各地區經濟發展水準之差異，引導組裝、代工產業移至勞動力與土地成本相對低廉的內陸地區，沿海地區則投入高附加價值的製程，有效地延伸產業價值鏈，紅色供應鏈（red supply chains）於焉成形並壯大，結果不只有效地促進進口替代，同時也擴大了出口能量，對台灣進出口貿易造成的競爭威脅與日俱增。

值得注意的是，大陸為了快速獲取外國企業的專利商標、先進技術、行銷網絡和品牌，乃積極以雄厚的國家資本進行海外併購；併購標的大都是全球各領域的知名企業，遍及美國、歐洲、新加坡等先進國家。併購的目的不一而足，主要包括：（一）整合上游供應鏈，例如紫金礦業對外收購金礦和有色金屬的供應、中海油等三大石油企業海外併購、蒙牛收購澳洲嬰兒奶粉公司 Bellamy；（二）開拓海外市場，提升生產技術，例如中國化工收購瑞士農藥生產商 Syngenta、北京汽車收購德國的奔馳汽車母公司 Daimler 的部分股

權；（三）購買知識產權，例如騰訊收購環球音樂的部分股權。

　　大陸本土企業海外併購範圍，主要包括電子業、家電、機械與汽車等產業。舉其要者，以電子行業為例，紫光集團自 2013 年起展開全球大併購，先後併了展訊通信（無線通信及多媒體終端核心晶片研發）、銳迪科微電子（物聯網晶片）、惠普旗下的新華三（網路產品和服務）、法國晶片組件商 Linxens、武漢新芯等；聯想集團先後併購了 IBM 的個人電腦事業和 X86 伺服器硬體業務、Motorola 移動（手機）；江蘇長電併購新加坡星科金朋（全球第二大封測廠）；武岳峰資本收購美商矽成（記憶體 IC 設計）等。非電子產業也有不少海外併購案例，例如，海爾收購美國奇異（GE）旗下的家電事業；美的先後收購日本東芝旗下的家電業物和德國 KUKA 集團股權（工業機器人）；中國化工併購義大利輪胎製造廠倍耐力；國家電網收購巴西 CPFL 等。由此可見，大陸的企圖心和能耐，在國際經濟體系中的影響力愈來愈大。

　　大陸當地產業供應鏈逐漸完善，產業競爭力愈來愈強，對台灣造成的競爭壓力，主要表現在進口替代效應，也就是國內需求以本國產品取代自外國進口產品，造成台灣對大陸出口成長減緩甚至衰退。實證研究發現，兩岸產業內貿易越密切的產業，如半導體、資訊電子、機械設備、電機設備、金屬製品、鋼鐵、汽機車及其零組件等，台灣對大陸輸出貨品被大陸本地製品取代之情況最為明顯。面板產業是最典型的案例。

　　半導體產業是近年大陸政府積極扶持發展的戰略性新興產業之一。大陸的政策從資金、人才與技術等方面著手，從 IC 設計、晶圓代工生產至封裝測試，全面扶植大陸本土半導體產業的發展，目標為打造一條龍式的 IC 電子產業鏈。大陸憑藉著雄厚的資金與龐大的內需市場，試圖複製面板業發展經驗，積極發展半導體產業，

並以自主供應為最終發展目標，未來台灣半導體產業極可能會面臨與面板產業相同的困境。

其次是出口擴張，一方面大陸製品對台灣出口增加，另一方面則是大陸與台灣貨品在主要國際市場的占有率出現消長。實證研究發現，隨著台灣逐漸鬆綁大陸製半成品進口限制，自 1990 年代中期起大陸製品外銷台灣的金額迭創新高，其中大部分是大陸台商製品回銷台灣；而兩岸貨品在主要國際市場的占有率出現消長，部分原因是台商將生產基地從台灣轉移至大陸，促使出口實績轉移，其中，台灣的製鞋、製傘、製帽、燈飾、玩具等產業之國際市場占有率節節敗退最具典型。但最主要是因台（外）直接投資促進大陸產業發展，大陸製品國際競爭力大幅提升對台灣製品外銷所形成的排擠作用。

以美國市場為例，在 1990 年間，台灣和大陸分別是美國的第五大、第八大進口來源國，在美國進口市場的占有率分別為 4.6% 和 3.1%；但隨著大陸出口持續擴張，在美國進口市場上的排名不斷上升，自 2007 年開始，大陸已成為美國最大的進口來源國，並持續至今；反觀台灣在美國進口市場的重要性卻逐漸下滑，目前已滑落至第十三位。台灣貨品在美國進口市場的份額約 2%，而大陸占有的份額則超過 20%。

再就歐盟市場觀察，資料顯示，2000 年間，台灣與大陸在歐盟的進口來源國中之排名分別為第八位和第三位，市場占有率分別達 2.8% 和 7.5%。不過，自 2004 年開始，大陸成為歐盟最大的進口來源國，在歐盟進口市場的占有率逐年持續增加，目前已超過 20%。相反的，台灣在歐盟的進口市場，無論排名或占比都呈逐年下滑趨勢，目前排名已滑落至第十四，市場占有率已降至 1.5% 左右，對比中國大陸占有的份額差距更加懸殊。

兩岸經濟脫鉤可行嗎？

　　長期以來，大陸一直是台灣最重要的經貿夥伴，也是台灣廠商對外投資最聚集的地區。台商在全球布局版圖中將大陸定位為生產基地，加工製造所需的原材料、半成品和零組件，很大部分從台灣採購，而終端產品主要銷往第三國，其中美國市場占相當的比重，形成「台灣接單，中國生產，製成品銷往國際」的特殊經營模式，結果不只促進兩岸經濟融合，更讓台灣高度融入全球產業價值鏈，並在其中占據重要地位。

　　然而，近年來國際地緣政治經濟環境邊變，尤其美中兩大國爆發貿易戰，加上新冠肺炎（COVID-19）疫情蔓延，對台灣經濟造成的衝擊最為明顯。以美中貿易戰為例，儘管台灣不是當事的主角，但由於台灣與美國、大陸已形成緊密的三角貿易關係，也由於大陸和美國是台灣最重要的兩大經貿夥伴，台灣經濟難免遭池魚之殃，至於身處美中「經貿戰爭」暴風圈中的台商，受到的衝擊更直接且更嚴重；[68]2020 年初在武漢爆發並迅速在大陸境內、甚至在全球各地蔓延的新冠肺炎疫情，則進一步衝擊大陸台資企業正常經營和兩岸經貿交流。[69]

68　中華民國全國工業總會的調查研究結果發現，美中貿易戰的確對大陸台資企業的外銷訂單和獲利造成明顯的影響。中華民國全國工業總會，《美中貿易衝突對中國大陸台商之影響及動向調查》，大陸委員會委託研究報告，中華民國 108 年 11 月。

69　中華民國全國工業總會的調查研究發現，超過八成的受訪廠商表示營運受到影響，表示營收大幅衰退、小幅衰退的比重分別占了 38.7%、42.7%；對中國大陸投資規模愈小的業者，受到疫情影響導致營收「大幅衰退」的比例愈高。中華民國全國工業總會，《2020 工業總會「新冠肺炎疫情」對台商投資大陸影響調查》，中華民國全國工業總會，中華民國 109 年 9 月。

首先，從貿易面來分析。以台灣自大陸進口為例（表 11-1），2010-2021 年間，在台灣總進口中所占比重，大陸（除 2018 年外）呈現逐年增加之勢，顯示美中貿易爭端對台灣從大陸進口的影響「短空長多」。同期間，自美國、歐洲和東協進口在台灣總進口中所占比重略為提升，日本則呈現縮減現象。

表 11-1　近幾年來台灣主要貿易伙伴結構之變化

單位：%

	進口貿易					出口貿易				
	中國大陸	美國	日本	東協10國	歐洲	中國大陸	美國	日本	東協10國	歐洲
2015	19.1（19.7）	12.3	16.4	12.2	12.0	25.7（39.4）	12.1	6.9	18.1	9.1
2016	19.1	12.4	17.6	11.8	12.5	26.4	12.0	7.0	18.3	9.4
2017	19.3	11.6	16.2	12.0	12.1	28.0	11.7	6.5	18.5	9.2
2018	18.9	11.6	15.5	12.1	12.1	28.9	11.8	6.8	17.4	9.4
2019	20.1	12.2	15.4	12.3	12.8	27.9	14.0	7.1	16.4	9.0
2020	22.2（22.6）	11.4	16.1	12.6	12.9	29.7（43.9）	14.6	6.8	15.4	8.2
2021（1-8）	21.6（22.1）	10.6	15.1	12.4	12.2	27.6（42.5）	14.4	6.6	16.1	8.6

說　　明：括弧中數據包含了香港。
資料來源：根據國家發展委員會編印的《重要統計資料手冊》資料整理。

至於台灣對大陸的出口貿易，大陸做為台灣第一大出口市場，占台灣總出口的比重，自 2015 年以來，除 2019 年因美中貿易戰導致大陸出口受挫，進而減少中間財、零組件等自台灣進口，其他各年大致呈現上升趨勢，2020 年間該比重已增加至的 29.7%（表 11-1）；若併計香港，同期間該比重則由 39.4% 增加至 43.9%。

自 2019 年第四季開始，台灣對大陸出口逆轉自 2018 年第四季以來衰退的局勢，且成長的幅度逐季加速，背後可能與美國對大陸實施禁售措施有關，也就是所謂的「去美國化」造成轉單的效應有關。

有趣的是，相較於近年來台灣對日本和歐洲地區出口的相對表現大致持平，對東協 10 國出口的占比呈現逐年下滑趨勢，台灣對美國出口的占比，則自 2018 年第四季開始呈現逐季大幅上揚之勢，迄今趨勢不改，推測主要是拜美中貿易戰衍生的訂單轉移，所謂的「去中國化」現象，以及台商回流效應之賜。顯然，從貿易面觀察，美中貿易戰導致「去美國化」、「去中國化」現象，台灣是受惠者。

再從台灣對大陸投資趨勢觀察，以投資金額來看，在 2010 年間達到高峰，占台灣對外投資總額的比重曾經高達 83.8%，嗣後，由於大陸投資環境惡化，尤其受到勞工成本增加、環保要求更嚴苛等因素影響，台商投資意願下降，對大陸投資金額乃呈現逐年遞減的趨勢，2018-2019 年間美中貿易戰衍生的不確定性，進一步挫低台商赴大陸投資意願；2019 年間的投資金額只相當於 2017 年的 45% 左右。台商赴大陸投資金額衰退的趨勢直到 2020 年第一季才逐漸回轉；不過，對大陸投資金額占對外投資總額的比重來看，自 2018 年以來則一直呈現遞減的趨勢（表 11-2）。

在美中貿易戰和新冠肺炎疫情先後衝擊下，全球供應鏈重整，短鏈化、在地化趨勢愈來愈明顯，台商的全球布局順勢調整，不落人後；經濟部投審會公布的資料顯示，近年來台商赴大陸投資的占比呈現下降趨勢，赴東協六國和歐洲地區投資則大幅擴張，到日本和美國的投資也呈現增加之勢。

表 11-2 近年來台灣對大陸投資變動趨勢

	投資金額			投資件數		
	百萬美元	年增率（%）	比重（%）	件數	年增率（%）	比重（%）
2015	10,965.5	6.7	50.1	427	-14.1	48.0
2016	9,670.7	-11.8	44.3	323	-24.4	39.4
2017	9,284.9	-4.4	44.4	580	79.6	53.6
2018	8,497.7	-8.1	37.3	726	25.2	53.2
2019	4,173.0	-50.8	37.9	610	-15.9	47.7
2020	5,906.5	41.5	33.3	475	-22.1	47.9
2021（1- 9 月）	2,860.8	-32.2	24.2	321	-9.8	51.2

說　　明：比重係指占台灣對外投資總額的百分比。
資料來源：中華民國華僑及外國人投資、對外投資、對外技術合作、對大陸間接投
　　　　　資、大陸產業技術引進統計速報，經濟部投資審議委員會。

　　新冠肺炎疫情衝擊大陸生產秩序，造成全球供應鏈中斷現象，對全球經濟的衝擊令人震撼，更充分暴露了全球供應鏈的脆弱性，因而已有愈來愈多的企業更重視供應鏈的穩定性，尋求效率與風險管控之間的平衡；企業經營者考慮把部分產能遷出大陸，以分散風險。同時，很多國家警覺到供應鏈對大陸過度依賴或將造成國安危機，從而考慮採取行政手段引導企業調整供應鏈布局，針對所認定的戰略性行業制訂國內備援計畫和儲備，強化供應的穩定性，甚至朝著選擇性的自給自足，以及由此產生的脫鉤邁進更大的步伐。

　　鼓吹對大陸經濟脫鉤的論調，以美國川普政府的態度最為積極。早自 2018 年開始美國對大陸發動貿易戰，並對科技產業擴大制裁行動，究其目的，除試圖降低對大陸的貿易依賴，並藉此迫使包括美資的跨國企業撤出或減少在大陸投資，更重要的是透過禁售阻斷技術及關鍵零組件供應大陸相關企業，以及透過限制或禁止美

國企業購買大陸企業高科技製品，嚴格審查中資在美國的投資，最終達到產業鏈，尤其是在高新技術和國防產業鏈與大陸脫鉤；甚至拉攏盟國站在同一陣線制裁大陸，以遏制大陸高科技產業發展。

　　實務上，的確有包括美資企業在內的部分跨國企業，因美中貿易紛爭撤出大陸，新冠肺炎疫情則進一步催化企業加速推動生產線分散布局，建構一個具有高韌性的供應鏈已成為跨國企業的首要考量。然而，美國科技智庫信息科技和創新基金會（ITIF）的研究報告曾指出，在美國，支持中美融合的行業比支持中美脫鉤的行業要多得多。[70] 中國美國商會發布的《美國企業在中國白皮書》指出，[71] 有近三分之二的受訪企業表示計畫 2021 年增加在大陸投資；有 85% 受訪企業表示不打算將企業的製造或採購工序遷往大陸以外的地區，可見美資企業仍樂觀看待在大陸投資前景。[72]

　　在大陸投資的製造業台商，面對美中貿易摩擦和疫情衝擊，因應的策略主要有：「轉開發大陸內需市場」、「開發其他出口市場」、「增加其他地區產能比重」、「考慮將大陸產線遷出」等。值得一提的是，中華民國全國工業總會調查研究發現，大陸經商環境遽變促使台資製造業考慮將生產線自大陸撤出，因美中貿易戰而起的占不到兩成；新冠肺炎疫情對產業供應鏈造成的衝擊更勝於美中貿易摩擦，但表示將採取「轉移中國大陸產能／供應鏈」的受訪業者僅

70　馬彩霞，「美國智庫對中美融合還是脫鉤的深度分析」（2020 年 9 月 7 日），中美印象，http://www.uscnpm.com/model_item.html?action=view&table=article&id=22906，2020 年 9 月 8 日檢索。

71　朱燁，「中國美國商會：近三分之二會員今年將續增在華投資」（2021 年 5 月 11 日），文匯報，https://www.wenweipo.com/a/202105/11/AP609a771ee4b0476859bb5b57.html，2021 年 8 月 16 日檢索。

72　特斯拉（Tesla Inc.）公司在 2018 年 6 月間宣布進軍中國大陸，與川普政府制裁中國大陸政策逆向而行，最受矚目；蘋果積極扶持中國大陸本土供應鏈，也是典型的案例。

占約四分之一左右。

在美中貿易戰和新冠肺炎疫情衝擊下，製造業台商考慮將生產線遷出大陸的比例不高，究其原因，主要是大陸的產業鏈相對完整，台商若要遷出，必須考慮大陸以外的生產地點供應鏈的完整性，以及遷出或將衍生的額外成本；其次是大陸做為「世界市場」的潛力，對台商仍具吸引力；第三是絕大多數台商都屬中小型，可掌握的資源相對不足，將生產線遷出的計畫屬重大決策，通常會考慮再三。

經濟部投審會近期的調查資料顯示，「當地市場發展潛力大」、「配合國內外客戶要求」和「配合公司整體營運策略」依序是台商決定到大陸投資最主要的考量因素。大陸擁有 14 億人口的市場腹地優勢，今（2021）年開始實行的《十四五規劃》，以「雙循環」和「產業創新、科技自主」兩大政策為主軸，展現與美國爭強的決心，再加上「一帶一路」戰略和 RCEP 生效實施，對跨國企業具有相當的誘因。而後疫情時代，全球產業供應鏈短鏈化、在地化已蔚為潮流，台商配合跨國品牌大廠、高度融入全球價值鏈的經營模式，短期內選擇與大陸經濟脫鉤的可能性幾乎不會存在。

台灣與大陸之經貿往來，從阻隔到開啟交流，儘管在發展過程中兩岸官署一直施加不同程度的行政干預，導致無法沿著正常軌道發展，迭有起伏，但由於兩岸官署採取的是「非對抗性的經貿政策」，且干預措施與時俱進、只放不收，因而兩岸經貿交流乃在市場機制作用下持續發展，兩岸經貿關係愈趨緊密。目前大陸是台灣第一大出口、進口貿易夥伴，最大的貿易順差來源，台商海外投資最聚集的地區；對大陸而言，台灣是第五大貿易夥伴（出口第十一大、進口第四大）、最大貿易逆差來源。

有鑑於兩岸經濟發展水準差異，經濟資源稟賦各具優勢，兩岸

開放交流初期的分工合作順利推展，創造並共享了雙邊經貿交流快速發展的成果。不過，隨著大陸產業持續發展，兩岸產業分工與合作形勢出現變化，兩岸企業之間的「競爭」逐漸趨於白熱化，尤其中低階成熟型勞力密集加工製造業，大陸本土企業逐漸壯大，打入大陸台（外）資企業的供應鏈的結果，不只取代自台灣採購，不利於台灣對大陸出口擴張，更在國際市場上攻城掠地，對台灣製品外銷造成的競爭威脅與日俱增。

　　不過，進一步比較分析台灣對大陸出口和自大陸進口 HS 四位碼主要貨品，可以發現其間有諸多重疊，譬如積體電路及微組件（HS 8542），儲存裝置（HS 8523），印刷電路（HS 8534），傳輸零件（HS 8529），電話機（HS 8517），自動資料處理機及其附屬單元之零附件（HS 8473），二極體、電晶體及類似半導體裝置等（HS 8541），液晶裝置（HS 9013），電容器（HS 8532）等，既是台灣自大陸進口主要貨品，也是台灣對大陸出口的主要貨品，顯示兩岸上下游產業的貿易行為，也就是產業內貿易現象仍相當頻繁，兩岸產業融合的趨勢似乎不受到近年來美中貿易戰和新冠肺炎疫情的影響。

　　在美中貿易戰端不止、COVID-19 疫情仍持續延燒的大環境下，全球產業供應鏈去中心化趨勢才剛開始，供應鏈在地化，也就是所謂的「短鏈革命」現象正在興起。大陸為了突破美國的經貿制裁，也為了翻轉「去中國化」輿論的不利局面，正積極採取一系列政策促進產業創新、科技自主、擴大內需，其中，最重要的是透過《十四五規劃》重新包裝《中國製造 2025》、推出「新基建」、公布「中國標準 2035」行動計畫，因此，一般預料美中兩強相爭，未來長期發展的結果或將造成全球出現兩套「標準」體系、兩個「分割」的市場；這是台商的全球布局、台灣的產業發展和經濟國際化

戰略必須嚴肅面對的課題。

第12章

全球新冠疫情下的疫苗政治與外交

王信賢（國立政治大學東亞研究所特聘教授兼所長、
國際關係研究中心副主任）

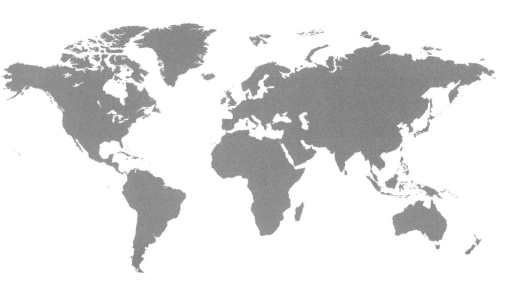

新冠疫情與全球公衛危機

　　2020 年初爆發的新冠肺炎（COVID-19）疫情造成全球嚴峻的公共衛生危機，根據世界衛生組織（WHO）統計，截至 2021 年 12 月 31 日為止，全球已超過 2 億 8 千 787 萬人感染新冠肺炎，超過 543 萬人死亡，其中死亡人數最多的美國為 75 萬人，已遠超過其兩次世界大戰總死亡人數的 82 萬。這場公衛危機衝擊全球的各層面，包括經濟發展、生活型態，甚至是各國內政、地緣政治與國際關係，可說是近世紀來世界所面臨最為多元、重大的治理挑戰。因此，這場非預期的公衛危機凸顯過去學界習以為常的非傳統安全與傳統安全的界線已經變得模糊，內政與外交之間的相互影響更強。

　　由於新冠肺炎的爆發正處於美中兩大國戰略競爭最激烈之時，使得疫情不但無法促成美中合作，反而加深彼此的猜忌與敵意，也使得與疫情相關的任何事務都成為大國競爭的一環。疫情初期的口罩、呼吸器等公衛設備變成需要進行出口管制或全球搶購的戰略物資，有可能在疫情中扮演「救世主」的疫苗自然也成為大國角力的重點，增添了不少政治的色彩，也正因此，「疫苗外交」（vaccine diplomacy）成為國際關注的焦點。

　　這場「疫苗外交」一開始由中國大陸、俄羅斯與印度所發動，特別是中國大陸，由於內部疫情控制相對較佳，以及國家對疫苗生產的絕對掌控，也得以有更多「餘力」進行「疫苗外交」。中國疫苗以「科興」（Sinovac）和「國藥」（Sinopharm）為主，其效力雖不如歐美品牌，但在疫苗稀缺的情況下，亦有其吸引力。而隨著美國總統拜登 2021 年 5 月中宣布將向國際供應疫苗後情勢開始反

轉，也讓這場競爭上升為美中博弈的一環。對台灣而言，2021年5月本土疫情爆發，以及疫苗開發、取得過程中的政治角力，所牽涉的不僅是國內政治，也成為兩岸關係與美中棋局中的一部分。針對此，以下將探討美中博弈中的疫苗外交、我國疫苗政策與挑戰，以及後疫情時代國際政經格局的重整等。

美中博弈與疫苗外交

美中兩強從2018年3月開始後逐次從經貿、科技到戰略上全面的競爭。在川普政府時期，美中競爭隨著美國總統大選的白熱化而更加激烈，到拜登政府上台後，延續此競爭態勢，但在手段上走回「建制路線」、透過盟國以及多個「雙邊關係」圍堵中國大陸。而在中國大陸方面，雖與美國綜合國力有所差距，在軍事與戰略上仍有所迴避，但在外交上則展現出無所畏懼的架勢，如這兩年風風火火掀起的「戰狼外交」以及「平視外交」，不僅有對外喊話，也有「內宣」以滿足國內的民族主義的功效。

而在東亞區域，美中雙方不只是「單打」，還出現結盟對抗的現象，美國這方包括由美、日、印、澳組成的「四方安全對話」（Quad）、美、加、英、澳、紐的「五眼聯盟」（Five Eyes）以及美、英、澳的AUKUS等，今年拜登總統分別與日本菅義偉首相、韓國文在寅總統發表的共同聲明同樣也有此意涵。就中國大陸這一方而言，俄羅斯與北朝鮮當然是最重要的盟友，不管是近期中俄多次聯合軍演，或是俄羅斯總統普丁與北韓在2021年10月均罕見地針對台海問題發表看法，北韓外務省副相甚至譴責美國「魯莽」插手

台灣問題，可能連帶導致「脆弱的韓半島緊張局勢加劇」等，皆可看出此一區域的複雜性。此外，美中兩大國的博弈並非單獨地考量個別事件，而是將全球各種議題作為一盤棋局，不僅包括政治、經濟、軍事，甚至是氣候變遷等，而拯救全世界免受新冠疫情衝擊的當為疫苗莫屬，因此，「疫苗外交」開啟了兩大國競爭的另一章。

目前全球新冠疫苗的製造技術大致可區分為：1. 信使核糖核酸（mRNA），如莫德納（Moderna）、輝瑞（Pfizer-BNT）；2. 腺病毒，如阿斯特捷利康（AstraZeneca，簡稱 AZ）與嬌生（Johnson & Johnson）；3. 滅活菌，如中國大陸科興與國藥；4. 重組蛋白，如 Novavax 與我國的高端疫苗（如表 12-1）。由於此次疫情又急又猛，各家疫苗均在未臻成熟狀況下即開始緊急使用（EUA），故各有優缺點，中國大陸疫苗外交的主力為科興與國藥，其優點為開發速度較快，缺點為保護力稍差，美國的主力為莫德納與輝瑞，其優點為辨識病毒效率高，缺點為須透過冷鏈在低溫下保存。綜觀兩大國在疫苗的博弈可大致分為兩個時期：

表 12-1　當前主要新冠疫苗比較

名　稱	國　家	屬　性	優缺點
莫德納	美國	mRNA	優：辨識病毒效率高
輝瑞（BNT）	美國／德國	mRNA	缺：保存不易
AZ	英國／瑞典	腺病毒載體	優：保存容易、成本低
嬌生	美國／比利時	腺病毒載體	缺：副作用稍高
科興	中國大陸	滅活菌	優：開發時間短
國藥	中國大陸	滅活菌	缺：保護力稍差
Novavax	美國	重組蛋白	優：傳統製程較安全
高端	台灣	重組蛋白	缺：開發時程長

資料來源：本文自行整理。

中國大陸主導期（2020 年 12 月至 2021 年 5 月）

　　疫情爆發後，為了扭轉疫情起源國形象，習近平在世衛大會上視訊致詞，提出中國大陸將進行國際援助，要讓新冠疫苗成為全球公共產品。並且在 2020 年 12 月即宣布將開始進行對外捐助疫苗。此時期有以下重點：

　　首先，中國大陸疫苗外交的投射對象絕非亂槍打鳥，而是配合其外交政策，如「一帶一路」沿線國家，並以「鄉村包圍城市」戰略，在美歐力量薄弱之處施展開來。主要可區分為三大地帶，一是周邊國家，如東南亞的菲律賓、緬甸、馬來西亞等，並將與東協國家加強疫苗研發和生產合作，共同打造區域疫苗生產和分配中心；二是美國「後院」與歐洲邊緣地帶，如拉丁美洲的智利、巴西，以及歐洲的塞爾維亞、捷克等國家；三是中東地區，以阿拉伯聯合大公國為切入點，不只輸出也包括共同研發與生產，若能成功，將進一步增加中國大陸在中東與阿拉伯世界的影響力。

　　其次，由於中國大陸疫苗的捐贈，部分報導如紐約時報指出，中國大陸將出口疫苗作為政治籌碼，要求他國使用華為 5G 設備等附帶條件，但由於部分西方疫苗供應不足且需要有較高成本之冷鏈保存技術，使得「科興」、「國藥」等疫苗取得優勢，仍是第三世界國家最主要能夠取得的疫苗，因而獲得一定聲譽。

　　再者，由於中國大陸在民眾尚未普及施打疫苗前即啟動「疫苗外交」，再加上不斷地透過「大外宣」彰顯其「濟弱扶傾」，並指責一向標榜人權、普世價值的歐美強國，卻大量囤積疫苗，因而取得道德制高點，中國大陸外交部發言人華春瑩甚至以「朱門酒肉臭，路有凍死骨」諷刺美歐國家，而這也逼使美國加快其疫苗輸出

的進程。

美中競爭激烈期（2021 年 5 月 - 至今）

2021 年 5 月起，隨著西方國家疫情逐漸穩定，美國總統拜登宣布對外大型的疫苗捐助計劃，且以效力較佳的輝瑞、莫德納為主，算是在這場賽局中扳回一城。截至 2021 年 11 月底為止，美國憑藉著優異的生科技術與產能，捐贈疫苗的數量已達 2.72 億劑，遠高於中國大陸捐贈的 8,900 萬劑，兩國捐贈的對象都超過一百個國家。此一時期有以下重點：

首先，截至 10 月底，美國 44% 的疫苗捐贈給亞洲 19 個國家，呼應了拜登的印太戰略，其中更以疫苗作為凝聚亞太盟國的籌碼，包含許多中國大陸的周邊國家，包括捐贈 4,260 萬劑（截至 2020 年 1 月底）疫苗給巴基斯坦，為受美國贈送疫苗數量最多國家，其具有影響中巴關係的意圖，此外還包括 2021 年 5 月，韓美峰會中商議疫苗互換與半導體投資，2021 年 7 月，美國宣布捐助越南 200 萬劑疫苗，並於 8 月宣布追加 100 萬劑，2021 年 8 月，美國捐助菲律賓疫苗 300 萬劑疫苗，而菲律賓總統杜特蒂隨即宣布維持菲美間簽定的《軍隊互訪協定》。當然也包括台灣本土疫情爆發時，宣布捐贈予我國的 250 萬劑莫德納疫苗。

其次，相較於美國的「後發先至」，中國大陸疫苗的效率開始受到質疑，不少國際機構，甚至是大陸疾控中心主任都承認，單劑科興疫苗雖能有效避免重症，但對有症狀感染的防護力僅約 50%，而部分基於數量和可選擇性而施打中國大陸疫苗的國家，後來也出現確診率回升的狀況，故紛紛宣布停止採購大陸疫苗（如巴西、馬來西亞）或改為混打其他疫苗，如泰國、新加坡、土耳其、阿拉伯

聯合大公國等轉以西方疫苗作為加強劑。此外，越南、泰國與菲律賓甚至出現民間抵制與抗議的風波。

最後，此一期間兩大國間的疫苗外交競爭極為激烈，其中，美國副總統賀錦麗（Kamala Devi Harris）2021 年 8 月底訪問越南應是最經典的案例，在美方宣布捐贈 100 萬劑輝瑞疫苗之前，中國大陸即承諾捐贈 200 萬劑疫苗，且外交部長王毅也隨後正式訪問越南，出席越中雙邊合作指導委員會第 13 次會議。隨著西方疫苗出口漸增，再加上品質的優勢，使得美國在新一輪的疫苗外交中占上風。

誠然，不少對中國大陸疫苗的不信任是源自既有的政治與外交衝突，特別是在東南亞地區，中國大陸的疫苗外交尚無法扭轉過去南海紛爭帶來的負面影響，此區域國家也多尋求疫苗來源的多元化，避免對中國大陸疫苗的過度依賴。

整體而言，在這一輪疫苗外交中可說是「中國取得先機，美國後來居上」，中國大陸率先在各國疫情嚴重之時輸出疫苗，取得道德上的高度，縱使如上所述有部分國家對其效力的質疑，但仍有不少外交收穫。

隨著病毒的快速變種與蔓延，美中兩大強權的疫苗競爭仍在持續中，包括美國承諾未來捐贈的疫苗數量將會超過 10 億劑，習近平也宣布累積將對外提供 20 億劑疫苗。此外，為了彌補現階段疫苗外交落居下風的狀況，中國大陸正積極的從現有的科興等減活疫苗，轉向研發與效力較高的 mRNA 技術疫苗，並宣稱已由「三葉草生物技術公司」研發成功重組蛋白疫苗；美國方面亦然，生物科技大廠紛紛宣稱要推出口服藥物、貼片、治療藥物等，兩大國均致力提升技術以應對新型變種病毒和下一輪的疫苗外交戰。

台灣的疫苗政策與挑戰

　　就兩岸關係而言，在前述第一階段（中國大陸主導期）中，正因台灣在防疫初期取得不錯的成效，也使得中共對台的「疫苗統戰」無施力點，但此一時期在國際上，中共「疫苗外交」卻成為壓縮台灣國際空間的工具，除對受援國除要求購買華為 5G 設備外，亦會如同建交公報般要求承認「一中原則」。此外，也成為動搖我國邦交國的武器，特別是宏都拉斯與巴拉圭，2021 年 3 月我國在南美洲唯一的邦交國巴拉圭傳出衛生部有意洽購中國大陸科興疫苗，然而中共表示巴拉圭須與台灣斷交才能取得科興疫苗，巴拉圭不接受此條件，並公開此事。2021 年 5 月宏都拉斯總統葉南德茲稱若有必要願在中國大陸開設貿易辦事處，且願意購入中國大陸疫苗，同時也請台灣幫助宏都拉斯與美國對話，以取得美國疫苗。就此而言，壓縮台灣國際空間成為中國大陸疫苗外交之副產品，也看得出美中疫苗外交的博弈在我邦交國上演。

　　如前所述，原本對台威脅不大的「疫苗統戰」，隨著 2021 年 5 月台灣本土疫情的爆發則成為破口，在疫苗短缺的情況下，國台辦宣稱「願意盡最大努力幫助台灣同胞戰勝疫情」，並承諾「要協助台灣與上海復星洽談 BNT 疫苗」，姑且不論我國內部政治競爭的是非曲直，此一議題確實已引起我國中央與地方政府間、政黨間、民眾間正反兩面的爭論。綜觀台灣疫苗取得來源可區分為政府國際採購、國際捐贈、民間捐贈與本土高端疫苗等四部分，截至 2021 年 11 月 15 日為止已到貨約 3,400 萬劑（詳見表 12-2），分述如下：

政府採購

　　至 2021 年 11 月中為止，政府疫苗採購到貨量約 1,205 萬劑，占前述 3,400 萬劑的 35.37％。然而，由於一方面國際疫苗產量不足但需求量極大，屬稀缺物品，另一方面，2021 年 5 月之前台灣疫情防控相對較佳，正當歐美各國陸續施打疫苗、日韓兩國亦透過各種方式大幅採購疫苗之時，民眾沒有接種疫苗的迫切感，政府訂購疫苗數量不足，亦無太大催貨壓力。

表 12-2　台灣疫苗來源、品牌與到貨數量

單位：萬劑

疫苗來源		疫苗品牌	到貨數量	合計（占比）
國際捐贈	日本	AZ	420.40	904.99（26.55％）
	美國	莫德納	400.00	
	波蘭	AZ	40.00	
	立陶宛	AZ	25.59	
	斯洛伐克	AZ	16.00	
	捷克	莫德納	3.00	
民間捐贈	永齡基金會／台積電慈濟基金會	BNT	953.61	953.61（27.98％）
政府國際採購		AZ	711.90	1205.64（35.37％）
		莫德納	493.74	
國產疫苗開發		高端	344.31	344.31（10.01％）
總計			3408.55	

註：統計至 2021 年 11 月 15 日為止。
資料來源：根據衛福部疾管署資料（https://www.cdc.gov.tw/Category/List/P2pYv_BSNAzqDSK8Qhllew）統計而成。

　　在 2021 年 5 月本土疫情爆發後，根據中央流行疫情指揮中心 5 月 30 日公布的數據，政府僅透過 COVAX 機制，與向廠商購買 AZ 與莫德納疫苗，完成 2,000 萬劑疫苗採購，以每人需 2 劑才算完成完整接種來看，2,000 萬劑只能涵蓋 43% 的人口，而同時期歐美國家採購疫苗覆蓋率都在 200% 以上，日韓兩國亦都超過 150% 以上。而實際上，此時衛福部僅取得 87.66 萬劑的 AZ 疫苗，對比於國內的需求簡直是杯水車薪。

　　就施打率來看，根據彭博（Bloomberg）的統計，2021 年 6 月初台灣打完第一劑的民眾僅有 2.8%，打完兩劑的僅為 1.1%（多為第一線醫護人員），遠低於新加坡（35.5%）和南韓（8.3%），也不如菲律賓（2.4%）。而在彭博所公布的全球防疫韌性排行榜（Covid Resilience Ranking）排名中，台灣在全球受評比的 53 個經濟體中，在本土疫情爆發與疫苗施打率過低的情況下，從 2020 年 11 月的第 2 名的防疫優等生迅速下降至 2021 年 6 月的第 44 名，甚至在 10 月再降至第 47 名。

　　而由於疫苗採購量不足，也讓執政黨一再宣稱的「超前部署」受到嚴重的挑戰。在疫情爆發後，疫苗的取得途徑主要仰賴國際與民間的捐贈，再加上本土疫苗的開發，其中的外交與政治效應就是標準的「雙層博弈」（two-level games），呈現國內與國際層次因素交相影響。

國際援助

　　台灣本土疫情的爆發不僅衝擊防疫體系，疫苗採購不足也瞬間成為國內政治攻防的焦點，甚至是美中兩強競逐的縮影，疫情爆發初期，日本即刻宣布捐贈 124 萬劑 AZ 疫苗以及美國捐贈的 75 萬

劑莫德納疫苗，都屬於此賽局的一環。除美日之外，還包括立陶宛、波蘭、捷克、斯洛伐克等計六個國家，截至 11 月中為止，共捐贈台灣 904.99 萬劑疫苗（見表 12-2）。分述如下：

（一）美國：6 月 6 日台灣疫情仍處高峰期，美國跨黨派三名聯邦參議員旋風式由韓國搭乘軍機訪問台灣，宣布美國捐贈 75 萬劑疫苗；6 月 20 日美國捐贈的莫德納疫苗正式運抵台灣時，再宣布加碼至 250 萬劑，時任 AIT 台北辦事處長酈英傑（Brent Christensen）至機場迎接疫苗，強調「這批疫苗體現了美國對台灣的承諾」，AIT 同時也在臉書專頁感謝台灣先前的醫療援助拯救美國人性命，11 月 1 日美國再捐贈台灣 150 萬劑莫德納疫苗，AIT 新任處長孫曉雅（Sandra Oudkirk）同樣與我國政府官員前往接機。美國目前為止共計捐贈台灣 400 萬劑莫德納疫苗，國務院發言人普萊斯（Ned Price）讚許台灣是蓬勃民主政體、有價值的夥伴與可信賴的朋友。而對於美國捐贈台灣疫苗，大陸政府則批評美國政治操弄，干涉中國內政。

（二）日本：日本是第一個捐贈疫苗給台灣的國家，6 月 4 日捐贈首波 124 萬劑 AZ 疫苗給台灣，時任日本外務大臣茂木敏充指出，台灣在 311 東日本大地震時募集善款援助日本，這份恩情造就日本援助台灣疫苗。首波捐贈之後，日本陸續於 7 月 8 日（113 萬劑）、7 月 15 日（97 萬劑）、9 月 7 日（6 萬 4,000 劑）、9 月 25 日（50 萬劑）、10 月 27 日（30 萬劑）捐贈 AZ 疫苗，至今六波捐贈共送出 420.4 萬劑疫苗，為捐贈最多的國家。

（三）歐洲國家：

1. 立陶宛：立陶宛於 6 月 22 日宣布贈送台灣 2 萬劑 AZ 疫苗，10 月 9 日立陶宛再度捐贈台灣 23.59 萬劑 AZ 疫苗，共計 25.59 萬劑。立陶宛近來在外交上與中國大陸針鋒相對，今年 5 月不僅退

出中國大陸與中東歐國家合作的「17+1 集團」，國會還通過認定中國大陸在新疆「種族滅絕」的決議，台灣與立陶宛均打算於今年互設辦事處，引發中國大陸極力抗議。

2. 波蘭：波蘭捐贈台灣的 40 萬劑 AZ 疫苗於 9 月 5 日運抵台灣，成為繼美日後，對台灣的第三大疫苗捐助國。然而在捐贈疫苗後，原先波蘭外交部推特貼文打上的中華民國國旗，不久旋即刪除，外交部長也隨即表示波蘭承認「一個中國」政策，台灣是中國的一部分，不承認台灣獨立。

3. 捷克：捷克近來與台灣關係日趨緊密，除 2020 年 9 月參議院議長維特齊（Miloš Vystr il）率團訪問台灣、發布《台捷防疫合作聯合聲明》外，2021 年 7 月決定捐贈台灣 3 萬劑莫德納疫苗。

4. 斯洛伐克：斯洛伐克於 7 月 16 日宣布捐贈台灣 1 萬劑疫苗，9 月 26 日運抵台灣時更加碼至 16 萬劑 AZ 疫苗。

從國際對台灣疫苗的捐贈可看出，一方面，此議題成為美中競爭的一環，隨著美國出現如參議員搭乘軍機抵台、AIT 與國務院大力宣揚台美關係的韌性等，釋放出較強的政治訊號，北京當局也一再重申美國不得干涉中國內政。另一方面，美國還攜手盟邦捐贈疫苗，日台關係緊密當然殆無疑義，四個中東歐國家對台灣的行動也多有政治意涵，此四個國家全為「17+1」的成員，此舉有美國分化此合作機制的味道。

然而，每個國家表態的程度不一，不少有避險之舉，各國都會說明是為回饋台灣在全球疫情爆發之時相關防護設備的捐贈，其中，立陶宛算是藉此抗中最徹底的，而從波蘭外交部長表示承認「一中」都看得出美中兩大國在此議題的競爭。此外，在國內部分，針對執政黨大力宣傳「超前部署」，但在疫情爆發後卻大幅仰賴國際捐贈的反差，也引發在野黨「疫苗乞丐」的批評，而此種國內國

際雙層競爭的狀況也出現在民間捐贈。

民間捐贈

　　台灣的疫苗短缺除引發在野黨採購不足的批評外，民間企業與第三部門也同感焦慮，鴻海公司創辦人郭台銘提出以其「永齡基金會」向德國 BioNTech 公司之中國大陸代理商上海復星醫藥集團之採購案。而由於對岸企業「代理」因素，也成為政府、在野黨與公眾輿論爭辯的核心，中央指揮中心表示，將會盡力協助民間採購，惟國際廠商多僅向政府進行談判，而永齡基金會向政府之申請文件尚有欠缺，此引發在野黨與輿論認為政府因意識型態，以及擔心凸顯出政府疫苗採購不力而有意阻擋。在爭論中，大陸國台辦宣稱「願意盡最大努力幫助台灣取得疫苗並戰勝疫情」，陸委會則駁斥此為統戰手段，並表示從未曾收到捐贈意向。

　　隨後美日等國接連宣布對我國捐贈疫苗，暫時緩解疫苗短缺，政府並於 6 月 18 日正式授權永齡基金會採購，並有全球半導體大廠台積電共同參與，而在 7 月，宗教法人慈濟基金會亦參與其中，同時台泥、仁寶、鈊象、台玻等企業亦透過捐贈慈濟基金會之方式共同捐贈，預計採購 1,500 萬劑，至 2022 年 1 月 27 日為止已全數到貨。

　　我們在感謝具社會責任與民胞物與的優秀企業家之時，也發現在民間捐贈 BNT 疫苗過程中，各種爭論包括原廠證明、疫苗標籤上是否出現簡體字、由原廠直送或經由上海代理商等，不一而足，都牽動國內激烈的政治競爭與敏感的兩岸關係。而輿論也多認為，在疫情當前、民眾生命財產受威脅之時，有過多的政治考量都應被高標準檢視與檢討。

國產疫苗開發

　　2020 年初疫情在全球爆發之後，我國國光生技、高端疫苗與聯亞生技等三家生技公司也隨即投入新冠疫苗研發，三家皆採重組蛋白技術，如表 12-1 所示，重組蛋白為傳統成熟技術，優點為安全性較高，但開發時程較長為其缺點，目前唯一通過政府緊急授權者為高端疫苗。國光疫苗在第二期失敗後，目前於印尼進行一、二期實驗；聯亞疫苗則雖於 2021 年 6 月進行二期試驗解盲成功，但並未通過 8 月我國緊急授權之審查，目前仍繼續進行第三劑臨床實驗，並已對審查結果提出訴願；高端疫苗則於 2021 年 6 月通過二期解盲，並於 7 月獲得緊急授權、8 月 23 日正式施打，截至 2021 年 11 月中，共有超過 77 萬人施打第一劑高端疫苗，共施打超過 140 萬劑。

　　對於國產新冠疫苗的開發在國內引發不少爭辯，贊成者認為國產疫苗有以下必要性：（1）確保疫苗戰略物資：在全球疫情擴散下，新冠疫苗是稀缺資源，擁有自產疫苗是國安與戰略議題；（2）增加國內疫苗選擇：重組蛋白技術具有相對較小之副作用，可提供擔憂副作用之族群其他選擇；（3）促進國內生技產業發展：生技產業為具有高附加價值之產業，同時也是需要大量資金的高風險產業，而國家資源的挹注有助於提升藥廠的研發意願；（4）促進疫苗外交：在疫苗稀缺下，疫苗生產不僅可以滿足國人施打，也可作為援外的重要物資。

　　而對於發展國產疫苗的反對意見認為，國產疫苗研發成本高且緩不濟急，在外國大型藥廠寡占的情形下並無利益可言，故應以國際採購為主。最重要的是，目前唯一通過政府緊急使用的高端疫苗，在研發過程中成為朝野政治攻防的重大議題，包括對疫苗開發

的補助、採取擴大二期實驗與「免疫橋接」方式以加速申請緊急授權（未經過完整三期實驗）、疫苗保護力的推估、缺乏國際認證、政府以相對高價預先購買 500 萬劑等，且不少人懷疑，政府為「扶植」高端疫苗而延誤國際疫苗的採購。

也正因為朝野的攻防再加上高端為上市公司，多次引發是否出現「股價異常」的爭議，在此爭議下即便總統與副總統均施打高端疫苗，也出現民眾信心不足的現象，截至 2021 年 11 月中為止，我國主要疫苗之剩餘劑量除以總到貨量分別為：AZ 疫苗的 6.5%、莫德納疫苗的 25.8%、BNT 疫苗的 33.7%，而高端疫苗則高達 58.5%，並且在產能較低的情形下（高端占全體疫苗到貨量約 9.8%），高端占第一劑涵蓋率僅有全體之 3.3%。目前高端疫苗仍在爭取國際認證，包括向友邦巴拉圭申請進行第三期實驗、參加歐盟多國多中心的三期試驗、參與 WHO 所發起並出資進行三期實驗的「團結疫苗計畫」等，也期待朝野皆應更中性看待國產疫苗的發展。

從本文可知，在本土疫情爆發、民眾需疫苗孔急之時，若沒有國際與民間的及時捐贈，台灣的疫苗到貨量實在難以想像。政府對於國際疫苗採購的積極度，以及對國產疫苗支持的時間點與方式都有檢討空間，特別是對於協助國產疫苗通過緊急授權的合理性應用更科學的方式取得民眾認同。過去一年多來，執政黨已將「防疫成效」完全界定成其執政良窳的關鍵，從邊境管制、疫苗採購、防疫「破口」的出現等，都成為影響主要政治人物民調的主要因素，然而也因過度宣揚防疫成績而出現「騎虎難下」的狀況，並成為朝野攻防的主要議題。

新冠疫情的爆發已然加速國際政治經濟秩序的重組，從爆發、

防控、疫苗取得，甚至是治療藥物的研發與生產，每個階段都看得到美中博弈的影子。隨著美中競爭加劇，多數處在期間中小型國家的「避險」空間也愈來愈小，由於台灣問題涉及中國的主權、安全與發展利益等所有的核心利益，也是最容易被觸動的敏感神經，台灣可說是處於美中長期戰略競爭的最前緣。從疫情爆發近兩年來，北京當局一再指責民進黨政府「倚美謀獨」、「以疫謀毒獨」而施加對台灣更大的壓力，為全民福祉著想，主政者須以更謹慎的態度應對此一牽一髮動全身的棋局。

第13章

有可能和平台獨嗎？

趙建民（中國文化大學國家發展與中國大陸研究所講座教授
兼社科院院長）

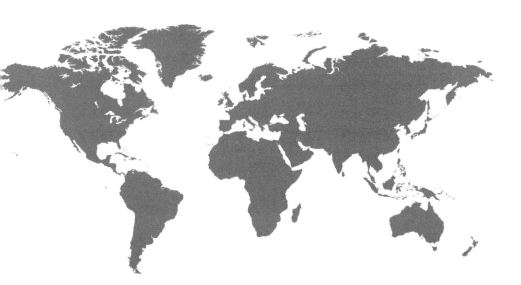

　　工業革命後，西方國家夾其強大的經軍實力，開始在海外殖民。19 世紀前半，許多拉丁美洲國家已經風起雲湧的追求獨立，經過兩次世界大戰，西方老牌帝國崩解，二戰後，殖民地的獨立運動狂潮席捲亞非，紛紛以和平或抗爭的手段，要求殖民者歸國還政。正巧這個時候日本侵華戰爭失敗，台灣在被殖民五十年後回歸中華民國，但由於接收後新成立的陳儀政府，外有支持國共內戰的壓力，內有日本戰敗後台灣社會經濟的失序，發生二二八暴動事件，台灣地方菁英損失慘重，部分人士乃試圖搭上這班民族獨立列車，逃至海外組織台灣獨立運動。在本質上，台獨運動和其他殖民地的民族獨立運動並不相同，其獨立理論主張必須遷強附會，不惟內在邏輯矛盾重重，成為這些年來國內政治紛亂對立的主要來源，甚至對國家安全造成重大危害。本文針對台獨成因、主張與發展演變，以及其對台灣造成的安全威脅，做一簡述。

新憲法、新國家的台獨運動

　　因為無法容身台灣，二戰後的台獨運動基本上在海外（主要是美、日兩國）尋求發展，他們根本否定中華民國的主權地位，要求以住民自決的方式，建立新的台灣共和國，由於立場激烈，被稱為「基本教義派」，在論述邏輯上有很大的矛盾。

　　首先，早期台獨運動的支持者根本不承認中華民國，認為二戰結束後，國民政府是接受盟軍最高指揮部麥克阿瑟將軍的「一般命令第一號」指令，負責到台灣受降，代表戰勝國執行接收工作，因此，並不是主權的轉移，中華民國只是「代管政府」，並不擁有對

台灣島和澎湖島的主權，台灣被中華民國占領，地位未定。1964年彭明敏和他的學生魏廷朝、謝聰敏發布「台灣人民自救運動宣言」，要求「推翻蔣政權，建設新的國家，成立新的政府，重新加入聯合國並建立外交關係」。1990 年代初，海外台獨組織回台發展，成立不久的民進黨在 1991 年該黨的黨代會上修改黨章，加入「建立主權獨立自主的台灣共和國，台灣主權獨立、不屬於中華人民共和國，且台灣主權不及於中國大陸」條文，此即一般所謂的「台獨黨綱」。

　　為了將台灣和中華民國分開，他們甚至不承認二次大戰結束前，美英等國和國民政府締結的、將台灣歸還中華民國的開羅會議宣言和波茲坦宣言的法律效力，進而對因為受到國共內戰的影響，舊金山和約和對日本合約未能明定台灣主權歸屬的事實，作為台灣地位未定的主要依據。

　　其次，他們主張以住民自決的方式，達到獨立的目的，「台獨黨綱」講得非常清楚，「基於國民主權原理，建立主權獨立自主的台灣共和國及制定新憲法的主張，應交由台灣全體住民以公民投票方式選擇決定」，這也是後來民進黨為何將公投視為神主牌的原因。

　　第三，他們拒絕承認台灣和中國的任何淵源，主張台灣人非漢人，而是一個全新的新興民族，不承認台灣文化含有中華文化的元素，埋下後來民進黨的政治人物拒絕承認中國人、並不斷「去中國化」的種子。

　　一般而言，為了脫離大中華的框架，台獨運動者的主張非常極端，不承認中華民國的法律身分，主張台灣地位未定，中華民國代管台灣和澎湖，在他們對台灣的國家認知裡，金門和馬祖根本不存在，論述過於極端，無法兼容現實，注定難以持續，在台灣民主化

後，海外台獨人士返台，台獨運動名存實亡。

修憲正名、一中一台

　　民進黨的陳水扁在 2000 年當選總統後，台獨人士大為振奮，覺得有機會以國家的力量，推動新國家新憲法的主張，但因美方基於台海穩定的考慮，不予支持，民進黨人乃改變策略，改從修憲正名的方式，達到台灣獨立的目標，但礙於美國壓力（小布希總統對陳頗有微詞，甚至傳出口出惡言），實際成效有限。

　　新的台獨推動者並不反對中華民國，事實上他們還十分願意擔任中華民國的總統，對領土的表述，也和舊台獨運動者不同，不反對台澎金馬的說法，但他們只是暫時接受中華民國的國號，主張以修憲的方式，達到「法理台獨」並完成和中國完全脫鉤，尤其是憲法中有關固有領土、五權框架、增修條文中有關統一的規定、以及台澎金馬事實主權等內容，他們都欲去之而後快，要求以公投的方式，達到「台灣、中國一邊一國」的終極目標。陳水扁在 2002 年 8 月 3 日透過視訊會議，在東京舉行的世界台灣同鄉會年會上，提出台灣與中國大陸不屬同一國家，主張台灣是主權獨立國家，目前名稱叫中華民國，中國大陸將此一論述，稱之為「一中一台」。8 月 6 日，《人民日報》將之定性為「對一個中國原則的嚴重挑釁」，與李登輝的「兩國論」相同。[73]2014 年，台灣教授協會提出台灣憲法草案，要求「台灣的領土範圍為憲法效力所及地

73　《人民日報海外版》，2002 年 08 月 06 日第五版。

區。領土變更應符合住民自決原則」。2020 年，民進黨立法委員蔡易餘提案刪除憲法第四條有關「固有領土」和增修條文中有關國家統一的規定；陳亭妃提案要求國家正常化，但皆因事涉敏感，黨內並未取得共識。2021 年 11 月，執政的民進黨立院黨團提出的修憲案中，包括對五權憲法架構的修訂，希望廢除考試院和監察院，立場前後一貫。

其次，新台獨論者希望藉「正名」，達到成就新國家的目的。遠在 1994 年，時任立法委員的陳水扁、呂秀蓮、許添財，成立「我們的國家叫台灣」正名運動，要求以「台灣」為名參與國際社會。當選總統後，陳水扁在 2002 年 1 月，宣布護照加註台灣，將 ROC 改為 ROC（Taiwan）；5 月，六十個團體連署正名運動，由李登輝擔任總召集人，三萬群眾走上街頭，高喊「母親台灣」，有人稱之為「正名運動的啟蒙年」。[74]2004 年立委選舉，陳水扁再度呼應正名運動的訴求，宣示駐外單位和國／公營事業正名，2007 年 1 月，政府將歷史教科書本國史中的中國史和台灣史分開，並把代表廣義中國或大陸地區的「我國」、「本國」、「大陸」等詞彙改稱「中國」。2 月中，中油公司更名為「台灣中油公司」，中船更名為「台灣國際造船公司」，中華郵政更名為「台灣郵政」，但相關法律修訂而無法獲立法院通過，無法源依據，2008 年改回原稱。

扁政府強行推動正名，不顧既有法律規範，以中華郵政更名台灣郵政為例，涉及《郵政法》、《簡易人壽保險法》、《郵政儲金匯兌法》與《中華郵政股份有限公司設置條例》四法的配套修

---

74 羅承宗，「扁政府正名運動簡史」，2020 年 4 月 21 日，https://voicettank.org/single-post/2020/04/21/042102/。

正，並非僅由行政院令其公司董事會通過修改組織章程即可實現，
另外，國際組織及駐外無邦交國館處部分，涉及國際政治及會籍問
題，難有作為。

第三，修憲正名論者非常重視認同問題，但和李總統以倡議的
方式，提出本土化和新台灣人的做法不同，他們希望改變憲法的結
構，去除有關中國認同的制度與法律基礎，以期從法制的面向，達
到改變國家認同和族群文化認同。

「華獨」與兩國論

2016 年 1 月，民進黨再度獲得選民青睞，蔡英文當選總統。
遠在李登輝總統第二任內，當時身為國安會諮詢委員的蔡英文，
即曾受命於李總統，就如何自法理上切割台海兩岸的兩個政權進行
研究，這個方案在 1999 年 7 月 9 日李總統接受德國記者訪問時正
式提出，將兩岸譽為「特殊的國與國的關係」，簡稱「兩國論」。
然因當時國際環境並不有利，前一年美國總統柯林頓才在上海宣布
「新三不政策」，表明不支持「兩個中國」和「一中一台」，迫使
李總統委請時任陸委會主任委員的蘇起先生出面澄清。但蔡英文當
選總統後，開始有計劃的推行此一分割兩岸主權的計畫。

有鑑於陳水扁執政時受限於內外環境，公投制憲的主張未能貫
徹，在蔡總統的帶領下，新一代的民進黨人採取新的策略，轉向認
同中華民國的部分內容，以創造新的國家，有別於舊的中華民國，
也就是所謂的借殼論，從法理上從新定位中華民國，達到創新國家
認同的目的。另一方面，蔡政府又自文化和歷史面的「去中國化」，

切斷兩岸的臍帶，這種以修改中華民國（而非再創新國家）的方式，完成他們想像的事實獨立，和已經獨立一百一十年的中華民國，雖然在國家的形式要件上維持不變，但實質內容已大不相同，有人將之稱為「華獨」，對台海安全的危害更大。

　　蔡英文在 2014 年 7 月 19 日回應網友提問時表示：「台獨黨綱是民進黨創黨時期所揭示目標，也是這代民進黨人及台灣人民的追求與理想……這個認同台灣、堅持獨立自主的價值，已經變成年輕世代的『天然成分』，這樣的事實，這樣的狀態，如何去『凍結』？如何去『廢除』？」[75] 可見新一代的民進黨領導人在歷經挫折後，對台灣主權獨立另闢蹊徑。蔡總統 110 年的國慶講話，可以說是一個精心設計的大戰略，首度提出「中華民國和中華人民共和國互不隸屬」的說法，對許多台灣年輕人而言，這個論述自然合理，難以反對。國慶講話中，蔡總統只在起頭提到中華民國 110 年國慶，但全文強調 1949 年立足台灣以來、經歷七十二年的簡版中華民國，民國 38 年以前的事蹟一概不提，在稱謂上，認定具有主權身分的中華民國等同台灣，強調台灣暨中華民國，台澎金馬事實獨立。

　　為了推動兩岸交流協商，李登輝第一任內在 1992 年 8 月 1 日主持的國統會上，通過對「一個中國涵義」的解釋，指「我方認為『一個中國』應指 1912 年成立迄今之中華民國，其主權及於整個中國，但目前之治權，則僅及於台澎金馬。台灣固為中國之一部分，但大陸亦為中國之一部分」，將事實主權和法理主權分開，順利於翌年 3 月於新加坡，舉辦海基海協兩會首次會談。蔡總統拋棄國統會決議案的前半段，亦即中華民國主權及於中國大陸的部分，而將

75　風傳媒，民國 103 年 7 月 19 日。

第二段中華民國目前治權僅及於臺澎金馬，將之等同於台澎金馬事實獨立，將治權等同主權，解決過去長期以來台獨人士無法完成法理主權的缺憾，寄宿中華民國的既有主權，一個新的主權國家於焉誕生！

　　新的做法改變過去更改國號的堅持，改走修飾既有框架的路線，既沒有正名的複雜與爭議，又可迴避修憲的高門檻，只需在慣用的名稱和內容上稍做調整，就做到過去台獨人士所無法達成的目標，作法上確實高明。但沿用中華民國的稱號，只尋求內容調整，無法滿足深綠人士對新主權的期待，也不足以凸顯兩岸兩個政權的差別，復因台灣人的身分認同已普遍形成，因此，文化上的「去中國化」，便成為蔡政府必須啟動的重點工程，用以說服深綠支持者，尤其是對歷史教科書的編寫，更是重中之重。扁政府只將台灣史和中國史分別對待，但蔡英文卻將中國史納入東亞史，以突出兩岸國際關係的定位，並將台灣史的內涵，刪除大陸這部分，使台灣歷史徹底脫離中國，終於完成從政治到文化領域的「去中國化」的壯舉。

台獨主張的內在邏輯障礙

　　自建國以來，中華民國內憂外患不斷，從軍閥割據到北伐再到對日抗戰、國共內戰，無日稍懈，抗戰勝利後到台接收的人員對局面的維持，確實力不從心，加上日本殖民者倉促撤退，台灣的社會經濟秩序瀕臨崩潰，在此背景下觸發二二八事件誠屬不幸。自政府遷台後，兩岸政治對立迄今無解，雙方在國際舞台上依然是你死我

活的零和遊戲，加上民進黨反中情結嚴重，根本無法找到和中國大陸和平共處之道，造成國際地位空前孤立。外交主權受挫，中共又不時武力恫嚇，加深了民眾的反感，予政治人物操弄機會。部分民眾遷怒於大陸對台政策，轉向同情台獨，情感上或有可議之處，譬如 2021 年 4 月 29 日美國國家情報總監海恩斯（Avril Haines）出席美國參院軍事委員會聽證會時稱，香港發生的反送中事件，以及北京公布港版國安法等發展，讓台灣更堅定趨向獨立。現任國安局長陳明通在 2012 年 12 月，回應「去中國化」問題時稱，台灣民眾支持「中國認同」的比例大幅減少，「這是因為中華人民共和國壟斷了中國」，民進黨執政推動的不是「去中國化」，而是「去中華人民共和國化」。

造成台灣部分民眾不排斥台獨的原因可能不單純，然而，為了推銷理念，台獨人士不惜犧牲邏輯上的周延性，甚至自我矮化在所不惜。

首先，早期的台獨運動支持者主張台灣地位未定，認定中華民國只是代管台灣，對台灣並不享有主權，甚至拒絕承認國際協議的法律效力，在國土的認定上，狠心拋棄金門和馬祖，不惟陷 2,300 萬人於無主權國家的困境，不論自法理或實際情況，都有運作上的困難。

其次，過去兩個世紀以來，各地追求民族自決的人士，不外出於兩個原因：一、是對殖民統治的反抗：殖民政府對殖民地經常在政治上採取高壓手段、經濟上遂行搜刮資源的掠奪式統治，被殖民者備嚐艱難，於是，在殖民國因為戰爭或其他因素導致統治力薄弱時，自然一哄而起以和平或非和平的手段，要求歸政去境，這種方式的獨立，被稱之為民族自決：二、是少數民族自決：在多民族並存的國家或地區，少數民族因為宗教、政治歧視、或其他理由，不

滿多數統治因而要求分離，這種方式稱之為少數民族自決。依此，台獨主張和前述兩種自決都不同，難以民族自決自喻，更像是對外來者的排斥以及對政治權力的爭奪。

第三，許多不反對台灣獨立主張者，其實是對兩岸統一的恐懼與抗拒，這是因為各式民調中，統一和獨立經常被用在對照組，作為相對應的選項。然而，獨立並非統一的相反詞，在概念上兩者根本無關，台獨主張者堅持拋棄既有的中華民國主權，這和是否贊成統一根本是兩回事，不幸的是，台獨主張者經常將反對統一和支持台獨混為一談。在邏輯上，台獨支持者很難排除先承認台灣是中華人民共和國的一部分，然後再要求分離出來的矛盾。

有可能和平台獨嗎？

自台灣民主化以來，反對台獨已經取代統一，成為中國大陸對台政策的主要目標，甚至擺出不惜一戰的姿態。然而，台海是否和平，不只關乎 2,300 萬人的生命財產的安全，也和美國的全球霸權息息相關，因此，台獨是否能成功達陣，不僅是作為主要利益相關的台灣人民必須謹慎思考，兩個強權的戰略目標，也一樣關鍵。過去經驗顯示，美中台三邊關係出現一種奇特的循環：台灣改變現狀，對台獨採取某種形式的政治表態，中共加大力度反擊，迫使美方出手制止台灣！

中共將台獨列為生死敵人，有其歷史、民族情感和地緣戰略等複雜因素，非本文討論範圍，但北京反獨愈來愈堅決，甚至到了不惜一戰的地步，不少專家認為，美中兩大強權未來是否開戰，關鍵

也在台灣。

中共反獨的作為大抵可以分為三波。李登輝在 1994 年會見日本作家司馬遼太郎，提出台灣人的悲哀，中國大陸反應強烈，1995年 6 月李總統到母校美國康乃爾大學訪問，解放軍決定在翌年 3 月總統大選前，在台灣南北海域試射飛彈，迫使美軍出動兩個航空母艦戰鬥群，事件才逐漸平息。然而，李總統不顧美國行政部門的反對，透過游說美國國會，成功的赴美國母校演講，導致台海飛彈危機，迫使美軍出動，對此，美國行政部門極為不滿，柯林頓總統在 1998 年 6 月 30 日訪問上海時，乃提出所謂的「新三不政策」，聲明美國不支持「兩個中國」或「一中一台」、不支持台灣獨立、也不支持台灣加入任何必須以國家名義才能加入的國際組織，一反美國獨立的開國精神，公開反對其他國家對前途的決定權，震驚各界。

陳水扁任內推動修憲正名、公投入聯，北京反應強烈，一方面要求美國出面制止，另一方面則制定法律賦予政府武力制止的權力。

2003 年 10 月 25 日民進黨在高雄主辦全民公投催生新憲大遊行，在遊行晚會上，陳水扁提出將於 2004 年三二〇總統大選時，提出合身合用的新憲法草案，2006 年付諸公投，2008 年開始實施。2003 年 11 月，立院通過公投法，第 17 條賦予總統於國家主權有遭受改變疑慮時，可以交由公民投票決定。2003 年 12 月 10 日布希總統在與大陸國務院總理溫家寶在結束會談後的記者會上，明白表示美國政策是「基於三公報，和台灣關係法的一中政策」，反對單方面改變現狀，「台灣領導人這些顯示可能有意願片面改變現狀的談話與行動，這是我們反對的。」對於台灣舉行公投，提出明確而強烈的立場宣示，據報小布希總統對阿扁極為感冒，甚至口出惡

言。為防止阿扁改變現狀，美中決定共管台獨，對台灣的傷害不言而喻。

2005 年 3 月 14 日中國大陸第十屆全國人民代表大會第三次會議通過反分裂國家法，第八條規定「『台獨』分裂勢力以任何名義、任何方式造成台灣從中國分裂出去的事實，或者發生將會導致台灣從中國分裂出去的重大事變，或者和平統一的可能性完全喪失，國家得採取非和平方式及其他必要措施，捍衛國家主權和領土完整」，明確宣示以武抗獨的決心。

雖然如此，阿扁並不為所動，進一步於 2008 年 3 月 22 日舉行公民投票，其中與聯合國有關的有兩項，其中一項是由民進黨提案的「以台灣名義加入聯合國全國性公民投票案」，俗稱「入聯公投」，美國總統布希在同年 7 月 30 日在白宮與亞洲媒體記者會面時，首度表明美國在兩岸議題的確有一些「紅線」，其中之一「就是不能片面宣布（台灣）獨立」。

2016 年蔡英文執政後，改變民進黨過去對台獨的作法，改走簡易路線，政治上改變（而非否定）對中華民國的界定，以新的和中國大陸切斷關聯的中華民國，對兩岸的兩個政權進行法律切割（而非創造新的法律主權），為了達到切割兩岸的目的，蔡英文領導下的民進黨對文化上的「去中國化」不遺餘力，加上美國自2017 年起，調整對中政策，改變過去積極交往的政策，開始對抗，內外環境的變化，使得北京對台獨國際化的認知更尖銳，反擊力道愈來愈大，譬如 2017 年 10 月 18 日習近平在 19 大的工作報告，提出「六個任何」，反獨文攻達到高峰：

一切分裂祖國的活動都必將遭到全體中國人堅決反對。我們有堅定的意志、充分的信心、足夠的能力挫敗任何形式的「臺獨」分裂圖謀。我們絕不允許任何人、任何組織、任何政黨、在任何時候、

以任何形式、把任何一塊中國領土從中國分裂出去。

北京第三波的反獨回到文攻武嚇，以外交和軍事為主，我方損失慘重，五年內七個邦交國與我斷交，邦交國數量自二十二國減為十五國，而解放軍機艦繞台或進入台灣航空識別區的數量迭創紀錄，英國經濟學人週刊將台海譽為全球最危險的水域。

2017 年川普總統對中進行貿易戰，開啟中美強權爭霸，原已緊繃的兩岸關係更是雪上加霜，台灣成為強權競爭下的棋子角色日益明顯。2020 年 10 月，中方擔心美方在南海製造事端，主動要求澄清，出現所謂的「十月驚奇」，筆者在 2020 年 10 月提出八項指標，認為兩岸進入「準戰爭狀態」；[76]2021 年 1 月，川普宣布派遣駐聯合國大使克拉芙（Kelly Craft）訪台，據報當時解放軍高層透過對話管道揚言，若專機抵台上空，將不惜派軍機進入台灣領空，甚至開火捍衛主權，台海危機浮現，讓美國國防部大為緊張，終致緊急取消克拉芙特訪台行程。[77]3 月，筆者曾撰文描述台海「一月風暴」的嚴肅性，[78]9 月，華盛頓郵報記者出版專書《危難》（Peril），證實 2021 年 1 月美國總統交接前夕，參謀首長聯席會議主席米利將軍越過川普，兩次致電解放軍高層，保證不會開戰；3 月，解放軍沿海部署恢復常態。10 月 1 到 4 日中共國慶期間，解放軍軍機累計 149 架次爆量擾台；10 月 14 日，陸委會主委邱太三受訪時坦言，已達到「準戰爭狀態布局」，引發各界熱議。

2021 年 11 月 16 日，拜登和習近平首次以視訊的方式，舉行峰會，台海成為主要議題，會後新華社消息指稱，習近平強烈表態，稱台海局勢「面臨新一輪緊張，原因是台灣當局一再企圖倚美謀

76 「趙建民：8 指標兩岸進入準戰爭」，聯合報，109 年 10 月 25 日，第 A4 版。
77 https://www.chinatimes.com/realtimenews/20210310006209-260407?chdtv
78 「拜習過招台躲過一月風暴？」聯合報，110 年 3 月 14 日，第 A12 版。

獨，而美方一些人有意搞以台制華。這一趨勢十分危險是在玩火，而玩火者必自焚」。[79] 拜登表示美國政府奉行一貫的「一個中國」政策，不支持台獨，希望台海地區保持和平穩定。美方力求台海穩定，壓制台獨的作風一脈相承。

自陷三輸不可不慎

台獨主張不惟自願放棄中華民國主權，陷 2,300 萬人民於無主權狀態，且有先承認北京對台灣享有主權再要求獨立的風險，同時也將導致台海緊張，予中共武力攻台以藉口。至於美方，則因恐於台海生變難以善後，不顧追求獨立的建國精神，反而順應中共反獨對台施壓（從柯林頓提出新三不政策到小布希再到拜登反獨立場一致），受傷害的，不只是台獨主張，中華民國的國際主權與尊嚴連帶受害，一獨成三輸，豈可不慎？

---

79 https://udn.com/news/story/122559/5894327

第14章

兩岸政治如何整合：
平等協商、共同締造

丁守中（財團法人兩岸發展研究基金會董事長、
中美文化經濟協會理事長）

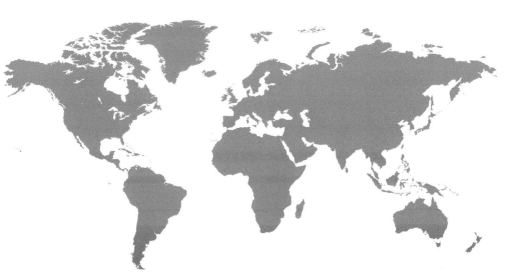

　　歷史學家湯恩比預言 21 世紀是中國人的世紀，果然成真。上個世紀末七〇年代鄧小平推動開放改革政策，三十多年來，不只在人民生活、人均收入、城市風貌、市場經濟、基礎建設、科技發展、經貿實力、民族自信……各方面，在中國大陸都創造了翻天覆地史上未有的進步與變化。隨著中國的崛起，人流、金流、物流、國際互動的增加、供應鏈的改變、基建狂魔的封號，再加上中國製造的市占率，以及歐亞交通鐵路運輸的延伸、海外港口的租借、新絲綢之路經濟帶、21 世紀海上絲綢之路及亞投行的倡議，自然形成了對現存美國霸權為首的西方世界、及美元為主的國際貨幣政經秩序與規範，形成巨大挑戰。

　　到了川普總統任內，既以「重塑美國偉大」為訴求，自然與中國展開各領域的杯葛抵制與競爭。拜登上任，政策依舊，這就是新世紀美中霸權的競爭。在歷史上霸權競爭往往以戰爭為收場，20 世紀經歷了兩場人類浩劫的世界大戰及長期的冷戰杯葛抵制，拖垮了蘇聯，創造了美國的霸權。21 世紀美中霸權競爭既已是必然，就看美、中的領導人有沒有智慧走出修昔底德陷阱。台灣在兩強夾縫中，更要懂得如何趨吉避凶、自求多福，在矛盾中求生存。目前民進黨蔡英文政府一面倒的「親美反中」真有利台灣未來的生存發展嗎？值得我們深思！

西方視中國為國際秩序最大挑戰

　　首先談中國大陸面對的國際形勢，從西方國家的角度，上世紀七〇年代末為了對抗蘇聯拉攏中國；再者，西方國家相信中國的

開放改革、推動市場經濟、中國留學生大批來西方國家學習、外企投資中國、開放中國市場……可以慢慢轉化中共政權。八〇年代至今，中國確實壯大了，但政治體制依舊，甚至近年還有走回頭路跡象，這都造成 21 世紀西方國家視中國為「意識形態」、「一黨專政」上新的強勁敵手。雖然尼克森以來，歷任美國總統都在交往中私下防著中共，但川普總統則是對中國明白叫陣並公開撕破臉，貿易戰、科技戰、聯合軍演大秀肌肉之外，凡是能增加中國內部矛盾動亂的所謂秘密行動也絕不手軟，港獨、疆獨、藏獨、台獨，都是西方勢力利用的籌碼。到了拜登政府上台，仍以中國為假想敵，多次強調中國是 21 世紀國際秩序安全及穩定的最大挑戰。一致對付中國，更是現今美國民主、共和兩黨共識。美國更是在國際間重新拉幫結派，印太戰略中除了有美、日、澳、印度的「四方安全對話」（QUAD）；另外鑑於「五眼聯盟」抗中不夠堅定，美英澳還另組聯盟（AUKUS）對抗中國，甚至不惜違反「反核子擴散條約」，英美全力支持澳大利亞取得核動力潛艇，以便在印太地區進行長期圍堵中國任務。

美國及其盟友反對中國的新冷戰，理由往往是關切人權與民主自由。2021 年 5 月下旬歐洲議會凍結「中歐投資協定」批准程序，理由就是先要求中方解除對歐盟人士的制裁，及關切香港、新疆等人權問題。歐洲議會在 2021 年 10 月 21 日以 580 票贊成、26 票反對、66 票棄權，展現壓倒性優勢通過「歐盟 - 台灣政治關係與合作」報告，表達歐洲民意力挺台灣民主，報告中明言就是因中國大陸軍機不斷出入台灣西南空域，國際社會反對中國對台灣霸凌的結果[80]。

---

80 壓倒性票數贊成歐洲議會通過歐台政治合作報告，聯合新聞網 2021-10-21。

其實國際政治中的衝突對抗或杯葛抵制，民主、人權、意識形態、打破專制獨裁、解放人民……往往只是冠冕堂皇的藉口，實質上的自我國家利益才是根本。只要有利美國利益的，像過去中南美軍事獨裁政權，美國照樣維持良好關係。就美國而言，今天要維繫世界霸權，靠得就是美軍與美元。中共在國際貿易及原油能源購買上，要以人民幣結算，打破美元的壟斷，就是侵犯美國利益。在廣大亞非拉國家中，美國單方面出兵介入，中國跟美國不同調，美國就視中國為潛在敵人。何況中國大陸國力日興，再六、七年就有可能追過美國，成為世界第一大經濟體，對美國來說就是巨大威脅。就像上世紀八〇年代，當喊出經濟上「日本第一」時，換來的就是美國對日本經濟的強力打壓三十年。

美國的霸權靠美元與美軍優勢

美國的霸權，很大一部分建築在美國的軍事優勢。美國的軍工複合體向來就是影響美國政策的最重要利益團體之一，蘇聯瓦解後，美國也需要找尋新的假想敵，光是反恐及區域衝突不足以合理化美國占有全世界軍備支出四成的最大國防支出。以中國崛起為假想敵，自然成了爭取國防預算最有利的理由。美國的五大軍火公司：洛克希德馬丁公司、雷神公司、通用動力公司、波音公司、諾斯洛普格魯曼公司，光是 2019 及 2020 這兩個會計年度，就拿到美國國防部超過 2,860 億美元的採購訂單與合同。從 2001 年至 2020 年，這五大軍火公司共分到 2.1 兆美元的國防部採購合同。這些公司董事會中充斥著美國國防部、美軍前高層首長與上將擔任

董事。僅看從川普到拜登總統任內共五位國防部長，其中就有四位來自這五大軍火公司：詹姆士、馬提斯（通用動力公司董事）；派崔克、沙納漢（波音公司副董事長）；馬克、艾斯培（雷神公司政府關係部總裁）；洛依德、奧斯丁（雷神公司董事）。職務旋轉門，與利益不迴避在美國軍工複合體中，常飽受各界批評。美國這五大軍火公司，美國越多海外戰爭，越有潛在強大假想敵，這些公司就軍事採購訂單越多，獲利越豐。[81] 美國政府僅用不到 20 美分印刷成本，印出一張一百美元大鈔，可到全世界去換物資，各國且需用美元做外貿支付的工具，靠得很大一部分就是美國的槍桿子。如今中國大陸要用人民幣挑戰美元地位，在國際石油採購上，以人民幣來結算，自然影響美國重大利益。過去美蘇兩大霸權競爭，在蘇聯裂解後，如今俄羅斯在 2020 年全年國內生產毛額總值一兆四千八百億美元，還比不上中國大陸一個廣東省的總生產毛額一兆六千億美元，美國怎會不以中國大陸為假想敵？以前好萊塢戰爭情報電影常以蘇聯為假想敵，中國還是合作對象。但可以預見以後好萊塢將會有更多以中國為對手的電影出現，透過電影的潛移默化；再加上新冠病毒肆虐初期，川普的刻意操作仇中反中情緒，造成的種族歧視，連帶使得在美國的亞裔族群都深受其害，這些潛在發展都對未來美中關係不利。

　　2022 年美國國防安全總預算 7,530 億美元，在美國國會國防預算聽證會中，國防部長奧斯丁及參謀首長聯席會議主席密利上將都一再強調中國為首要威脅。中國軍事威脅及台灣安全，也均是聽

81　William D. Hartung,"Profits of War:Corporate Beneficiaries of the Post-9/11 Pentagon Spending Surge",20 Years of War,A Costs of War Research series, September 13,2021,Center for International Policy;Watson Institute, Brown University.

證會討論焦點。為了加強嚇阻並威懾中國，美國兩黨議員還提案加碼「太平洋威懾倡議」的規模。在 2022 年會計年度的「國防授權法」中更明言支持對台軍售，協助台灣發展不對稱戰力。

在主要以中國為假想敵情況下，美國 2022 會計年度國防預算 7,530 億美元中，投入了 1,120 億美元加強國防武器的研發測試，美國國防部長奧斯丁都承認，這是美國有史以來規模最大的國防研發測試評估投資。研發支出增加的部分主要投入微電子、超高音速武器、和人工智能等先進技術，主要也是因應中國大陸能從軌道衛星發射的極音速飛彈造成的威脅。在 2021 年 10 月 27 日，參謀首長聯席會議主席密利上將，以幾乎近似當年蘇聯人造衛星大超越美國的軍武落差（Sputnik moment），來形容美國面對中共的極音速飛彈威脅。總之，今後美中霸權競爭，勢將展開一場前所未有的軍備競賽。而若干美國國防戰略決策部門甚至相信，因為美國軍民科技可以共用，美國國防投資可以帶動更大民間產業經濟發展，所以將比照美蘇當年冷戰軍備競賽模式，用軍備競賽拖垮中國大陸經濟。另外一方面，在軍備競賽與圍堵中國考量下，美國也將大幅放寬對盟國軍備輸出限制。例如：澳大利亞本身就違反自己簽署的「反核擴散條約」，由美、英協助採購並部署核子潛艦。美國今後將對中國大陸周邊國家提供更先進、射程更遠、更具攻擊性武器或技術，作為美國的前進基地，目的皆在遏制中國，其中自然也包含充分利用台灣為其前進武裝堡壘。

中國的迅速崛起，已讓美中霸權競爭勢不可免。再加上中國大陸的戰狼外交與對台灣的軍機威懾，自然給了西方陣營更多合縱連橫反中抗中的藉口。現在美國政界，反中已是兩黨共識。民主黨鑑於 2024 年大選共和黨挑戰來勢洶洶，在反中立場上也更趨強硬，即使有 2021 年 11 月 16 日看似友好的拜席視訊會，但拜登仍然宣

布對北京冬奧實施外交抵制。在今年日本國會大選中，各候選人也是靠批罵中國而當選。就美國今後對中國戰略而言，延續阻礙、杯葛抵制、圍堵中國在各方面的發展，將是常態，就像早期對蘇聯一樣。華為的案例、及中國留學生赴美留學入境，只因手機內有軍訓照片就被遣返，而台灣學生根本不會被查手機內容。這類事情只是美中敵對競爭的具體而微表徵。在美國對中國的遏制圍堵與霸權競爭中，熱戰爆發的可能性不高，就像當年美蘇避免熱戰，管制衝突一樣。因為衝突升高不易受控制，再加上現代武器的更大破壞殺傷力，如果發生美中戰爭，將是人類浩劫。

但戰爭永遠不可預測，非理性反中當道、民粹及媒體的煽動、誤判或過度反應、小事擦槍走火，星火燎原一發不可收拾也不是不可能。但從過去美蘇霸權競爭經驗，一方面要管控衝突，不致爆發全面戰爭，避免相互保證摧毀，因此衝突、抵制、對抗往往以其它形式進行，其中最強有力遏制對手的方法，就是打代理人戰爭，挑起對手內部矛盾使陷於內鬥內戰。或利用海外盟友為前進基地，讓美國本土遠離戰火，阻絕戰爭於海外。所謂印太戰略，簡言之，就是拉攏中國大陸外圍的亞太國家，共同聯合遏制中國的戰略。當前，美國一再強調支持台灣防衛的重要，關切中共對台的侵擾，例如：美國總統拜登在 2021 年 10 月 21 日晚間，接受 CNN 訪問時，明確答覆中國若侵台，美國會捍衛台灣。其目的也在維繫其印太戰略及全球安全承諾的威信，因為畢竟已有放棄阿富汗前例在先，若在美中競爭最前緣的亞太地區，再出現對台灣安全承諾的背棄，台灣一倒，將發生骨牌效應，印太戰略全倒，美國的霸權就將提早結束。但對中國大陸而言，台灣獨立或國際介入支持的台灣實質獨立，是完全不容外人碰觸的國家根本利益底線，中國絕不坐視。

美中霸權競爭陷台灣於代理人戰爭風險

　　台灣既然在美中霸權競爭的最前線，而美中霸權競爭勢不可免，只會越演越烈，那台灣就要好好思量我們自己的策略與利益了。民進黨人士因為本身對中國不認同，志在追求台灣獨立，所以目前一面倒的選擇「親美反中」或「聯美抗中」政策，認為跟著美國就一路有美國保護。兩岸的衝突，自然有美國的管控，萬一美中衝突激烈，台灣或許還有更大被支持獨立的機會。就像最近美國開始提台灣的聯合國參與問題，很多民進黨人士就沾沾自喜，視為時機漸漸成熟，形勢對台獨更為有利。好像有了美國做靠山，民進黨主政之下，政府似乎完全不在乎國際媒體期刊頻頻警告「台灣為最危險的地方」，及台海目前兵凶戰危的報導。[82] 也完全不在乎拜登上任前後，美國參謀首長聯席會議主席密利曾兩度密電中共軍方高層緩解衝突緊張的嚴峻形勢。針就外電及美國政界高層報導及談論中共各種可能攻台的方式與時機，民進黨政府負責國家安全的首長，上至總統下至部長幾乎都是樂觀的認為國際社會的關注與支持，就是台海安全的解藥。最典型的例子，就是 2021 年 10 月蔡英文總統接受美國有線電視新聞網專訪，針對實際中共威脅及台灣軍事準備問題的答覆都很空洞，蔡英文總統只是強調「相信台灣人民的意志，民主自由的信念，與保衛我們民主自由與民主生活方式的意志……，相信國際社會會更加關注台灣和台海局勢，我們會獲得愈來愈多的國際支持。」[83]

---

82 "The most dangerous place on earth", The Economist, 2021、4、30.

83 Taiwan's President says the threat from China is increasing 'every day' and confirms presence of US military trainers on the island, CNN, 2021,10,28.

　　但靠人民的意志，靠美國外援，靠國際社會的關切，真的能為民進黨的實質台獨政策及台海危機解套嗎？根據多家國內外媒體及民調機構的民調顯示，六成以上的台灣民眾對大陸民眾有好感；有將近五成的民眾看好中國大陸會在未來成為第一強國，有五成的人不擔心這樣的發展會不利台灣。[84] 美國布魯金斯研究所 2021 年 5 月對台灣民眾做的民調，則顯示有近六成的民眾擔心兩岸會開戰，年輕世代擔心開戰的也占五成；但台灣民眾對於政府自身保衛能力仍持悲觀態度，僅 25.8% 的人認為台灣防衛能力有提升，35% 認為不如從前，40% 的人認為毫無變化。[85] 在阿富汗事件後，蔡英文總統開始強調台灣人民要能保護自己，而非依靠外人。但連民進黨自己人游盈隆做的民調都顯示，針對中共武力犯台，只有 11.3% 民眾認為政府做好充分準備，有 48% 的人不認為蔡英文政府已做好準備。而同樣這份民調也顯示 64 % 民眾不認為中共會武力犯台，且有六成五民眾認為若中共武力犯台，美國一定會出兵協防台灣，甚至也有五成八的台灣民眾認為日本也會出兵協防台灣。尤其在反中意識較強的年輕族群中，認為美、日會出兵保護台灣的比例更高。這些矛盾的民調顯示的共同事實是：台灣人民對大陸人民沒惡感，甚至看好中國大陸發展；也不認為中國成為世界第一強國會對台灣不利；兩岸危機升高，對蔡政府兩岸政策及國防政策都沒信心，但卻又不擔心兩岸會打仗；更天真地認為若中共犯台，美、日會出兵。事實上美國講的防衛台灣至今最多只是提供台灣必要防衛武器；而日本連和平憲法修不修，各政黨都未達成共識，如何海外出兵保護台灣？難怪連民進黨人游盈隆看了民調都要憂心的講：

84　聯合報「兩岸關係年度大調查」2021、10、18。

85　Shelley Rigger;How are people feeling in the"most dangerous place on Earth"?Brookings Institution,October 13,2021.

「台灣人已是被溫水煮熟的青蛙」。[86]

親中友美最符合台灣利益

這些民調顯然與蔡英文面對國人、面對外媒宣示的：相信台灣人民的意識，相信台灣人保衛自我民主自由生活方式的意志，完全相反。除了台灣人對兩岸關係的認知分歧與自我準備不足外，台灣一面倒的親美反中，跳到美中霸權競爭的火線中，作為美國反中的馬前卒，人民也完全沒有共識。台灣還有以下嚴重風險：

一、大國霸權競爭，拖累對手，最便宜的方法就是製造敵對陣營內部矛盾，打代理人戰爭。在反中傾獨的美國與台灣政客唱和挑弄之下，台海衝突風險日益增高。對被美國支持的這方而言，是欣喜得到外援，但人民換來的常是同胞自殘、家園破碎、流離失所、生靈塗炭。美中鬥爭，就可能以支持台灣抗中為名，提供台灣攻擊性武器與技術，讓兩岸人民自殘。別看這不可能，若兩岸互搞制裁清單，報復反報復，很容易螺旋升高敵意，搞成台海兩敗俱傷的經貿抵制。而軍機繞台或進入台灣空域，在兩岸民粹操縱下，也極容易擦搶走火，造成兩岸升高衝突。但民進黨又最善利用中共威逼政策造成的台灣人民反中仇中情緒，這往往是民進黨選舉動員民眾支持的最有力武器。而這又是美國若干政客一再鼓吹的台灣要強化自身防衛能力，除了加強對美軍購之外，更應培養人民反中的台灣主體意識。台灣主體意識與反中情緒，加上國際勢力的煽動，更使得

---

86 最新民調：若中共武力犯台六成五台灣人相信美會協防；聯合報，2021-11-02。

台灣容易陷入衝突的險境。

　　二、台灣對大陸外貿依賴持續加深，2020 年占台灣全部出口 43.8%。根據大陸海關總署資料，僅 2021 年 1 至 10 月台灣出口到大陸金額，就高達 2,028 億美元，較 2020 年同期增長 26.6%。民進黨政府看不到光是 2021 年前十個月，台灣對大陸貿易順差就有 1,394 億美元，卻斤斤計較因輝瑞 BNT 上海代理商疫苗有復必泰三個字，就拖延 BNT 疫苗進口，讓台灣疫苗不足冤死好幾百人。現在大陸因病蟲害禁止台灣鳳梨、蓮霧、和釋迦進口，農委會就要編幾十億台幣來補貼農民。民進黨政府可曾想過若有那麼一天，中共因台獨兩岸關係惡化，要經濟制裁台灣出口，以半年台灣出口大陸就達 1,147 億美元，若遭到抵制，讓台商受害，政府能拿出上兆台幣來補貼廠商損失嗎？筆者 2016 年在哈佛大學費正清中心做訪問學者時，就遇到很多在哈佛訪問進修的大陸學者專家及政府外派官員，談到兩岸關係若惡化，他們說大陸對台施壓未必要用軍事手段，光是經濟上就有許多工具。因台灣上市櫃公司一千七百多家，三分之二以上跟大陸有供需、代工、或重要業務來往，若兩岸關係惡化，只要大陸愛國工人在台商工廠發動全面罷工，台灣的股票恐怕就要崩盤。先別說大陸經濟杯葛抵制台灣，若大陸學川普對中國產品加課重稅模式，也對台灣出口大陸貨品加徵重稅，台灣經濟也絕對受重傷。

　　三、兩岸對立，將使台灣加入區域經濟組織及與其他國家簽自由貿易協定增加更多阻力，也將使今後台灣出口競爭更難。區域經貿組織不論是占我國外貿量 25%，目前由十一國組成的「跨太平洋夥伴全面進步協定」（CPTPP），或占我國外貿量 59%，由東協十加五組成的「區域全面經濟夥伴協定」（RCEP），台灣都被排除在外，也享受不到關稅減免優惠。而這些區域經貿組織決策

採合議制共識決，台灣要執意反中，只會給自己加入這些組織製造更多麻煩。筆者在立法院參與政黨外交、國會外交，在與各國政要會談，敦促他們與台灣簽雙邊自由貿易協定時，各國政要普遍的答覆是：「台灣自己先搞好中國關係。你們如果與中國都簽了 ECFA 貨貿、服貿協定，中國就沒有理由反對我們跟你們簽自由貿易協定」。所以一切癥結還是台灣自己怎麼處理好兩岸關係。

　　四、在民進黨政府一面倒的親美反中政策下，兩岸關係迅速惡化，龐大軍備支出將拖垮台灣財政。民進黨政府要做美國反中的馬前卒，在川普任內十一度對台軍售，總額超過 186 億美元。拜登上台後，馬上又賣了 7.5 億美元的自走炮，但賣給台灣的武器都只是沒有前進嚇阻打擊力、純防禦的武器，而且價格還嚴重偏高。台灣周邊的國家如日本、韓國、新加坡都已取得美國最先進的 F35 戰機，但賣給台灣的卻仍是七〇年代開始服役，逐步性能提升的 F16 戰機，而價格卻幾乎跟周邊國家採購 F35 戰機一樣貴。同樣的，美方強逼我們買的岸置魚叉飛彈 100 套 400 枚，原本美國宣布這筆軍售 23.7 億美金，約新台幣 677 億元。但當國防部報預算時，暴增到 866 億元，而且這 400 枚魚叉飛彈還是屬於 40 年前舊型提升的 RGM-84L-4 Block II，而不是我們要買的最新型 RGM-84Q-4 Block II +ER 增程型飛彈。台灣原要採購的新型岸置魚叉飛彈不只射程達 250 公里，具備網路化數據鏈、射出後能隨時更新目標資料、少受干擾、具有涵蓋全台灣海峽戰略嚇阻力。但美國賣給我們的射程短、性能差，且交貨時程從原本 2025 年前完成交貨，也延到 2030 年前完成交貨，根本無法滿足台灣的「戰略急需」，而這藉「戰略急需」插隊強加的飛彈採購，不但加價、降性能、又延遲交貨。更令人氣結的是還排擠了我們中科院研發自製、性能更好、更價廉、射程更遠、且更能提早交貨的雄二跟雄三超音速飛彈的預

算，難怪連亞洲周刊要恥笑台灣做了冤大頭！[87]

　　這就是一面倒親美反中政策下跟美國交保護費的代價，美國經常在我們武器自製研發成功後，急急賣我們同類武器，既打消了我們國防自主的能力，又藉其武器零附件整補，永遠控制台灣。美中霸權競爭，民進黨政府一面倒親美反中，台灣做了馬前卒，不但要付出戰爭風險，還要背上沉重軍備負擔。而越精密武器系統，維修整補費用越貴，全壽期十五至二十年限服役，整體費用可能是單品採購價格的三到四倍，不但拖垮政府財政，更排擠了台灣其他經濟建設、社會福利、產業發展、科技研發的費用，代價極大。台灣一面倒當馬前卒還不只是淘空台灣的巨額國防採購支出，美國更要求台灣兵員素質人力也要夠，否則怎麼替美國打代理人戰爭？最近在美方建議及批評下，國防部馬上宣布新制教召要十四天，三類後備軍人、選員一萬五千人、一年一訓、後退先用、八年內退伍的兵為主要徵召對象，以後還可能隨著兩岸關係更嚴峻而考慮恢復徵兵制。年輕人支持民進黨最多，此時卻要為美中霸權競爭當馬前卒，做打代理人戰爭的砲灰，又能怨誰？

　　台灣真的走到了關鍵命運的十字路口，經濟杯葛、戰亂風險？還是繁榮安定、和平幸福？全在台灣人的一念之間與選擇。中國大陸的發展何嘗不是也到了關鍵的轉圜點，是中華民族持續的偉大復興？還是提早陷入美中霸權競爭的修昔底德陷阱？兩岸形勢，彼大我小，未來中美霸權競爭趨勢明顯，勢必 21 世紀就是中國人的世紀。台灣民進黨政府或許已經去中國化太久了，忘了《韓非子·亡徵》的古之明訓：「國小而不處卑，力少而不畏強，無禮而侮大鄰，貪愎而拙交者，可亡也」。其實兩岸人民，同文同種、同血緣、同

文化，台語就是閩南語，大家過的是中國節日，吃的是中國菜，拜的是中國神，台灣歌仔戲教忠教孝的劇情都是中國民間故事。民進黨硬要綁架全民幸福追求台灣獨立，任何理智善良的台灣人都該堅決反對。別忘了國家是武力造成的，請問我們有必要與同為炎黃子孫的十四億大陸同胞為敵嗎？過去國民黨執政兩岸和平交流、經貿合作、外交休兵，不也相安無事。兩岸明明是歷史遺留的問題，制度的差異，本可經由兩岸良性交流，互補短長，互信互利，由時間慢慢來解決兩岸的矛盾。理性的台灣人，我們有必要去逼著中共把一場原屬於人民內部的矛盾，提早放到日程表上，變成一場打擊外力分化介入台獨的民族解放戰爭嗎？台灣是以外貿為主的經濟體，2020 年台灣出口占台灣 GDP 的七成以上，大陸又是我們最大的貿易夥伴、最大的投資地、最大的貿易順差來源，外貿最需要的就是安定和平的國際環境，及與鄰為善的智慧，我們有必要犧牲自我的幸福，替他國的世紀霸權競爭做馬前卒嗎？台灣若能在美中霸權競爭中，改採「親中友美」政策，不但兩邊得利，還更能維護台灣人的安全、福祉、尊嚴與地位，甚至還可以在美中的霸權競爭中扮演緩衝的重要角色，對世界和平做出更大貢獻。

武統威逼最不利中華民族復興

同樣的，我們也要提醒中國大陸的領導人，在鄧小平的開放改革政策，加上國際化、和平友善國際環境下，造就了今日中國脫胎換骨的發展。這股發展的勢頭若持續下去，很快就能讓中國變成世界最大的經濟體。美國今日之弊，就是外戰及對外介入承諾太多，

自比世界警察，消耗了太多國力，而少於國內建設。因此，也造成美國社會人民財富不均、基礎建設不足、社會不公、種族歧視、製造業斷鏈。中國大陸雖快速崛起，但畢竟外銷外貿也很重要，要累積更大國力，達到科技興國、產業富民、全民共富，消弭國內讓少數人先富起來的區域發展與人民貧富差距，還有很多待辦重要事項。中國大陸此刻需要的，何嘗不是安定和平的國際環境與發展空間？習近平先生真的應該記取老祖宗智慧及鄧小平說的韜光養晦哲學，此時千萬不要上了世界霸權競爭策略下分化兩岸，讓兩岸同胞民族自殘的當。最近路透社報導的推演台海戰爭六種模式，從封鎖馬祖外島演變成東亞大戰，何嘗不就是西方反中勢力政客最想見到的情況。[88] 美國現任與過去的國安軍事高層，口口聲聲警告的中國大陸將在何時對台動武，何嘗不是威嚇台灣，要更加密切地與美國結合，做西方世界反中的前進武裝堡壘。而美國參眾兩院最近兩、三年一系列通過的所謂友台的法案，又哪項不是針對加強售台武器與抗中而來？現在美國逼著台灣買岸置魚叉飛彈，等到美中關係更惡化，怎知美國不會出售戰斧飛彈或技術給台灣，讓台灣與大陸東南沿海如果不是相互糾纏互拚死活，至少也維持恐怖平衡。

中國大陸大，台灣小，中國大陸領導人應該同理心體諒台灣人的不安全感。台灣有民主定期選舉，與其訴諸高壓武力威逼台灣，造成兩岸人民長久的仇恨與敵意，不如寄希望於台灣下次的民主選舉。台灣的聯合報 2021 年 10 月兩岸民調顯示：不滿意蔡英文處理兩岸關係表現的高達四成八，遠高於滿意者的比率。要維持台灣安全，四成七民眾認為應優先改善兩岸關係，遠高於三成四民眾覺得應強化台美關係。六成七民眾認為台灣沒有宣布台獨的實力，多

---

88 T-Day: The Battle for Taiwan,Reuters, 2021,11,5.

達 51% 希望維持現狀。而台灣民眾六成以上對大陸人民有好感，有將近五成的民眾看好大陸會在未來成為第一強國，且有五成的人不擔心這樣的發展會不利台灣，這些民調數據都說明兩岸合則兩利，也為未來兩岸和平民主整合或統一奠定了良好基礎。關鍵就在中國大陸的領導人能否警醒西方陣營反中制中政客，唯恐不給兩岸製造分裂添亂的陰謀禍心。而西方陣營看似支持台灣抵抗中國大陸霸凌，事實上只是美中霸權鬥爭的另類手段，說穿了就是暗藏禍心利用台獨打代理人戰爭，為中華民族復興設阻添亂。

台灣扼制著東亞重要海線運輸，是美國所謂第一島鏈防衛不沉的航空母艦，更掌控著全球晶片供應的樞紐，中國大陸領導人若能放棄軍事高壓威逼手段，改採真正對骨肉同胞更為陽光的平等協商與軟性訴求，自然會得到更多台灣人民的好感。台灣的各項民調也顯示台灣人對大陸的好惡起伏，常與大陸對台政策的軟硬變化成正比。台灣人民不是傻瓜，當然看得出西方陣營以支援台灣對抗中共為名，兩岸敵意的升高，激化兩岸對立，強化台灣武裝，惡性循環，總有一天會促使兩岸走上火線戰場。對此，台灣人民早有覺悟並心存反感。2021 年高唱仇中反中、激化兩岸對立的立法委員陳柏惟被罷免，就是最好的明證。如果大陸能放棄威逼，改採陽光軟性訴求，台灣人自然會趨吉避凶，支持兩岸和平交流與合作，也自然會支持採取這種政策立場的國民黨。眼前中國大陸要展現肌肉，千萬別對自己台灣同胞。誰挑撥兩岸對立，促戰不促和，就是兩岸人民共同敵人，中國大陸就應該到這些國家的海域與地盤去秀肌肉，去抵制那些政客，這才是兩岸促和釜底抽薪根本之計。大陸方面，眼前最應節制武統的言論與威逼的做法，因為這最會長久傷害兩岸人民感情，也只會逼著台灣更投靠美國。武統或兩岸杯葛、抵制、衝突只會造成民族自殘，讓兩岸人民累積更多仇恨，既遂了西方反華

勢力的禍心，又會徹底破壞中華民族復興的良好勢頭。

平等協商、共同締造的智慧

　　眼前美中霸權競爭、外國勢力的介入、兩岸政府與人民的疑懼、對立、缺乏互信，比之上世紀九〇年代台灣才解禁與大陸交流時，辜汪會談當年所處的氛圍，現在則是更壞、更複雜。當前中國大陸領導人習近平先生就更應重新體悟當年汪道涵先生化解兩岸疑懼的智慧，汪道涵先生當年強調的是「共同締造論」，不是誰吃掉誰，也一再強調雙方本著相互尊重、實事求是、求同存異、平等協商、共議統一的精神。汪道涵先生曾說兩岸「不應該一方壓迫另一方，一方吃掉另一方，台灣與大陸同屬一個中國，一個中國不是中華民國，也不同於中華人民共和國，要靠兩岸同胞共同締造一個更文明、民主、繁榮、富強的新中國；台灣與大陸都是統一的主體，是平等、不分主次」。汪道涵先生顯然顧慮到了兩岸要合，台灣要的是一個對等合理的身分。[89] 胡錦濤先生也延續了這種平等協商妥

89　香港中評網「中評論壇：汪道涵的思想澤被後世」；中評社香港 2013/12/23 電／中國評論通訊社、上海東亞研究所、中國評論月刊在上海東亞研究所會議室舉辦座談會，邀請上海東亞研究所所長章念馳、中國社科院台灣研究所所長余克禮研究員、上海社科社會學研究所所長周建明研究員、中國人民大學國際關係學院教授黃嘉樹、中國國際問題研究所研究員郭震遠、上海國際問題研究院院長助理嚴安林研究員、上海台灣研究所常務副所長倪永傑研究員、上海行政學院教授王公龍、中國評論月刊總編輯周建閩與會。座談會由中國評論通訊社社長郭偉峰主持，與會者就出版的章念馳自選集《論統一》及其闡述的已故汪協會會長汪道涵老先生的和平統一思想，發表了各自深邃的見解。《中國評論》月刊 2013 年 12 月號以《章念馳〈論統一〉與汪老的和平統一思想》為題，詳細刊登了與會者的發言。

協的精神，強調兩岸是血脈相連的命運共同體，共同家園。胡錦濤兩岸關係胡六點，甚至明白主張兩岸可以就國家尚未統一的特殊情況下的政治關係，展開務實探討……兩岸建立軍事安全互信機制；在一個中國原則的基礎上，協商正式結束兩岸敵對關係，達成和平協議；構建兩岸關係和平發展架構。只可惜當時的台灣領導人不是心向台獨，就是缺乏大格局遠見沒有回應。

筆者在 1990 年代擔任國民黨中央青年工作會主任時，在台灣曾邀訪並接待過大陸全青聯的常委代表團，當時團長是大陸全青聯主席、共青團第一副書記劉鵬先生，彭麗媛女士也是團員之一。當年彭女士是國家一級演唱家、也是大陸全青聯常委。在劉鵬先生介紹彭麗媛女士時，還說：「小彭是今日之星，她愛人是明日之星」。筆者當時還好奇問劉鵬：她愛人是誰？劉鵬介紹說是福州市委書記習近平。那時我就知道彭麗媛女士在台灣嘉義還有一位舅舅，那次他們在台灣就見了面。所以，「兩岸一家親」應該也適用於彭麗媛女士及習近平先生。

後來，筆者曾在習近平先生擔任福建省長、浙江省長時兩度拜訪他，深覺習先生是一個有遠見、且務實做事的人。處今日兩岸危局，筆者要向習近平先生誠懇呼籲，鑑於習近平先生上任以來，先後在大陸打貪肅貪，又有全國抗疫迅猛成功的績效，再加上近期的全民共富主張，確實贏得了廣大大陸民眾的支持。以此時習總書記的權力、聲望及大陸擁有的實力，習總書記應該比其所有前任更有能力與信心，來為當前兩岸嚴峻危疑的火藥庫拆除引信；為兩岸人民全面掃除戰爭的陰霾，徹底擺脫西方的玩弄干預與分化；為兩岸建構更長治久安的政治架構；為兩岸人民謀求更長遠的幸福，完成中華民族的復興。而這些政策方略都可參考當年汪道涵先生解決兩岸問題苦心孤詣所創建的「平等協商、共同締造」的精神。當年

胡錦濤「胡六點」主張，顯然是願相互承認兩岸現實統治的政府及
兩岸分治的事實。唯有在相互承認分治的這個基礎上，兩岸才能真
正的平等協商，在分治上尋求兩岸未來的政治整合或統一，這才是
「共同締造」的真義。汪道涵先生當年曾當面跟台灣政治大學國際
關係中心主任邵玉銘說「解決香港問題用聯邦，解決台灣問題用邦
聯」[90]。解鈴還須繫鈴人，當年或許還有中共老革命的反對。習近
平總書記此時完全大權在握，最有條件與能力為兩岸對立的終結做
出貢獻。畢竟以現階段兩岸形勢，大陸掌握更多的主動權與優勢，
如果習近平先生願意更大器度與陽光的宣示，呼籲兩岸政府、各
政黨可共同平等協商國家統一後的未來，只要在一個大中華的架構
下，可以是邦聯，可以是中華聯盟、也可以是任何兩岸平等參與形
式的政治體制。以筆者對台灣政局及民心的了解，相信兩岸對立形
勢將立即改觀，台獨將只會是一小撮不得台灣人心的勢力。如此，
習先生必能為兩岸的和平民主統一，與中華民族的加速復興，做出
不朽貢獻。這些宣示也必將對台灣內部、兩岸及美中霸權競爭形
勢，產生以下立即的效果：

　　一、可立即解除了國民黨當局不敢高倡統一的困境。因為在
彼大我小的兩岸情勢下，現在台灣人民認知的統一，就是被中共吃
掉，喪失了台灣人民的當家自主性。所以在台灣的國民黨在「台
獨」與「統就是被中共吃掉」的夾擊下，若干沒有自信的國民黨人，
甚至只會拿香跟拜民進黨，造成國民黨更分裂，市場更小。若是習
近平宣示兩岸政府相互承認現狀，平等協商，共同締造新家園，共
同創建新的形式兩岸生命共同體。國民黨自然可以大聲主張統一，
而且絕對有市場，絕對會獲得廣大厭惡戰爭；厭惡惟恐兩岸不戰的

90　筆者跟邵玉銘先生親自查證確認。

外國勢力；盼望過和平幸福繁榮日子的廣大台灣人民支持。在此情況下，兩岸回春又有何難？

　　二、民進黨的台獨訴求，將立即在台灣沒有市場。民進黨所以大聲訴求台獨，就是因為中華民國政府不被多數國家承認，大陸根本也不承認在台灣實質統治的中華民國政府。所謂的「統」既是消滅中華民國，與吃掉台灣，所以民進黨追求台灣獨立變得有賣點。台獨人士恥笑國民黨外來政權，恥笑「九二共識」是自己騙自己。隨著中國越強大，台灣人的亡國感（年輕人叫芒果乾）就越強，只有投靠美國、結合國際反華勢力，只有藉著美中霸權的矛盾，尋求保護支持。民進黨若干人士甚至還期盼兩岸發生衝突，如此才能更被國際同情與承認。台灣既要靠美國保護，當然就得凡事聽命美國，並需付出龐大保護費，這也是在中共武力威逼要吃掉台灣情況下，許多台灣人民不得已的選擇。如果習近平完全揚棄威逼台灣的政策，民進黨必將喪失大部分人民反中與追求台獨的動能。

　　三、西方反中政客與勢力將立即喪失反中的道德光環與藉口，露出赤裸裸霸權競爭只是維護自我既得利益的真面目。西方國家介入他國內政，常被批評只是打著人權的招牌，戴著道德的面具，也常對盟友及敵對國採雙重標準。敵對國內部的動亂就是美麗的風景線，可大力鼓舞支持；自己國內的動亂就是破壞民主法治，絕不寬貸。台灣議題突然受到各國關注，就是因為他們認為中國大陸不斷在秀肌肉武力威嚇霸凌台灣，這讓國際反中勢力站上更高的道德高度。他們許多固然是對台灣同情與關心，但其中也有許多居心不良，唯恐兩岸不戰的國際暗黑勢力。如果習近平先生對台灣政府及台灣同胞未來兩岸整合訴求是「平等協商、共同締造」兩岸新的生命共同體，相信國際反中勢力會消退一半，誰又能反對以協商代替對抗，以和平解決爭端的普世價值呢？

　　兩岸問題的和平民主解決，不但可以扼止當前國際反中勢力的氣焰，也可舒緩霸權競爭的緊張。習近平先生此時應體悟老子道德經講的「上善若水，水善利萬物而不爭，處眾人之所惡，故幾於道。居善地，心善淵，與善仁，言善信，正善治，事善能，動善時。夫唯不爭，故無尤」，當然「以其不爭，故天下莫能與之爭」。

　　歷史學家湯恩比曾說，要想解決 21 世紀的人類問題，必須要到中國的儒家、道家與大乘佛法中汲取智慧。希望掌握解決兩岸問題主導權的習近平先生，能從「上善若水」、「以其不爭，故天下莫能與之爭」得到啟發，兩岸問題若能以平等協商，和平民主的方式政治整合或統一，中美霸權的競爭也就提早結束了，21 世紀就是中國人的世紀！

歷史與現場316

奔向戰場：危險十字路口的台灣

作者	丁守中、王信賢、王冠雄、左正東、李大中、何思慎、林祖嘉、
	帥化民、高長、張登及、黃介正、趙建民、魏艾、譚瑾瑜
編著	財團法人兩岸發展研究基金會 丁守中
主編	謝翠鈺
企劃	陳玟利
封面設計	兒日設計
美術編輯	趙小芳
董事長	趙政岷
出版者	時報文化出版企業股份有限公司
	108019 台北市和平西路三段二四○號七樓
	發行專線｜(○二)二三○六六八四二
	讀者服務專線｜○八○○二三一七○五｜(○二)二三○四七一○三
	讀者服務傳真｜(○二)二三○四六八五八
	郵撥｜一九三四四七二四時報文化出版公司
	信箱｜一○八九九　台北華江橋郵局第九九信箱
時報悅讀網	http://www.readingtimes.com.tw
法律顧問	理律法律事務所｜陳長文律師、李念祖律師
印刷	勁達印刷有限公司
初版一刷	二○二二年二月十八日
定價	新台幣四○○元

（缺頁或破損的書，請寄回更換）

奔向戰場：危險十字路口的台灣 /丁守中、王信賢、王冠雄、左正
東、李大中、何思慎、林祖嘉、帥化民、高長、張登及、黃介正、
趙建民、魏艾、譚瑾瑜作；財團法人兩岸發展研究基金會 丁守中編
著. -- 初版. -- 臺北市：時報文化出版企業股份有限公司, 2022.02
　面；　公分. -- (歷史與現場；316)
ISBN 978-626-335-008-3(平裝)

1.CST: 國際政治 2.CST: 國際關係 3.CST: 兩岸關係 4.CST: 文集

578.07   111001085

ISBN 978-626-335-008-3
Printed in Taiwan